Disciplina Positiva
para crianças de 3 a 6 anos

Disciplina Positiva para crianças de 3 a 6 anos

Como criar filhos independentes e felizes

4ª edição revisada

Jane Nelsen, EdD

Cheryl Erwin, MA

Roslyn Ann Duffy

Tradução de Bete P. Rodrigues e Ruymara Teixeira

Título original em inglês: *Positive Discipline for Preschoolers – for their early years – raising children who are responsible, respectful, and resourceful*
Copyright © 1994, 1998, 2007, 2019 by Jane Nelsen, Cheryl Erwin e Roslyn Ann Duffy. Todos os direitos reservados.

Publicado mediante acordo com Harmony Books, selo da Random House, uma divisão da Penguin Random House LLC, Nova York, EUA.

Esta publicação contempla as regras do Novo Acordo Ortográfico da Língua Portuguesa.

Editor-gestor: Walter Luiz Coutinho
Produção editorial: Retroflexo Serviços Editoriais Ltda.

Tradução:

Bete P. Rodrigues
Treinadora certificada em Disciplina Positiva para pais, membro da Positive Discipline Association, mestre em Linguística Aplicada (Lael-Puc/SP), palestrante e consultora para pais, escolas e empresas, professora da Cogeae-Puc/SP e *coach* para pais
www.beteprodrigues.com.br

Ruymara Teixeira
Graduada em Letras Português e Inglês pelas Faculdades Oswaldo Cruz, responsável pela formação e desenvolvimento de professores e coordenadores em uma rede de ensino de idiomas e um sistema bilíngue, certificada em Disciplina Positiva para pais e Disciplina Positiva na sala de aula pela Positive Discipline Association

Revisão de tradução e revisão de prova: Depto. editorial da Editora Manole
Diagramação: Depto. editorial da Editora Manole
Capa: Ricardo Yoshiaki Nitta Rodrigues
Imagem da capa: istockphoto

CIP-BRASIL. CATALOGAÇÃO NA PUBLICAÇÃO
SINDICATO NACIONAL DOS EDITORES DE LIVROS, RJ

N348d
4. ed.

Nelsen, Jane
    Disciplina positiva para crianças de 3 a 6 anos : como criar filhos independentes e felizes / Jane Nelsen, Cheryl Erwin, Roslyn Ann Duffy ; tradução Bete P. Rodrigues, Ruymara Teixeira. – 4. ed. – Santana de Parnaíba [SP] : Manole, 2021.
    368 p. ; 23 cm.

    Tradução de : Positive discipline for preschoolers : for their early years : raising children who are responsible, respectful and resourceful
    ISBN 9786555760774

    1. Educação de crianças. 2. Educação afetiva. 3. Crianças – Desenvolvimento. I. Erwin, Cheryl. II. Duffy, Roslyn Ann. III. Rodrigues, Bete P. IV. Teixeira, Ruymara. V. Título.

20-65705
CDD: 372.21
CDU: 373.3

Camila Donis Hartmann – Bibliotecária – CRB-7/6472

Todos os direitos reservados.
Nenhuma parte deste livro poderá ser reproduzida, por qualquer processo, sem a permissão expressa dos editores.
É proibida a reprodução por fotocópia.
A Editora Manole é filiada à ABDR – Associação Brasileira de Direitos Reprográficos.

Os nomes e as características dos pais e crianças citados na obra foram modificados a fim de preservar sua identidade.

Edição brasileira – 2021

Direitos em língua portuguesa adquiridos pela:
Editora Manole Ltda.
Alameda América, 876
Tamboré – Santana de Parnaíba – SP – Brasil
CEP: 06543-315
Fone: (11) 4196-6000
www.manole.com.br | https://atendimento.manole.com.br/

Impresso no Brasil | *Printed in Brazil*

*Aos meus sete filhos, meus vinte e dois netos, meus quinze bisnetos
(e ainda contando) e meu marido sempre solidário.*
Jane Nelsen

*Para todas as crianças – a melhor esperança deste mundo;
a todos os pais e professores apaixonadamente comprometidos em
apoiá-las e incentivá-las; e ao Philip, Amanda, Evie e Drew,
que continuam a me ensinar as alegrias de ser mãe e avó.
E, é claro, a David por seu apoio e encorajamento duradouros.*
Cheryl Erwin

*Aos nossos filhos Blue, Manus, Rose e Bridget e seus parceiros; aos
nossos maravilhosos netos; e a todas as crianças, pais e funcionários
da Learning Tree Montessori, que também se tornaram minha
família. E para Vinnie, que torna tudo isso possível.*
Kristina Bill

SUMÁRIO

Sumário   VII
Sobre as autoras   IX
Prefácio (pelas crianças)   XI
Prefácio à edição brasileira   XIII
Agradecimentos   XV
Introdução   XVII

PARTE I: A BASE   1

Capítulo 1   Por que Disciplina Positiva?   3
Capítulo 2   Entre no mundo do seu filho   18
Capítulo 3   Compreendendo o que é desenvolvimento adequado   29
Capítulo 4   O cérebro milagroso: aprendizado e desenvolvimento   50

PARTE II: APRENDIZAGEM SOCIOEMOCIONAL   67

Capítulo 5   Empatia, compaixão e o crescimento da aprendizagem
socioemocional   69
Capítulo 6   Reconhecer, nomear e gerenciar emoções   82
Capítulo 7   "Você não pode vir à minha festa de aniversário": habilidades
sociais para crianças entre 3 e 6 anos   96

Capítulo 8 "Eu consigo fazer isso!": as alegrias (e desafios) da iniciativa 117

PARTE III: COMPREENDENDO O COMPORTAMENTO E NOVAS FERRAMENTAS 135

Capítulo 9 Aceitando o filho que você tem: compreendendo o temperamento 137

Capítulo 10 "Por que meu filho *faz* isso?": as mensagens do mau comportamento 155

Capítulo 11 Objetivos equivocados em casa 171

Capítulo 12 Objetivos equivocados na escola 191

Capítulo 13 Acabe com as batalhas na hora de dormir: crianças de 3 a 6 anos e o sono 206

Capítulo 14 "Eu não gosto disso!": crianças de 3 a 6 anos e alimentação 220

Capítulo 15 Crianças de 3 a 6 anos: a saga do desfralde 233

PARTE IV: O MUNDO FORA DE SUA CASA 245

Capítulo 16 Escolhendo creche ou escola e convivendo com cuidadores 247

Capítulo 17 Reuniões de classe (e de famílias) para crianças de 3 a 6 anos 267

Capítulo 18 Quando seu filho precisa de ajuda especial 282

Capítulo 19 Tecnologia hoje e amanhã 297

Capítulo 20 A Mãe Natureza encontra a natureza humana 309

Capítulo 21 Crescer em família: encontrar apoio, recursos e sanidade 320

Conclusão 335

Notas 338

Índice alfabético-remissivo 344

SOBRE AS AUTORAS

Jane Nelsen, doutora em Educação, coautora da série *bestseller* Disciplina Positiva, é uma terapeuta licenciada de casamento, família e criança e uma palestrante reconhecida internacionalmente. Jane já comemorou 50 anos de casamento com seu marido, Barry, e é mãe de sete, avó de 22 netos e tem quinze bisnetos (até o momento). Seus livros venderam mais de dois milhões de cópias.

Cheryl Erwin, M.A., é terapeuta de casamento e família licenciada e treinadora de pais em Reno, Nevada, há mais de 25 anos. É autora e coautora de vários livros e manuais sobre pais e vida familiar e é palestrante reconhecida internacionalmente. Cheryl é casada, tem um filho adulto que ainda gosta dela, uma nora maravilhosa e os dois netos mais notáveis do planeta.

Roslyn Ann Duffy fundou e codirigiu a Learning Tree Montessori Childcare e escreveu textos para adultos e crianças, incluindo *Top Ten Preschool Parenting Problems*, bem como a coluna que circulou internacionalmente "From a Parent's Perspective". Ela dá palestras e cursos em várias culturas, é mãe de quatro filhos, avó apaixonada de três netos e vive e pratica aconselhamento em Seattle, Washington.

PREFÁCIO (PELAS CRIANÇAS)

"Meu nome é Emma e tenho 3 anos e meio. Eu falo muito agora. Fico frustrada quando as pessoas não leem o mesmo livro de novo ou quando tentam pular uma parte da história. Minha pergunta favorita é 'Por quê?' Eu gosto de me fantasiar e experimentar todos os tipos de personagens diferentes. Eu gosto que me contem histórias o tempo todo. Eu gosto de ter alguém para brincar comigo o tempo todo também. E não gosto de interromper minha hora da brincadeira."

"Sou Jeffrey F. Fraser. O 'F' significa Frank, como meu avô. Eu gosto de conversar. Ontem completei 5 anos. Podemos ser amigos e vou convidá-lo para a minha festa de aniversário. Quando escolho o que quero fazer, presto bastante atenção. Eu tenho um irmão mais novo. Ele pode ser um bom companheiro de brincadeira se não tiver ninguém melhor. Eu acho que esse dente está mole. Você quer me ouvir contar os números? Eu posso cantar uma música para você. Você quer brincar comigo? Tá bom, você vai ser o cara mau e eu vou ser o cara bom."

"Eu tenho 4 anos. Eu sou a Cyndi. Eu tenho sapatos brilhantes. Você sabe que tipo de calcinha eu estou usando? Está escrito o dia da semana nela. Vê como meus sapatos são brilhantes quando eu giro? Já sou grande demais para tirar uma soneca de tarde. Se você ler uma historinha para mim, vou ficar mais feliz. Eu não estou cansada mesmo. Você quer ver meus sapatos? Eu vou me casar com o Chad. Você conhece o Chad? Ele tem uma capa do Batman. Você pode ler uma história pra mim agora?"

"Eu sou a Maria. Meu cabelo é comprido. Eu nunca uso vestidos porque vou ser bombeiro. Tenho 4, quase 5 anos. Callie é minha melhor amiga. Às vezes, a Callie não brinca comigo. Ela tem 4 anos e meio. Eu também brinco com a Gina. Eu gosto de almoçar com a Callie e com a Gina. Eu quero me sentar do lado delas – não do outro lado da mesa. Gosto quando as professoras me ensinam coisas."

Este é um livro sobre nós – as crianças. Cada um de nós é diferente. Nem todas as crianças de 3 ou 6 anos serão como nós, mas você provavelmente encontrará um pouco de nós nas crianças que conhece. Este livro o ajudará a nos conhecer e a descobrir como é o mundo para nós. Isso lhe dará muitas ideias sobre como nos ajudar a crescer e como nos encorajar e nos ensinar. Somos parecidas e somos diferentes. Queremos ser amadas, e este livro é para as pessoas que nos amam.

PREFÁCIO À EDIÇÃO BRASILEIRA

A edição brasileira optou pelo título *Disciplina Positiva para crianças de 3 a 6 anos: como criar filhos independentes e felizes*, em vez de "Disciplina Positiva para pré-escolares", a tradução literal do título original em inglês *Positive Discipline for Preschoolers*.

As autoras Jane Nelsen, Cheryl Erwin e Roslyn Ann Duffy basearam o livro na realidade norte-americana. Entretanto, as crianças de 3 a 6 anos de idade têm características próprias e são capazes de "agitar" a vida de seus pais e cuidadores em qualquer lugar do mundo. Tanto nos Estados Unidos como no Brasil, a maioria dos pais precisa trabalhar e não tem com quem deixar seus filhos pequenos. Apesar desse ponto em comum, consideramos necessário esclarecer algumas diferenças sobre os sistemas de educação básica nos dois países.

No Brasil, desde abril de 2013, a educação básica é obrigatória entre os 4 e os 17 anos. A alteração na LDB (Lei de Diretrizes e Bases da Educação Nacional), por meio da Lei n. 12.796, de 4 de abril de 2013, oficializa a mudança feita na Constituição por meio da Emenda Constitucional n. 59, em 2009. Art. 6º: "É dever dos pais ou responsáveis efetuar a matrícula das crianças na educação básica a partir dos 4 anos de idade."

A educação básica é dividida em três etapas: educação infantil, ensino fundamental e ensino médio. Mesmo sendo obrigatória apenas a partir dos 4 anos de idade, em muitas cidades brasileiras, há uma enorme população entre 0 e 4 anos que frequenta desde muito cedo escolas públicas ou particulares.

Aqui chamamos de escolas ou centros de Educação Infantil todo tipo de instituição (berçário, creche etc.) que recebe e educa crianças de 0 a 5 anos.

Nos Estados Unidos temos a *Preschool* – entre 3 e 5 anos –, que é equivalente à Educação Infantil no Brasil. Também existem as *Day Care*, que são uma espécie de creche e podem funcionar dentro de residências.

O *Kindergarten* (jardim de infância) faz parte da *Elementary School*. As crianças que frequentam o *Kindergarten* têm entre 5 e 6 anos. A *Elementary School* vai do 1º ao 6º ano – entre 6 e 12 anos – e é equivalente ao Ensino Fundamental I (séries iniciais) no Brasil.

Por que você, pai ou educador de crianças entre 3 e 6 anos de idade, precisa ler este livro?

É nessa idade que as crianças aprendem as lições mais valiosas para sua vida toda: a pensar no outro e compartilhar suas coisas, a ouvir além de falar, a lavar bem as mãos antes das refeições, a arrumar sua bagunça, a pedir ajuda, a conhecer seus sentimentos, a cuidar de si mesma, a fazer escolhas, a assumir seus erros e aprender com eles, a dar as mãos para enfrentar os desafios da vida e que um olhar, beijinho ou abraço sincero e carinhoso cura qualquer machucado.

Aqui você encontrará formas respeitosas, proativas, empáticas e eficazes para:

- Compreender o que é comportamento típico dessa idade.
- Aprofundar seus conhecimentos sobre o cérebro.
- Lidar com os comportamentos desafiadores das crianças.
- Aprender a desenvolver habilidades socioemocionais.
- Aprender a conduzir reuniões de família ou de classe e muito mais.

Desejamos que a leitura deste livro seja útil e que você possa encontrar maneiras diferentes de lidar com os desafios dessa fase. Mas lembre-se de que, no final, você deve decidir o que é certo para você e seu filho. Reúna toda a sabedoria e conselhos que puder, depois ouça seu coração e escolha o que funcionará melhor para você.

As tradutoras

"O tempo é precioso e muito curto quando você compartilha sua vida com crianças pequenas; certifique-se de que está usando o tempo que você tem da maneira mais sábia possível."

AGRADECIMENTOS

Muitas vezes nos perguntam: "De onde vocês tiram suas histórias?" Elas vêm de pais e professores em nossas aulas e oficinas, escolas e prática de aconselhamento. Muitos dos nomes e detalhes foram alterados para proteger a privacidade das famílias que compartilharam as histórias conosco; algumas são formadas por várias famílias. A Disciplina Positiva está agora em mais de sessenta países; os livros e materiais foram traduzidos para vários idiomas. Descobrimos que pais e filhos em todos os lugares enfrentam muitos dos mesmos desafios à medida que crescem juntos.

Devemos nossos maiores agradecimentos aos nossos filhos e netos, que nos forneceram "laboratórios" familiares e que suportaram nossos muitos erros. Como você viu, acreditamos que erros são realmente oportunidades maravilhosas para aprender e aprendemos muito ao longo dos anos.

Agradecemos às muitas pessoas maravilhosas que estão tão ansiosas por dar às crianças o amor e a orientação de que precisam. Também agradecemos a nossos colegas e amigos que continuam trabalhando incansavelmente para criar famílias, escolas e comunidades mais respeitosas. Algumas das informações neste livro tiveram a contribuição e o aprimoramento de outros profissionais adlerianos. Somos gratas por eles e pelo trabalho que realizam.

As informações sobre ordem de nascimento contidas neste livro foram aprimoradas pelos sábios conselhos que recebemos de Jane Griffith, ex-presidente da North American Society of Adlerian Psychology e professora emérita da Adler School of Professional Psychology, em Chicago.

Queremos agradecer a algumas pessoas que nos ajudaram a melhorar ainda mais esta revisão: a Dra. Kathleen L. Wolf, cientista pesquisadora da College of Environment, University of Washington, e principal colaboradora da WS Forest Service Urban Forestry; Claire Helen Warden, fundadora da Auchlone Nature Kindergarten em Crief, Escócia, consultora da International Association of Nature Pedagogy e autora de *Nurture Through Nature* (www. childrenandnature.org); e Kirsten Haugen, educadora internacional da Nature Explore (https://natureexplore.org) e consultora da World Forum Foundation for Early Care and Education.

Tivemos uma excelente ajuda editorial. Agradecemos a Michele Eniclerico, da Penguin Random House, nossa editora de projetos para esta revisão. Também queremos agradecer a Paula Gray por suas maravilhosas ilustrações, que acrescentam muito a este e aos nossos outros livros.

Um agradecimento especial à Escola Learning Tree Montessori por grande parte do material de base do capítulo sobre como encontrar escola de qualidade e muitos dos exemplos nos capítulos sobre reuniões de classe e objetivos equivocados do mau comportamento.

Sempre seremos gratas a Alfred Adler e Rudolf Dreikurs, os criadores da filosofia em que se baseia a Disciplina Positiva, e à Positive Discipline Association, que possibilita o ensino e o compartilhamento desses princípios para os milhares de educadores e treinadores pelo mundo.

Embora nossos filhos estejam crescidos e ocupados vivendo suas próprias vidas independentes, continuamos adorando passar cada momento que pudermos com eles e com a nova geração, nossos netos. Que este livro torne o mundo um lugar mais saudável e feliz para eles, seus colegas e seus futuros filhos.

INTRODUÇÃO

Estamos muito felizes por termos a oportunidade de atualizar e revisar um dos livros mais populares da série *Disciplina Positiva*. Esta nova edição inclui sugestões para lidar com o crescente papel da tecnologia em nossas vidas, novas informações sobre a construção de conexões seguras e o tratamento de traumas e uma exploração mais profunda sobre como ensinar às crianças as habilidades socioemocionais e de vida de que precisam. Sabemos que você é ocupado, por isso adicionamos uma seção "Perguntas para refletir" ao final de cada capítulo para fornecer maneiras fáceis de usar as ferramentas apresentadas e entender melhor os conceitos da Disciplina Positiva. E, no entanto, como dizem, quanto mais as coisas mudam, mais permanecem iguais.

O debate secular dos pais continua: punir ou não punir. Muitos pais e professores que ainda acreditam que as punições funcionam desistiram da ideia de bater, mas acreditam que a melhor maneira de motivar as crianças a mudarem de comportamento é submetendo-as ao "cantinho do pensamento", castigo, remoção de privilégios e sermões que humilham. Muitas vezes tentam disfarçar o fato de que são punições, chamando-os de "consequências lógicas". Eles estão convencidos de que a única alternativa ao castigo é a permissividade e um mundo cheio de crianças mimadas e folgadas.

Outros pais, que são fortemente contra a punição, foram ao outro extremo. Eles não escolhem conscientemente a permissividade, mas é lá que acabam quando não sabem mais o que fazer ao desistirem da punição. Em nome do amor, estão criando filhos que se sentem no direito de receber o que quiserem no momento em que desejarem. Esses pais acreditam que estão criando um forte relacionamento com os filhos e que estão ajudando os filhos a ter um sentimento de pertencimento (aceitação) e importância. O objetivo deles é admirável, mas eles precisam entender melhor como ajudar seus filhos a se sentirem significativos e capazes por meio de contribuições – uma ênfase que deixamos clara em nossa discussão sobre os resultados em longo prazo de ser gentil e firme ao mesmo tempo.

Muitos pais são atraídos para a Disciplina Positiva porque sabem que a punição não é eficaz a longo prazo e gostam da ideia de serem gentis e firmes ao mesmo tempo. Eles simplesmente não entendem por completo o que significa ser gentil e firme ao mesmo tempo – o que é muito mais fácil de falar do que fazer. Nesta revisão, esperamos ajudar pais e professores a entender a importância de ser gentil e firme ao mesmo tempo, o que isso significa (como se relaciona com o pertencimento e o significado) e como é.

Ser gentil e firme ao mesmo tempo é essencial para atender à necessidade primária de todas as crianças – o sentimento de pertencimento e importância. No entanto, ficou claro que não fizemos um trabalho suficientemente bom para explicar como as crianças desenvolvem um senso de importância. Muitos pais e professores pensam que pertencimento e importância são a mesma coisa. Não são. *Pertencimento vem de um sentimento de conexão e amor incondicional. A importância vem do sentimento de capacidade, de ser responsável e contribuir.*

Quando pais e professores são gentis, mas não firmes, eles na verdade roubam das crianças oportunidades para desenvolverem o senso de capacidade e o desejo inato de contribuir com os outros. Sim, o desejo de contribuir é inato, mas precisa ser nutrido para se desenvolver plenamente. Vamos explicar.

No Capítulo 5, discutimos a pesquisa de Michael Tomasello e Felix Warneken. Eles demonstraram que crianças a partir dos 18 meses têm um desejo inato de contribuir. No entanto, essa capacidade requer prática constante para se desenvolver plenamente. Quando as crianças não têm oportunidades para se sentirem capazes e para contribuir com a sua família ou em sala de aula, essa capacidade pode se atrofiar. Ao mesmo tempo, quando são "mimadas", sua capacidade de exigir um serviço indevido ("meu direito") se fortalece. Os pais que acreditam que seus filhos têm tempo de sobra para aprender a contribuir mais tarde na vida não entendem como é difícil reviver os *músculos atrofiados da responsabilidade* quando os *músculos do direito* se tornam tão fortes.

Rudolf Dreikurs, um colega de Alfred Adler, tinha outra maneira de explicar a importância de ser gentil e firme ao mesmo tempo. Ele disse: "Não se conquista a amizade e o respeito de uma criança humilhando-a ou cedendo a seus caprichos."

Então, como é exatamente ser gentil *e* firme? Um exemplo é usar a palavra "e" com as crianças: "Sei que você não quer fazer suas tarefas agora *e* realmente aprecio sua ajuda. Qual foi o nosso acordo sobre quando elas seriam feitas?" Ou "Eu sei que você não quer ir para a cama *e* é hora de dormir. É a sua vez de escolher um livro ou minha?" Ou ainda: "Entendo por que você prefere assistir à TV do que pegar seus brinquedos *e* o que está no quadro de rotinas que criamos?" E este, que é um dos nossos favoritos: "Eu te amo *e* a resposta é não."

Ser gentil e firme ao mesmo tempo nem sempre exige o uso da palavra "e". Às vezes, um olhar amoroso que transmite "boa tentativa" pode fazer maravilhas no comportamento de uma criança, porque mostra gentileza e firmeza com um pouco de humor. Pode ser gentil e firme sugerir que vocês façam uma pausa positiva para se acalmar antes de continuar uma discussão ou convidar a criança a colocar o "problema" na pauta da reunião de família ou de classe para que você possa pensar em soluções. Na verdade, todas as ferramentas da Disciplina Positiva que sugerimos para pais e professores exigem gentileza e firmeza ao mesmo tempo para serem eficazes. É o segundo dos cinco critérios para a Disciplina Positiva.

CINCO CRITÉRIOS DA DISCIPLINA POSITIVA:

1. Ajuda as crianças a ter um sentimento de pertencimento e importância?
2. É respeitoso (gentil e firme ao mesmo tempo)?
3. É eficaz em longo prazo?
4. Ensina valiosas habilidades sociais e de vida para o desenvolvimento de um bom caráter?
5. Convida as crianças a descobrirem que são capazes e como usar seu poder construtivamente?

Por último, mas não menos relevante, é a importância de *modelar* o que você espera ensinar aos seus filhos. É muito interessante ouvir pais e professores se queixando de crianças que não controlam seu comportamento quando os pais ou professores não controlam seu próprio comportamento. No Capítulo 2, convidamos-lhe a considerar as características e habilidades de vida que deseja que seus filhos desenvolvam – uma espécie de GPS para sua jornada parental. Também recomendamos que você considere o que *você* precisa modelar para ajudar seu filho a desenvolver essas características e habilidades. Quando pais e professores discutem a lista do que precisam modelar, ela se parece muito com as características e habilidades de vida que eles esperam que seus filhos desenvolvam:

- Autorregulação (controlar meu próprio comportamento).
- Foco em soluções.
- Habilidades para resolver problemas.
- Respeito por si mesmo e pelos outros.
- Habilidades de escuta.
- Empatia.
- Compaixão.
- Erros como oportunidades de aprendizado.
- Confiança no meu filho.
- Honestidade.
- Senso de humor.
- Flexibilidade.
- Resiliência.
- Crença na capacidade pessoal.
- Responsabilidade.

Ser o tipo de pessoa que você deseja que seu filho seja nem sempre é uma tarefa fácil, mas as habilidades e os conceitos da Disciplina Positiva nesta edição recém-revisada podem ajudá-lo a encontrar o caminho para se tornar um pai ou uma mãe confiante com as habilidades necessárias para criar um filho capaz, colaborador e feliz.

Parte I

A BASE

1

POR QUE DISCIPLINA POSITIVA?

Cursos sobre parentalidade, sites de escolas e grupos de bate-papo geralmente ecoam com perguntas semelhantes: "Por que meu filho de 3 anos morde?" ou "Como consigo que minha filha de 5 anos fique na cama à noite?" Especialistas em desenvolvimento infantil, diretores de escolas infantis e consultórios de terapeutas transbordam de pais cujos filhos atingiram 3, 4 ou 5 anos de idade e que estão se perguntando o que aconteceu. Ouça por um momento esses pais:

"Nosso filho era um fofo. Esperávamos problemas quando ele fez 2 anos – afinal, todos tinham nos avisado sobre os "terríveis 2 anos" –, mas nada aconteceu. Até ele completar 3 anos. Agora não sabemos o que fazer com ele. Se dizemos "preto", ele diz "branco". Se dizemos que é hora de dormir, ele não está cansado. E escovar os dentes se transformou em uma batalha. Nós devemos estar fazendo algo errado!"

"Às vezes me pergunto se sai algum som quando abro a boca. Minha filha de 5 anos parece não ouvir nada do que eu digo a ela. Ela não me ouve! Ela vai sempre se comportar desse jeito?"

"Mal podíamos esperar nosso filho começar a conversar, mas agora não podemos fazê-lo parar. Ele descobriu que pode prolongar qualquer conversa dizendo: 'Sabe o quê...?' Ele é nosso deleite e desespero, quase na mesma medida."

"Eu achava tão fofo quando minha filha de 3 anos usava seus dedinhos para encontrar qualquer coisa no meu celular. Agora ela tem 5 anos e quer brincar com o telefone o tempo todo e faz birras terríveis quando eu o tiro das mãos dela. O que podemos fazer?"

Como você descobrirá nas páginas a seguir (ou como já deve ter percebido), as idades de 3 a 6 são anos agitados e caóticos para crianças pequenas – e para seus pais e cuidadores. Os pesquisadores nos dizem que os seres humanos têm mais energia física aos 3 anos do que em qualquer outro momento de sua vida – certamente mais do que seus pais exaustos. Um desejo inato de desenvolvimento emocional, cognitivo e físico os instiga a explorar o mundo ao seu redor; eles estão adquirindo e praticando habilidades sociais e entrando no mundo fora do refúgio protegido da família. E nessa fase eles têm ideias – muitas ideias – sobre como esse mundo deve funcionar. Suas ideias, juntamente com seus anseios de experimentar e explorar, geralmente não combinam com as expectativas de pais e cuidadores.

O que você descobrirá nos próximos capítulos pode ser um pouco diferente do que já sabia. Pode ajudar a compreender que a Disciplina Positiva é baseada em evidências; ela se encaixa com o que sabemos sobre o crescimento e o desenvolvimento das crianças e com as mais recentes pesquisas sobre o cérebro, e foi projetada para fornecer ferramentas práticas e eficazes para entender e educar seu filho.

Adler e Dreikurs: pioneiros na criação dos filhos

A Disciplina Positiva é baseada no trabalho de Alfred Adler e seu colega Rudolf Dreikurs. Adler era um psiquiatra vienense e contemporâneo de Sigmund Freud – mas ele e Freud discordavam sobre quase tudo. Adler acreditava que o comportamento humano é motivado por um desejo de pertencimento/aceitação, significado, conexão e valor, que é influenciado pelas nossas decisões iniciais sobre nós, os outros e o mundo ao redor. Pesquisas recentes validam as teorias de Adler e demonstram que as crianças são programadas desde o nascimento para buscar conexão com outras pessoas, e que as crianças que sentem um senso de conexão com suas famílias, escolas e comunidades têm menor probabilidade de se comportar mal (além das disputas por poder adequadas à idade de quando as crianças procuram descobrir quem são, alheias de pais e cuidadores). Adler acreditava que todos têm direitos iguais à dignidade e ao respeito (inclusive as crianças) – ideias que encontraram uma recepção caloro-sa nos EUA, uma terra que ele adotou como sua depois de imigrar para lá.

Rudolf Dreikurs, psiquiatra vienense e aluno de Adler que veio para os EUA em 1937, era um defensor apaixonado da necessidade de dignidade e respeito mútuo em *todos* os relacionamentos – incluindo a família. Ele escreveu livros sobre ensino e parentalidade que ainda são amplamente lidos, incluindo o clássico *Children: The Challenge*.

Como você aprenderá, o que muitas pessoas rotulam erroneamente como "mau comportamento" em crianças tem mais a ver com desenvolvimento emo-cional, físico e cognitivo e comportamento adequado à idade. Por meio da Disciplina Positiva, pais e cuidadores podem responder a esse mau comporta-mento com orientações amorosas que ajudam as crianças a desenvolver as ca-racterísticas e habilidades para toda a vida.

O que é Disciplina Positiva?

Disciplina Positiva é eficaz com crianças porque é diferente da disciplina con-vencional. Não tem nada a ver com punição (que muitas pessoas pensam ser sinônimo de disciplina) e tudo a ver com ensino – que começa com "ser um exemplo" das habilidades e dos valores que você espera que seus filhos desen-volvam. Isso levanta uma questão: "A Disciplina Positiva é para mim ou para meus filhos?" A resposta é para ambos – mas para você primeiro.

Para ser eficaz, você deve ser um modelo do que deseja ensinar. Não faz sentido esperar que uma criança seja respeitosa se você não for respeitoso. Castigo não é respeitoso. Você não pode esperar que uma criança controle seu comportamento quando você não controla o seu próprio. Isso significa que você precisa ser perfeito? Não. Um princípio fundamental da Disciplina Positiva, como Dreikurs ensinava repetidamente, é ter a coragem de ser imperfeito e ver erros como oportunidades para aprender. É um presente para seus filhos (e para si mesmo) quando você pode dizer: "Você cometeu um erro. Fantástico. Vamos explorar o que você pode aprender com isso e como encontrar soluções para corrigir o erro."

À medida que seu filho amadurece e se torna mais habilidoso, você será capaz de envolvê-lo no processo de encontrar soluções e estabelecer limites. Ele pode praticar habilidades de pensamento crítico, sentir-se mais capaz e aprender a usar seu poder e autonomia de maneiras úteis – para não falar em se sentir mais motivado a seguir as soluções e os limites que ele ajudou a criar. Os princípios da Disciplina Positiva o ajudarão a construir um relacionamento de amor e respeito com seu filho e a viver e resolver problemas juntos por muitos anos. Os blocos de construção da Disciplina Positiva incluem:

- *Respeito mútuo.* Pais e responsáveis demonstram firmeza, ao respeitar a si mesmos e as necessidades da situação; eles demonstram gentileza, ao respeitar as necessidades e a humanidade da criança.
- *Compreender a crença por trás do comportamento.* Todo comportamento humano tem um propósito. Você será muito mais eficaz em mudar o comportamento do seu filho quando entender por que isso está acontecendo. (As crianças começam a criar as crenças que formam sua personalidade desde o dia em que nascem.) Lidar com a crença é tão importante (se não mais) do que lidar com o comportamento.
- *Comunicação efetiva.* Pais e filhos (mesmo os mais jovens) podem aprender a ouvir bem e usar palavras respeitosas para pedir o que precisam. Os pais aprenderão que as crianças "escutam" melhor quando são convidadas a pensar e participar, em vez de serem instruídas sobre o que pensar e fazer. E os pais aprenderão a modelar a escuta que esperam dos filhos.
- *Compreender o mundo do seu filho.* As crianças passam por diferentes estágios de desenvolvimento. Aprender sobre as tarefas de desenvolvimento que seu filho enfrenta e levar em consideração outras variáveis, como ordem de nascimento, temperamento e presença (ou ausência) de habilidades socioemocionais, facilitará a compreensão do comportamento da criança. Quando você entende o mundo do seu filho, pode escolher melhores respostas ao comportamento dele.
- *Disciplina que ensina em vez de punir.* A disciplina eficaz ensina habilidades sociais e de vida valiosas e não é permissiva nem punitiva.
- *Focar em soluções em vez de punição.* A culpa nunca resolve problemas. No início, você, como mãe ou pai, decidirá como abordar desafios e problemas. Mas, à medida que seu filho cresce e se desenvolve, vocês aprenderão a trabalhar juntos para encontrar soluções úteis e respeitosas para os desafios que enfrentam, desde suco derramado a problemas na hora de dormir.
- *Encorajamento.* O encorajamento celebra o esforço e a melhoria, não apenas o sucesso, e ajuda as crianças a desenvolver confiança em suas próprias

habilidades. O encorajamento também é a base para criar um sentimento de pertencimento (aceitação) – a principal necessidade de todas as crianças (e adultos).

- *As crianças se comportam melhor quando se sentem melhor.* De onde os pais tiraram a ideia maluca de que, para fazer as crianças se comportarem melhor, eles deveriam fazê-las sentir vergonha, humilhação ou até dor? As crianças são mais motivadas a cooperar, aprender novas habilidades e oferecer carinho e respeito quando se sentem encorajadas, conectadas e amadas.

- *Conexão antes da correção.* É sempre o relacionamento que mais importa. Quando seu filho sente um sentimento de pertencimento e importância (significado) e sua conexão um com o outro é forte, fica muito mais fácil entender sentimentos e comportamentos e encontrar soluções juntos.

- *Contribuição.* Se uma criança apenas sente conexão sem um senso de contribuição, ela pode desenvolver uma atitude de exigência ou acreditar no "Eu primeiro!" É mais provável que seu filho aprenda as habilidades e qualidades de caráter que deseja quando você encontrar maneiras de auxiliá-lo a ajudar outras pessoas e de contribuir para sua casa, sala de aula e comunidade.

Mais sobre "Disciplina"

As palavras desses pais parecem familiares?

"Eu tentei de tudo quando se trata de disciplina, mas não estou chegando a lugar nenhum! Minha filha de 3 anos é muito exigente, egoísta e teimosa. O que devo fazer?"

"O que posso fazer quando nada funciona? Tentei castigo com meu filho de 4 anos, tirar brinquedo ou TV e bater nele – e nada disso está ajudando. Ele é grosseiro, desrespeitoso e completamente fora de controle. O que devo tentar agora?"

"Eu tenho uma turma de quinze crianças de 4 anos. Dois deles brigam o tempo todo, mas não consigo fazê-los brincar com mais ninguém. Coloquei-os de castigo, ameaço tirar o recreio se eles brincarem juntos, e nessa manhã comecei a gritar quando um deles rasgou o desenho do outro. Não sei para onde recorrer; eles não ouvem nada do que eu digo. Como devo discipliná-los?"

Quando as pessoas conversam sobre "disciplina", geralmente significa "punição", porque acreditam que as duas são a mesma coisa. Às vezes, pais e professores gritam e dão sermão, dão palmadas e batem nas mãos, tiram brinquedos e privilégios e colocam as crianças para "pensar no que fizeram". Infelizmente, não importa quão eficaz seja a punição no momento, anos de pesquisa demonstraram que ela não cria a aprendizagem em longo prazo ou as habilidades sociais e de vida que os adultos realmente desejam para os seus filhos. O castigo apenas piora uma situação desafiadora, convidando tanto os adultos como as crianças a mergulhar de cabeça nas disputas pelo poder.

A Disciplina Positiva é baseada em uma premissa diferente: que crianças (e adultos) se comportam melhor quando se sentem melhor. Disciplina Positiva é sobre ensinar (o significado da palavra "disciplina" é "ensinar"), compreender, encorajar e comunicar – não sobre punir.

A maioria de nós absorveu as ideias sobre disciplina de nossos próprios pais, nossa sociedade e anos de tradição e suposições. Os pais geralmente acreditam que os filhos devem sofrer (pelo menos um pouco), ou não aprenderão nada. Mas nas últimas décadas, a sociedade e a cultura mudaram rapidamente. Nosso entendimento de como as crianças crescem e aprendem também mudou, e como ensinamos as crianças a serem pessoas capazes, responsáveis e confiantes também deve mudar.

De que as crianças realmente precisam

Há uma diferença entre desejos e necessidades, e as necessidades do seu filho são mais simples do que você imagina. Todas as necessidades genuínas devem ser atendidas. Mas quando você cede a todos os desejos de seu filho, pode criar enormes problemas para ele e para si mesmo.

Por exemplo, seu filho pequeno precisa de comida, acolhimento e senso de pertencimento. Ele precisa de carinho, confiança e segurança. Ele não precisa de um *smartphone* ou *tablet*, ou de uma televisão em seu quarto ou o novo brinquedo que o amigo possui – mas ele certamente pode querer essas coisas. Ele pode adorar olhar para a tela da televisão, mas os especialistas nos dizem que qualquer tipo de tempo de tela nessa idade pode prejudicar o desenvolvimento ideal do cérebro. (Discutiremos sobre isso em outra parte do livro.) Você entendeu a ideia.

Desde os primeiros momentos na família, a criança tem quatro necessidades básicas:

1. Um sentimento de pertencimento e significado (conexão).
2. Um senso de poder pessoal e autonomia (capacidade).
3. Habilidades sociais e da vida (contribuição).
4. Disciplina gentil e firme que *ensina* (com dignidade e respeito).

Se você puder fornecer a seu filho essas necessidades, ele estará a caminho de se tornar um ser humano competente, engenhoso e feliz.

A importância do pertencimento e significado

"Sim, com certeza!", você pode estar pensando. "Todo mundo sabe que uma criança precisa pertencer." A maioria dos pais acredita que o que um filho realmente precisa é bastante simples: ele precisa de amor. Mas o amor por si só nem sempre cria um sentimento de pertencimento ou valor. De fato, o amor às vezes leva os pais a mimar seus filhos, a puni-los ou a tomar decisões que não são do seu interesse em longo prazo.

Todos – adultos e crianças – precisam pertencer a algum lugar. Para crianças pequenas, a necessidade de pertencer é ainda mais crucial. Afinal, elas ainda estão aprendendo sobre o mundo e seu lugar nele. Elas precisam saber que são amadas e estimadas, mesmo quando têm uma birra, derramam cereais, quebram a caneca favorita do pai ou ainda fazem outra bagunça na cozinha.

As crianças que não acreditam que pertencem ficam desencorajadas, e as crianças desencorajadas geralmente se comportam mal. Observe a palavra "acreditar". Você pode saber que seu filho pertence e isso é significativo. Mas se ele não acredita (às vezes pelas razões mais obscuras, como o nascimento de outro bebê), ele pode tentar encontrar seu senso de pertencimento e importância de maneira equivocada. *De fato, o mau comportamento da maioria das crianças pequenas é um tipo de "código" designado para informar que elas não se sentem aceitas e precisam de atenção, conexão, tempo e ensinamento.*

Quando você consegue criar um senso de pertencimento e significado para cada membro de sua família, sua casa se torna um local de paz, respeito e segurança.

Poder pessoal e autonomia (capacidade)

Seu filho pequeno nunca aprenderá a tomar decisões, adquirir novas habilidades ou desenvolver confiança se você não der espaço para ele praticar – errar e tudo. *Parentalidade na primeira infância implica em abandonar a necessidade de perfeição.*

As palavras por si só não são poderosas o suficiente para criar um senso de competência e confiança nas crianças. As crianças se sentem capazes quando experimentam competência e autossuficiência ao praticar, imperfeitamente, à medida que aprendem e desenvolvem novas habilidades.

Desenvolver autonomia e iniciativa estão entre as primeiras tarefas de desenvolvimento que seu filho enfrentará. E embora os pais não gostem exatamente disso, mesmo as crianças mais novas têm poder pessoal – e rapidamente aprendem como usá-lo. Se você duvida disso, pense na última vez que viu um garoto de 4 anos projetando sua mandíbula, cruzando os braços e dizendo corajosamente: "Não! Eu não *quero!*"

Parte do trabalho como mãe ou pai será ajudar seu filho a aprender a canalizar o poder dele em direções positivas – ajudar a resolver problemas, aprender habilidades de vida, desenvolver um senso de responsabilidade e respeitar e cooperar com os outros.

Habilidades sociais e de vida

Ensinar habilidades a seu filho – como se dar bem com outras crianças e adultos, como se alimentar e se vestir, como ser responsável – ocupará a maior parte de suas horas durante os primeiros anos. Mas a necessidade de habilidades sociais e de vida práticas nunca desaparece. De fato, a verdadeira autoestima não vem de ser amado, elogiado ou banhado de guloseimas – vem de ter *habilidades.*

Pesquisas demonstram claramente que o sucesso acadêmico – a capacidade de prosperar e aprender na escola – depende do desenvolvimento da autorregulação, da consciência emocional e da capacidade de conviver e trabalhar com os outros. Nenhuma criança nasce com essas habilidades complexas, mas ensiná-las faz parte do processo da Disciplina Positiva.

Quando as crianças são pequenas, gostam de imitar os pais. Seu filho vai querer martelar pregos com você, esguichar o limpador de banheiro e preparar o café da manhã (com muita supervisão). À medida que ele se torna mais capaz, você pode usar esses momentos cotidianos para ensiná-lo a se tornar uma pessoa competente e capaz. Trabalhar juntos para aprender habilidades pode ocasionalmente ser confuso, mas também é uma parte agradável e valiosa de criar uma criança.

Disciplina gentil e firme que ensina

A punição pode parecer funcionar em curto prazo. Afinal, as crianças geralmente param o que estavam fazendo quando você grita, ameaça, humilha ou bate. Mas o que você não vê é o que seu filho está pensando, sentindo e decidindo fazer como resultado dessa experiência.

As crianças têm muito a aprender. O ensino respeitoso e firme não apenas fortalece o vínculo entre mãe, pai e filho, mas é mais eficaz ao longo do tempo na mudança de comportamento. Ainda assim, os pais podem ter dificuldade com a ideia de que o castigo não "funciona" da maneira que eles pensam que deveria.

Por que alguns pais não aceitam métodos não punitivos?

Como todas as crianças (e todos os pais) são indivíduos únicos, geralmente existem várias soluções não punitivas para qualquer problema. Os pais podem não entender ou aceitar imediatamente essas soluções. De fato, a Disciplina Positiva exige uma mudança de paradigma – uma maneira radicalmente diferente de pensar sobre disciplina. Os pais costumam fazer perguntas erradas. Eles geralmente querem saber:

- Como faço meu filho se importar?
- Como faço meu filho entender o "não"?
- Como faço para que meu filho me ouça?
- Como faço para resolver esse problema?

A maioria deles, exaustos, quer respostas para essas perguntas, mas essas perguntas são baseadas no pensamento de curto prazo. Os pais estarão ansiosos por alternativas não punitivas quando fizerem as perguntas certas – e verão os resultados que essa mudança de abordagem cria para eles e os filhos. Aqui está um bom começo:

- Como ajudo meu filho a se sentir capaz?
- Como ajudo meu filho a se sentir aceito e significante?
- Como ajudo meu filho a aprender respeito, responsabilidade e habilidades para resolver problemas?
- Como entro no mundo do meu filho e compreendo o processo de desenvolvimento dele?
- Como posso usar os problemas como oportunidades de aprendizado – para meu filho e para mim?

Essas perguntas abordam a visão do todo e baseiam-se no pensamento de longo prazo. Quando os pais encontram respostas para as perguntas de longo prazo, as perguntas de curto prazo se resolvem. As crianças "se importarão" e cooperarão (pelo menos na maioria das vezes) quando se sentirem aceitas e valorizadas, entenderão o "não" quando estiverem prontas para o desenvolvimento e envolvidas na busca de soluções para os problemas, e ouvirão quando os pais *as* ouvirem e falarem de uma maneira que convide-as a ouvir. Os problemas são resolvidos mais facilmente quando as crianças estão envolvidas no processo.

Incluímos dicas de Disciplina Positiva em todos os capítulos deste livro, e também a seção "Perguntas para refletir" para convidar os pais a explorar por conta própria. Apresentaremos sugestões para métodos não punitivos que ajudarão seu filho a se tornar uma pessoa capaz e amorosa.

Métodos de disciplina a evitar

A maioria dos pais já fez isso uma vez ou outra. Mas por favor:

- Se você estiver batendo, pare.
- Se você estiver gritando, berrando ou dando sermões, pare.
- Se você estiver usando ameaças ou avisos, pare.

Todos esses métodos são desrespeitosos e encorajam a dúvida, a vergonha, a culpa e/ou a rebeldia – agora e no futuro.

"Espere um pouco!", você pode estar pensando. "Esses métodos funcionaram para meus pais. Vocês estão tirando todas as ferramentas que tenho para gerenciar o comportamento do meu filho. Como devo agir, deixar meu filho fazer qualquer coisa que ele quer?" Claro que não. A permissividade é desrespeitosa e não ensina responsabilidade e habilidades de vida importantes. Você nunca pode realmente controlar o comportamento de ninguém, a não ser o seu, e suas tentativas de controlar seu filho geralmente criarão mais problemas e mais disputas pelo poder. Agora, vamos examinar vários métodos que convidam à cooperação (quando aplicados com uma atitude gentil e firme), enquanto encorajam a criança a desenvolver caráter e habilidades de vida valiosas.

A vida com uma criança ativa e desafiadora se torna muito mais fácil quando você aceita que o aprendizado positivo não ocorre em uma atmosfera ameaçadora. As crianças não ouvem quando estão assustadas, magoadas ou com raiva. O castigo invalida o processo de aprendizagem.

Métodos que convidam à cooperação

Se o castigo não funciona, o que funciona? Aqui estão algumas sugestões. Lembre-se de que o desenvolvimento individual do seu filho é fundamental nesses anos; lembre-se também de que nada funciona o tempo todo para todas as crianças. À medida que seu filho cresce e muda, você precisará retornar ao quadro muitas vezes, mas essas ideias formarão a base para anos de criação efetiva dos filhos.

TRÊS DICAS PARA COMEÇAR COM A DISCIPLINA POSITIVA:

1. Envolva as crianças:
   A. Na criação de rotinas.
   B. Por meio de escolhas limitadas.
   C. Ao oferecer oportunidades para ajudar.
2. Ensine respeito sendo respeitoso.
3. Use seu senso de humor.

Envolva as crianças

"Educação" vem da raiz latina *educare*, que significa "extrair". Isso pode explicar por que as crianças costumam desligar-se quando você tenta "enfiar goela abaixo" por meio de constantes demandas e sermões.

Em vez de dizer às crianças o que fazer, encontre maneiras de envolvê-las nas decisões e pergunte o que elas pensam e querem. As perguntas curiosas (que geralmente começam com "o que" ou "como") são uma maneira de fazer isso. Pergunte: "O que você acha que acontecerá se você empurrar seu triciclo pelo meio-fio?" ou "O que você precisa fazer para se preparar para a aula?"

As crianças que são envolvidas na tomada de decisões experimentam um saudável senso de poder e autonomia pessoal. Para as crianças que ainda não são capazes de falar, diga: "Em seguida nós...", mostrando o que fazer de uma maneira gentil e firme.

Existem várias maneiras particularmente eficazes de envolver as crianças na cooperação e na resolução de problemas. Aqui estão três sugestões:

Criem rotinas juntos. Observe a palavra "juntos". Muitos pais e cuidadores criam quadros de rotina em vez de envolver os filhos. As crianças aprendem melhor pela repetição e consistência; então, para que você possa facilitar as transições da vida familiar, *envolva-as* na criação de rotinas confiáveis. Rotinas podem ser criadas para cada evento que acontece repetidamente: acordar, deitar-se, jantar, fazer compras e assim por diante. Aqui estão algumas sugestões para criar um quadro de rotina.

- Sente-se *com* seu filho e convide-o para ajudá-lo a fazer um quadro de rotina.
- Peça a ele para lhe contar as tarefas envolvidas na rotina (como dormir); você pode adicionar o que ele esquecer.
- Deixe-o ajudar você a decidir sobre a ordem em que essas tarefas devem ser realizadas.
- Tire fotos dele fazendo cada tarefa. Elas podem ser coladas ao lado de cada item no quadro.
- Forneça materiais de arte para ele ilustrar o quadro.
- Pendure o quadro onde ele pode ver.
- Deixe o quadro de rotina se tornar o chefe.

Quando seu filho se distrair, você pode perguntar: "O que vem a seguir no seu quadro de rotina?" (Os quadros de rotina são como mapas que ajudam as crianças a se lembrar das etapas de uma tarefa. Eles não são quadros de adesivos ou recompensas que tiram o senso de capacidade e responsabilidade de seu filho, mudando o foco para a recompensa.)

Ofereça opções limitadas. Ter escolhas dá às crianças uma sensação de poder: elas têm o poder de escolher uma possibilidade ou outra. As escolhas também convidam uma criança a usar suas habilidades de pensamento ao decidir o que fazer. E, é claro, as crianças pequenas adoram quando as escolhas incluem uma oportunidade de ajudar.

- "Qual é a primeira coisa que você fará quando chegarmos em casa – me ajudar a guardar as compras ou ler uma história? Você decide."
- "Você gostaria de carregar o cobertor ou a caixa de biscoitos enquanto caminhamos até o carro? Você decide."

Adicionar "Você decide" aumenta o senso de poder do seu filho. Certifique-se de que as opções sejam adequadas ao desenvolvimento e de que todas as opções sejam confortáveis para você. Quando seu filho quiser fazer outra coisa, você pode dizer: "Essa não é uma das opções. Você pode decidir entre isso e isso."

Crie oportunidades para seu filho ajudá-lo. Crianças pequenas frequentemente resistem a um comando para entrar no carro, mas respondem alegremente a uma solicitação como "Preciso de sua ajuda. Você pode levar as chaves do carro para mim?" Atividades que podem facilmente se tornar disputas pelo poder podem ser oportunidades de riso e proximidade, se você usar seu instinto e sua criatividade. Permitir que seu filho contribua (mesmo que seja mais "bagunçado" ou inconveniente) também prepara o terreno para a cooperação mais tarde.

Ensine respeito sendo respeitoso

Os pais geralmente acreditam que as crianças devem *demonstrar* respeito, e não demonstram isso *a* elas. Mas as crianças aprendem respeito ao experimentá-lo. Seja respeitoso ao fazer solicitações. Não espere que uma criança faça algo "imediatamente" quando você interrompe algo com o que ela está completamente envolvida. Dê-lhe um aviso: "Precisamos sair em um minuto. Deseja balançar mais uma vez ou ir ao escorregador de novo?" Carregue um cronômetro pequeno com você. Ensine-a a ajustar para um ou dois minutos. Em seguida, deixe-a colocar o cronômetro no bolso para poder estar pronta quando o cronômetro tocar.

Lembre-se também de que vergonha e humilhação – como uma criança pode sentir se apanhar no meio do parquinho (ou em qualquer outro lugar, por sinal) – são desrespeitosas, e as pesquisas mostram claramente que uma criança que é tratada com desrespeito, provavelmente irá retribuir o favor. Bondade e firmeza demonstram respeito pela dignidade de seu filho, sua própria dignidade e as necessidades da situação.

Use seu senso de humor

Ninguém nunca disse que a parentalidade deveria ser chata ou desagradável. Aprenda a rir juntos e a criar jogos para realizar trabalhos desagradáveis rapidamente. O humor é frequentemente a melhor maneira de abordar uma situação.

Nathan, de 3 anos de idade, tinha uma tendência infeliz a lamentar-se e Beth já estava no seu limite. Ela tentou falar, explicar e ignorar, mas nada parecia ter algum efeito. Um dia, Beth tentou algo que provavelmente era mais desesperador do que inspiração. Enquanto Nathan reclamava que queria suco, Beth virou-se para ele com um olhar engraçado no rosto. "Nathan", ela disse, "algo está errado nos ouvidos da mamãe. Quando você se queixa, não consigo ouvi-lo!"

Mais uma vez Nathan resmungou por suco, mas desta vez Beth apenas balançou a cabeça e bateu na orelha, olhando em volta como se um mosquito estivesse zumbindo perto de sua cabeça. Nathan tentou novamente, mas Beth balançou a cabeça. Então Beth ouviu algo diferente. O menino respirou fundo e disse em voz baixa e séria: "Mamãe, posso tomar um suco?" Quando Beth se virou para olhá-lo, ele acrescentou "Por favor?" para uma boa medida.

Beth riu e pegou Nathan para um abraço antes de ir para a cozinha. "Eu posso ouvi-lo perfeitamente quando você pede tão educadamente", ela disse. A partir desse momento, tudo o que Beth tinha que fazer quando Nathan começava o lamento era tocar sua orelha e balançar a cabeça. Nathan respirava exasperado – e começava novamente em um tom de voz mais agradável.

Nem tudo pode ser tratado com leveza, é claro. Mas as regras se tornam menos difíceis de seguir quando o humor melhora o clima.

Permita chegar a mensagem de amor

Mesmo as ferramentas parentais não punitivas mais eficazes devem ser usadas em uma atmosfera de carinho e aceitação incondicional. Certifique-se de reservar um tempo para abraços e carinhos, para sorrisos e gestos amorosos. Seu filho se comportará melhor quando se sentir melhor, e se sentirá melhor quando viver em um mundo de respeito e pertencimento/aceitação.

PERGUNTAS PARA REFLETIR

1. Escolha um comportamento que você e seu filho frequentemente enfrentam. Considere quais partes desse comportamento podem representar habilidades que seu filho precisa de ajuda para desenvolver. Depois de identificar os pontos problemáticos, o que pode ser modificado para facilitar essa tarefa ou quais habilidades precisam ser praticadas?
2. Pense em um comportamento próprio que você deseja parar de fazer. Liste três coisas que você pode fazer no momento em que perceber que está prestes a se comportar da maneira antiga (p. ex., gritar ou perder a paciência).
3. Reserve um momento para considerar alguns dos conceitos da Disciplina Positiva que você acabou de aprender. Qual é a sua resposta à ideia de que disciplina não é o mesmo que punição? Você acredita que os pais podem ser gentis *e* firmes ao mesmo tempo? Como essas ideias se comparam à sua própria educação?

2

ENTRE NO MUNDO DO SEU FILHO

As crianças em idade escolar são pessoinhas tão atraentes. Elas podem compartilhar suas ideias, mostrar curiosidade, exercitar um senso de humor novo, construir relacionamentos próprios e estar de braços abertos cheios de afeto e diversão para aqueles que as rodeiam. Elas também podem ser teimosas, desafiadoras, confusas e absolutamente frustradas.

A maioria dos pais se preocupa com o mundo que seus filhos herdarão; eles se perguntam qual a melhor maneira de criar os filhos para que eles possam viver uma vida feliz e bem-sucedida. E eles assistem ao comportamento ocasionalmente frustrante dessas crianças e se perguntam o que está por vir – e o que fazer a respeito.

"Onde o meu bebê foi parar?"

Carlota observava o progresso de Manuel, de 3 anos de idade, no parquinho – ele não era mais um bebê. Ela se surpreendeu quando Manuel subiu no topo do trepa-trepa com habilidade e segurança. "Onde o meu bebê foi parar?" ela imaginou. "Quem é essa pessoinha nova?"

Dana estendeu automaticamente a mão para pegar a mão da filha quando o semáforo na esquina ficou verde. Marta, de 5 anos, olhou para a mãe e fez uma careta. Marta estava disposta a andar ao lado da mãe, mas andar de mãos dadas era para bebês. Dana se sentiu um pouco boba. Ela percebeu que

Marta era cuidadosa e capaz o suficiente para atravessar a rua sem segurar sua mão, mas naquele momento a mão de Dana de repente se sentiu vazia.

Aprender a deixá-los caminhar com as próprias pernas

Às vezes, pode parecer que criar filhos é sobre aprender a deixá-los caminhar com suas próprias pernas. Quando seu filho desmama do seio ou da mamadeira, você "abre mão" da proximidade especial que a amamentação traz. Quando você deixa o seu filho sob os cuidados de outra pessoa, mesmo que por meia hora, você deve abrir mão também, ainda que de outra maneira.

"Abrir mão" é um processo que começa no momento em que um bebê se separa do corpo de sua mãe e é essencial para o crescimento e desenvolvimento saudáveis de todo ser humano. Manter-se "grudado" nos filhos – o que geralmente é feito em nome do amor – muitas vezes se torna superproteção e sufocamento, e impede o crescimento saudável da criança. Para alguns pais, parece que cada passo que seu filho dá o leva para mais longe de seus braços. O desafio de criar filhos está em encontrar o equilíbrio entre nutrir, proteger e orientar, por um lado, e permitir que seu filho explore, experimente e se torne uma pessoa capaz e confiante, por outro.

A verdade é que seu filho sempre precisará de sua orientação, encorajamento e amor, mas a maternidade e paternidade assumem uma forma diferente à medida que os filhos crescem e se transformam. Aos 14 anos, seu filho precisará de amor e de limites, mas deve tomar muitas decisões de vida por conta própria. Do mesmo modo, as crianças com 4 anos de idade estão longe de serem autossuficientes, mas precisam de alguma independência para aprender e praticar novas habilidades. Oferecer um equilíbrio entre a orientação e a independência exige que você se adapte, à medida que seu filho cresce.

O mundo lá fora

Durante esses primeiros anos, os pais se esforçam para aceitar que seus filhos descobrem as muitas outras pessoas que compartilham seu mundo. À medida que os horizontes de uma criança se expandem, ela pode não ver mais a mãe, o pai ou seus familiares mais próximos como as pessoas mais importantes do mundo.

Seu filho vai descobrir o mundo dos amigos. Ele notará cores de pele, formas corporais e estilos de vida diferentes dos seus. Ele começará a tomar decisões sobre o mundo e como ele funciona, e o que ele deve fazer para encontrar amor e pertencimento. Toda experiência é importante para seu filho, pois ele está criando sua própria abordagem de vida.

Durante esses anos, seu filho aprenderá suas primeiras lições sobre empatia, cooperação e bondade. Aprender a construir e manter relacionamentos saudáveis ocupará a maior parte de sua energia. Ensinar habilidades socioemocionais (e ajudar a amenizar as crises que geralmente fazem parte do processo de aprendizado) manterá os pais e cuidadores realmente ocupados.

Criar uma criança ativa é uma grande tarefa, e essa tarefa pode parecer avassaladora. Não é de se admirar que os pais achem que mal conseguem assistir televisão ou ler uma revista sem receber os conselhos mais recentes sobre disciplina e desenvolvimento. As prateleiras das livrarias, os *blogs* e os sites da internet estão repletos de informações que cobrem todos os aspectos da criação dos filhos. Na verdade, a maioria dos pais acha que o problema não é falta de informação suficiente, mas sim saber por onde começar e em quem confiar. A Disciplina Positiva é baseada em princípios de dignidade e respeito que ajudam os pais com opiniões diferentes (e mesmo os pais mais amorosos ocasionalmente discordam) a encontrar métodos de disciplina que funcionem para eles, e no crescente corpo de pesquisas que detalha como as crianças aprendem e se desenvolvem.

Todos os tipos de mães e pais, todos os tipos de famílias

Mães e pais vêm nas mais diferentes formas e tipos, e as crianças têm um dom para destacar as diferenças nos estilos e nas opiniões dos pais. Raramente existe uma maneira "certa" de criar filhos. Considere suas diferenças como oportunidades para aprender e crescer (para todos os envolvidos), bem como os meios para modelar habilidades valiosas na vida, como cooperação, respeito e compromisso.

Crianças podem ser criadas em famílias com pai e mãe, com pai ou mãe solteiros, pais adotivos, avós ou madrastas e padrastos. Os pais podem ser de sexos diferentes ou do mesmo sexo. Pode ter vários irmãos ou outras crianças por perto. Acreditamos que as crianças podem crescer com um saudável senso de pertencimento e significado em qualquer tipo de família. As decisões que os adultos tomam sobre quais valores serão ensinados e refletidos em suas vidas diárias é o que moldará a vida de uma criança. Uma base de amor, respeito e dignidade é o que mais importa.

Todas as famílias enfrentam pressão e estresse. Mas, com tantos tipos de pais e famílias, pode realmente haver uma filosofia de disciplina adequada a todos eles? Bem, sim. Para famílias que precisam de apoio e informações adicionais, consulte os livros de Disciplina Positiva específicos: *Positive Discipline for Single Parents,*[1] *Positive Discipline for Your Stepfamily,*[2] *Positive Discipline for Parenting in Recovery.*[3]

O que você quer para o seu filho?

A Disciplina Positiva (tanto a filosofia como as habilidades que a acompanham) oferece maneiras eficazes e amorosas de guiar seu filho por esses anos desafiadores. Seja você mãe, pai, professor(a) ou profissional que lida com crianças, você encontrará ideias e ferramentas práticas nestas páginas que o ajudarão a dar às crianças sob seus cuidados o melhor começo de vida.

As crianças precisam de toda a confiança, sabedoria e capacidade de resolver problemas que podemos lhes proporcionar. Elas também precisam acreditar em seu próprio valor e dignidade, possuir um senso saudável de autoestima e saber viver, trabalhar e brincar com pessoas que as rodeiam. É raro um pai ou uma mãe que ocasionalmente não se sente oprimido e confuso, que não se preocupa que o melhor de si não seja bom o suficiente. As expectativas são tão altas, e você ama tanto seu filho. Por onde você deve começar?

Na verdade, o fim é um bom lugar para começar. É importante ter um destino em mente para que você possa se concentrar nas habilidades parentais que o ajudarao a alcançar o que deseja para o seu filho em longo prazo, em vez de se concentrar em soluções de curto prazo que podem não ensinar habilidades de vida e qualidades que você deseja que seu filho tenha para desenvolver um bom caráter.

A importância da parentalidade em longo prazo

É fácil na pressa do dia a dia com uma criança se concentrar na crise em questão. É a correria da manhã, refeições para providenciar, casacos para separar e crianças que podem ou não estar dispostas a se vestir ou calçar os sapatos. Os pais devem começar a trabalhar e as crianças devem ir à escola ou ficar em casa. Mais tarde, o jantar e as tarefas domésticas exigem tempo e atenção e, depois tem o horário de dormir no final do dia. Alimentar, dar banho e fazer todos dormir pode consumir seu resto de energia.

Há mais que os pais devem fazer, no entanto. Você deve pensar, sonhar e planejar. Você deve decidir o que mais importa para você na vida e o que você deseja transmitir ao seu filho. Essas últimas e mais importantes tarefas são geralmente as que os pais nunca têm tempo para se dedicar. Mas pense por um momento: não seria útil, ao embarcar na jornada que é a criação de filhos, conhecer seu destino final? Como você chegará lá se não tiver clareza de onde deseja ir?

Talvez uma das coisas mais sábias que você pode fazer agora é se perguntar: "O que eu quero para o meu filho?" Quando seu filho se tornar um adulto, quais qualidades e características você deseja que ele tenha? Você pode decidir que seu filho seja confiante, compassivo e respeitoso. Você pode querer que ele seja responsável, trabalhador e confiável. A maioria dos pais quer que seus filhos sejam felizes, tenham um trabalho gratificante e relacionamentos saudáveis. Seja o que você quiser para o seu filho, como você fará isso acontecer? Como seu filho aprenderá a ter uma vida bem-sucedida e contente? A boa notícia é que os métodos de disciplina que você aprenderá neste livro foram projetados para ajudar seus filhos a desenvolver as habilidades sociais e de vida que os ajudarão a alcançar esses objetivos.

O QUE VOCÊ QUER PARA OS SEUS FILHOS?

Aqui está uma lista típica de pais e responsáveis:

- Autodisciplina
- Habilidades de tomada de decisão
- Automotivação
- Habilidades de cooperação/colaboração
- Criatividade
- Valores

- Habilidades de liderança
- Resistência
- Responsabilidade
- Empatia/cuidado
- Senso de humor
- Habilidades de pensamento
- Honestidade
- Adaptabilidade
- Autoconfiança
- Habilidades para resolver problemas
- Habilidades sociais
- Capacidade de ver pontos positivos
- Resiliência
- Prudência
- Respeito por si mesmo e pelos outros
- Tolerância
- Determinação
- Interesse social
- Habilidade de aprendizagem ao longo da vida
- Habilidades de comunicação

Gentileza e firmeza

Como observamos na introdução, há uma ferramenta da Disciplina Positiva que sustenta todo o resto: a habilidade de ser gentil e firme ao mesmo tempo. Este não é um pequeno desafio. Qualquer um de nós pode ser tentado a punir uma criança quando seu vaso de cristal favorito está estilhaçado no chão da cozinha. É igualmente tentador comprar aquela barra de chocolate no balcão da loja, só para evitar uma birra em público.

Ser gentil e firme diante desses desastres diários fica mais fácil (e menos catastrófico) quando você perceber que prevenir é possível: por que aquele vaso tentador foi deixado brilhando sobre a mesa que seu filho usa? Levar uma criança cansada e com fome para uma loja não vai levar vocês dois para a frustração? Prevenção pode eliminar muitas confusões – sua e deles.

Mas até mesmo a mais doce criança se comportará mal ou cometerá erros de tempos em tempos. Nesses momentos, é necessário ser gentil e firme ao mesmo tempo. A gentileza mostra respeito pela "humanidade" da criança e enfatiza o ensino de habilidades valiosas. A firmeza apoia suas palavras com as ações necessárias, ajudando as crianças a compreender que você faz valer o que diz e é digno de confiança. É útil ficar atento ao que você diz – o que não é um desafio pequeno para pais de crianças agitadas.

É possível oferecer empatia, apoio e amor enquanto continua dando limites e fazendo o que você disse que faria. Gentileza com firmeza pode ser resumida em uma frase simples: "Eu te amo e a resposta é não."

Gentileza diante dessa tigela quebrada inclui compreensão pela frustração de uma criança com o que aconteceu, e depois ajudá-la a encontrar uma maneira de resolver isso de alguma maneira. Isso pode significar segurar a pá de lixo enquanto as peças quebradas são varridas ou criar uma lista de pequenos trabalhos para ganhar dinheiro para fazer a substituição. Essas escolhas devem ser baseadas na idade e nas habilidades da criança. Gentileza significa não dar sermão, envergonhar ou humilhar uma criança; firmeza significa ter certeza de que as tarefas acordadas são realizadas.

No outro extremo da parentalidade está o controle excessivo, que muitas vezes gera resistência, desafio ou passividade. As crianças estão sempre tomando decisões sobre si mesmas, você e o mundo ao seu redor. Aprender a agir com gentileza e firmeza ao mesmo tempo não fará com que seus problemas desapareçam da noite para o dia, mas você pode se surpreender com a diferença que isso fará em sua casa.

Entre no mundo do seu filho

Compreender as necessidades e limitações de desenvolvimento do seu filho entre 3 e 6 anos é fundamental para os pais durante esses anos importantes. Seja empático quando o seu filho ficar chateado ou tiver um ataque de raiva por causa da falta de habilidades. Empatia não significa resgatar, significa compreender. A validação de sentimentos é uma das ferramentas mais poderosas que você pode usar para criar uma conexão e ajudar o seu filho a se sentir aceito (pertencimento), o que cria uma base para se sentir capaz. Dê um abraço em seu filho e diga: "Você está muito frustrado agora. Eu sei que você queria ficar mais tempo." Depois, segure seu filho e deixe que ele experimente seus sentimentos antes de guiá-lo gentilmente para a saída. Seu filho tem a oportunidade de aprender que pode sobreviver à frustração.

Entrar no mundo do seu filho também significa ver o mundo da perspectiva dele e reconhecer suas habilidades – e suas limitações. De vez em quando, pergunte-se como você estaria se sentindo (e agindo) se você fosse seu filho. Por exemplo, você pode esperar que sua criança de 4 anos faça compras com você sem reclamar, porque isso é considerado um "bom comportamento", ao mesmo tempo que ela pode se sentir merecedora de um tratamento especial por sua cooperação. Pode ser esclarecedor ver o mundo através dos olhos de uma criança.

Aceite e aprecie a singularidade de seu filho

As crianças se desenvolvem de maneira diferente e têm forças diferentes. Esperar de uma criança o que ela não pode dar apenas frustrará vocês dois. Os filhos de sua irmã podem ficar sentados em silêncio em um restaurante por horas, enquanto os seus ficam se balançando depois de alguns minutos, independentemente da diligência com que você se prepara (consulte os Capítulos 3 e 6 para obter mais informações sobre esse assunto). Se você simplesmente aceitar isso, poderá poupar muita tristeza a si e aos seus filhos, aguardando para ter uma refeição sofisticada quando puder desfrutá-la na companhia de adultos – ou quando seus filhos amadurecerem o suficiente para que todos vocês possam apreciá-la juntos.

Pode ajudar se você se considerar um treinador, ajudando seu filho a ter sucesso e a aprender a fazer coisas. Você também é um observador, aprendendo sobre o ser humano único que é seu filho. Observe com atenção ao introduzir novas oportunidades e atividades; descubra em que seu filho está interessado, o que ele pode fazer sozinho e o que ele precisa para ajudá-lo a aprender.

Diga o que você quer e faça um acompanhamento gentil e firme

As crianças geralmente percebem quando você está falando sério e quando não. Na maior parte das vezes, é melhor não dizer nada, a menos que você esteja falando sério e possa dizer respeitosamente – e seguir com dignidade e respeito. Quanto menos palavras você disser, melhor!

Liam, de 3 anos, rastejava para a cama de seu pai todas as noites, mesmo que Sean tivesse dito que ele precisava ficar em sua própria cama. Sean decidiu que, em vez de se deitar depois de colocar Liam na cama, ele se sentaria no sofá e leria.

Então, na próxima vez que Liam saiu do quarto e não encontrou o pai na cama, ele entrou na sala. Ele começou a dançar para tentar chamar a atenção de Sean, mas Sean continuou a ler como se nada estivesse acontecendo. Não demorou muito para Liam se cansar de seu jogo. Não tinha graça se ele não tinha nenhuma resposta. Até que Liam voltou para sua própria cama.

Às vezes, "fazer um acompanhamento eficaz" significa não fazer nada e acreditar que seu filho atingirá as expectativas que foram estabelecidas. Também pode significar remover sem palavras uma criança do escorregador quando chegar a hora de ir embora, em vez de entrar em uma discussão ou em uma batalha de desejos. Quando isso é feito com gentileza, firmeza e sem raiva, será respeitoso e eficaz ao mesmo tempo.

Aja, não fale - e supervisione com cuidado

Minimize suas palavras e maximize suas ações. Como Rudolf Dreikurs disse uma vez: "Fique quieto e aja".

Arianna tinha uma maneira diferente de lidar com o desafio de dormir. Ela disse ao filho de 4 anos, Ben, que toda vez que ele saísse da cama após a rotina de ler uma história e dar abraços e beijos, ela o levaria gentil e firmemente de volta para a cama, o beijaria na bochecha e sairia. Essas palavras não mantiveram Ben em sua cama, mas as ações de Arianna sim. Toda vez que Ben saía da cama, ela gentil e firmemente o levava de volta à sua cama, dava-lhe um beijo e saía. Na primeira noite, ela levou Ben de volta à cama cinco vezes (sem dizer uma palavra). Na segunda noite, ela o levou três vezes. Na terceira noite, Ben apenas tentou mais uma vez. Depois disso, os dois aproveitavam a hora da história, os abraços e beijos, e os problemas na hora de dormir terminaram.

Agir sem falar pode ser surpreendentemente eficaz.

Seja paciente

Entenda que talvez você precise ensinar muitas coisas ao seu filho várias vezes antes que ele esteja pronto para aprender. Por exemplo, você pode encorajar seu filho a compartilhar, mas não espere que ele entenda o conceito e faça isso por conta própria quando não quiser. (Mais sobre habilidades sociais no Capítulo 7.) Não leve o comportamento de seu filho para o lado pessoal. Aja como um adulto (às vezes é mais fácil falar do que fazer) e faça o que for necessário, sem culpa ou vergonha.

Em nome do amor

É sábio lembrar que às vezes o amor não é suficiente para criar uma criança saudável e feliz. São conhecimentos e habilidades que dão forma ao amor que você sente. Ninguém nasce sabendo como criar um filho. Os pais aprendem com seus próprios pais e experiências; a maioria faz o melhor que pode e todos cometerão erros. A sociedade nunca questionou a necessidade de treinamento em áreas ocupacionais, mas em algum momento foi implantada a noção de que a educação dos filhos deveria vir "naturalmente" e que a necessidade de ajuda era uma admissão de inadequação.

A verdade é que bons pais fazem cursos de educação parental, leem livros e fazem muitas perguntas. Encorajamos você a se envolver em um grupo de pais em sua comunidade ou a considerar iniciar um você mesmo. Existem grupos de apoio para pais adotivos, avós que estão criando seus netos e quase todas as outras formas imagináveis de família. Não é fraqueza pedir ajuda – é sabedoria.

Confie no seu coração

Há tantas coisas em nossas vidas atarefadas que devem ser cuidadas e equilibradas, e ninguém pode desafiar mais um pai, uma mãe ou um(a) professor(a) como uma criança pequena (ou uma sala de aula cheia delas). Por enquanto, lembre-se de que sempre é o *relacionamento* o que mais importa. Muitas vezes, são nos momentos calmos e cotidianos – o abraço antes de dormir, as lágrimas depois de uma briga, trabalhando e rindo lado a lado – onde o melhor tipo de parentalidade (e ensino) acontecem.

PERGUNTAS PARA REFLETIR

1. O que há na sua caixa de ferramentas? Liste as ferramentas parentais que você usa com mais frequência. Quais você acha que lhe ajudam a atingir suas metas como pai/mãe? Existe alguma ferramenta que possa estar criando problemas para você e seu filho?
2. O que você quer para o seu filho? Escolha uma qualidade da lista nas páginas 22 e 23 ou concentre-se em uma habilidade ou qualidade de vida que seja importante para você. Descreva as maneiras pelas quais você pode desencorajar involuntariamente o desenvolvimento dessa característica. Em seguida, liste maneiras pelas quais você pode encorajar proativamente essa característica.
3. Se você compartilha a tarefa de ser mãe/pai com um(a) parceiro(a), outros parentes (especialmente se você mora com familiares), ou mesmo com um ou dois colegas, vocês provavelmente discordarão de tempos em tempos sobre a melhor forma de responder ao comportamento do seu filho. A menos que o desacordo seja sobre questões fundamentais, como bater ou não, provavelmente existem muitas maneiras de chegarem a um acordo. Pense em uma coisa que você e seu parceiro (ou outra pessoa envolvida no cuidado de seu filho) discordam que você está disposto a conversar.

3

COMPREENDENDO O QUE É DESENVOLVIMENTO ADEQUADO

Todo ser humano é uma obra de arte. Observe apenas a variedade na aparência: cor da pele, cor e textura do cabelo, forma do nariz, cor dos olhos, altura e peso – cada pessoa é única. E características físicas são apenas o começo de nossa singularidade.

O temperamento é tão individual quanto uma impressão digital. O mesmo ocorre com o ritmo em que nos desenvolvemos e crescemos. Entender as fases do desenvolvimento significa levar em consideração as coisas que todas as crianças geralmente são capazes de fazer, pensar e realizar em diferentes idades – bem como variações individuais no desenvolvimento de cada criança no contexto mais amplo da família, cultura e circunstâncias da vida. Isso é muito para se considerar.

Adequado para a faixa etária: como ensinar e empoderar

Por volta de 1 a 2 anos, as crianças entram na fase do "eu faço". É quando elas desenvolvem um senso de autonomia *versus* dúvida e vergonha.[1] (Para saber mais, consulte *Disciplina Positiva para crianças de 0 a 3 anos*.)[2] As idades de 2 a 6 anunciam o desenvolvimento de um senso de iniciativa *versus* culpa, o que significa que faz parte do desenvolvimento de uma criança explorar e experimentar. Você pode imaginar como é confuso para uma criança ser punida pelo que ela está programada em relação ao seu desenvolvimento? Ela se depara com um dilema real (no nível subconsciente): "Ignoro meus instintos de desenvolvimento e desenvolvo um profundo sentimento de culpa ou sigo meu impulso biológico para desenvolver a iniciativa explorando e experimentando meu mundo?" O castigo – uma reação típica de um adulto a comportamentos novos e desafiadores – leva a um sentimento de culpa e vergonha.

Essas fases do desenvolvimento não significam que as crianças devam fazer o que quiserem. Elas explicam por que as ferramentas da Disciplina Positiva (como perguntas curiosas, envolver as crianças no foco em soluções, oferecer escolhas razoáveis e estabelecer limites razoáveis com gentileza e firmeza) encorajam a iniciativa.

O cérebro do seu filho está formando conexões que influenciarão sua personalidade e abordagem de vida. Você se lembra da lista de características e habilidades para a vida que você criou no Capítulo 2? Você provavelmente quer que seu filho decida: "Eu sou capaz. Eu posso tentar, cometer erros e aprender. Eu sou amado. Eu sou uma boa pessoa." Se você estiver inclinado a tentar ensinar seu filho usando culpa, vergonha ou punição, estará criando crenças desanimadoras, difíceis de reverter na vida adulta.

Uma maneira de usar ferramentas parentais adequadas ao desenvolvimento é desenvolver os pontos fortes de uma criança – as coisas que ela já pode fazer – e desafiá-la a aprender um pouco mais com um pequeno empurrão em uma nova direção. A criança que pode contar até três pode começar a contar três colheres para usar no café da manhã, selecionar três giz de cera para colorir ou mexer a massa de panqueca três vezes. Uma criança domina essas novas habilidades com a ajuda de um adulto, depois com um adulto contando em voz alta perto dela e, finalmente, sozinha. Você usará esse processo repetidamente para muitos tipos de aprendizado ao longo desses anos, à medida que seu filho cresce, de um bebê indefeso que você aninhou em seus braços até a criança maravilhosa e capaz que você levará ao primeiro dia de aula do Ensino Fundamental.

Idade e janelas de oportunidade

As crianças são, de muitas maneiras, semelhantes. Johnny e Mary, por exemplo, aprenderam a andar nos primeiros 13 meses de vida. As crianças também são diferentes. Mary apoiava-se decidida nos móveis e deu seus primeiros passos aos 10 meses de idade, enquanto Johnny ainda estava engatinhando feliz com 11 meses.

Imagine uma janela. Embora uma janela tenha uma moldura em todos os seus lados, há muito espaço no meio. Existem janelas de idade para o desenvolvimento físico, intelectual e emocional, mas cada criança tem sua própria agenda individual dentro dessas janelas, nem exatamente igual e nem completamente diferente de qualquer outra pessoa.

Vamos dar uma olhada em alguns dos fatores que influenciam as percepções e o comportamento de uma criança.

Processo *versus* produto

A maneira como as crianças veem o mundo muda muito entre as idades de 3 e 6. Somente aos 4 ou 5 anos de idade as crianças começam a fazer coisas com um objetivo específico em mente. Até esse momento, elas estão muito mais interessadas no fazer (processo) do que no resultado final do que fazem (produto).

Imagine que é uma noite movimentada de sexta-feira, e você está em uma visita rápida ao supermercado com seu filho pequeno. Você tem um objetivo definido em mente: pegar os ingredientes necessários para o jantar a tempo de chegar em casa, preparar e comer a refeição e ainda chegar na hora do jogo de futebol do seu filho mais velho. Para o seu filho pequeno, no entanto, o produto simplesmente não é o foco. Uma visita ao supermercado é sobre o processo – os cheiros, as cores, os sentimentos e a experiência. Ser pressionado por uma agenda cheia não permitirá tempo para curtir o processo.

As crianças podem não compartilhar nossas expectativas que têm foco em objetivos. Mas nem sempre é possível acompanhar a abordagem descontraída de uma criança – às vezes, precisamos mesmo correr, pegar o frango e voltar para casa. Estar ciente da tendência de seu filho a se concentrar no processo, e não no produto, pode ajudá-lo a fornecer um equilíbrio. Pode haver momentos em que você pode dar uma olhada na loja, apreciar o cheiro de flores, as cores das frutas e as texturas dos legumes. Quando você precisar se apressar, reserve um tempo para explicar ao seu filho o porquê. Você pode explicar que deseja que ele segure sua mão e que terá de passar pelos brinquedos e outras coisas interessantes. Você pode deixar que ele o ajude a encontrar o frango e levá-lo ao caixa. Então vocês irão até o carro e voltarão para casa. Ajudar uma criança pequena a compreender o que é esperado e o que acontecerá facilita a cooperação com você.

Patsy chegou uma tarde na escola bem a tempo de ver Laura e seu filho saindo com uma pintura enorme e colorida. Patsy olhou em volta ansiosamente para ver o que seu filho Paul havia pintado, mas nenhum dos trabalhinhos tinha o nome dele. Confusa, Patsy encurralou a professora e perguntou por que Paul não teve chance de pintar naquele dia. "Paul estava muito interessado na pintura", disse a professora, "mas não em colocá-la no papel. Ele mexeu nas cores e experimentou a sensação da tinta nos dedos, depois decidiu que preferia construir com blocos."

A mãe de Paul se sentirá segura quando entender essa fase de desenvolvimento da criança – orientado ao processo – mesmo quando se sentir decepcionada por não ter uma pintura para exibir na porta de geladeira de casa.

Ponto de vista

Como é o mundo quando você tem menos de um metro e meio de altura? Como suas escolhas, necessidades e comportamento podem ser influenciados por esse ponto de vista específico? Bem, ajoelhe-se e dê uma olhada ao seu redor.

Como o quadro, que está a um metro e oitenta de altura na parede, parece-lhe desse ângulo? Quão convidativa é uma conversa com os joelhos dos adultos? Que tipo de desafio a lavagem das mãos apresenta quando a pia começa meio metro acima de onde você termina? Compreender a perspectiva e as limitações físicas de uma criança pequena pode ajudar pais e professores a adaptar o ambiente às habilidades da criança. Sempre que você dedica um tempo para refletir sobre esses fatores e faz as adaptações adequadas, você aumenta o sentimento de competência de seu filho e diminui sua frustração – o que pode tornar menos provável o mau comportamento e a necessidade de disciplina.

"De verdade?": fantasia e realidade

As crianças geralmente têm dificuldade em entender o que veem, ouvem e experimentam. Aos 3 anos, elas têm pouco entendimento da diferença entre o que é real e o que é fantasia.

A mãe de Philip, de 3 anos, ficou animada em levá-lo para ver o clássico da Disney, *A Bela e a Fera*. Ela explicou que o filme era divertido, mas tinha algumas partes assustadoras. "Não é de verdade", Karen disse ao filho pequeno. "Você não precisa ter medo." Philip sorriu e pulou para cima e para baixo, empolgado demais em ver o filme para prestar muita atenção ao aviso de sua mãe.

Tudo correu bem até a cena em que a fera enfurecida surge. De repente, com um grito agudo como uma chaleira fervendo, Philip pulou de seu assento no colo de sua mãe, onde se aconchegou tremendo pelo resto do filme.

"Ei, filho, não te disse que o filme não era de verdade?" Karen perguntou ao filho pequeno a caminho do carro.

Philip olhou surpreso para sua mãe. "Mas mãe", ele disse lentamente, "*era* de verdade. Eu *vi*!"

A mãe de Philip aprendeu que os melhores sermões do mundo não mudam o fato de que a definição de realidade de uma criança é muito diferente da de um adulto.

Aos 5 anos, a diferença entre fantasia e realidade se torna mais clara, mas a interpretação de uma criança sobre o que ela percebe ainda é limitada por seu desenvolvimento. As crianças pequenas entendem o mundo, mas não da mesma maneira que os adultos. As imagens na tela são muito reais para uma criança. Elas não desenvolveram um filtro que separa o gato carrancudo do desenho animado de uma ameaça potencial real ou diferenciam imagens repetidas de violência ou destruição dos noticiários dos eventos recentes. Às vezes, os pais repreendem os filhos pelo que, na verdade, é desenvolvimento típico da idade ou interpretam as palavras de uma criança como "mentira". Se você puder aceitar os sentimentos de seu filho com empatia e encorajamento, ele se sentirá seguro ao compartilhar o mundo dele com você.

"Diga-me a verdade!": crianças pequenas e mentiras

PERGUNTA: *Como faço para lidar com as mentiras da minha filha de 4 anos de idade? Ela mente até sobre pequenas coisas. Não posso deixá-la "se safar" desse comportamento. Por favor, me dê algum conselho sobre como devo lidar com essa situação delicada.*

RESPOSTA: As crianças podem "mentir" por diferentes motivos. Às vezes, elas ficam confusas sobre o que é real e o que não é. Elas podem mentir porque estão ansiosas por aprovação e não querem admitir que fizeram algo que não deveriam ter feito. Às vezes, elas querem evitar as consequências de suas ações ou querem que as pessoas gostem delas. (Os adultos podem mentir exatamente pelos mesmos motivos.)

Sua fala sobre não deixá-la "se safar disso" nos dá uma pista sobre sua atitude. Aos 4 anos de idade, a maioria das crianças consegue entender que seu comportamento tem consequências, mas não tem maturidade e julgamento. Elas ainda precisam de muito mais ensino do que "disciplina". *Se sua filha suspeitar que escolhas erradas e erros resultarão em punições ou sermões, ela não vai querer dizer a verdade.*

As crianças não nascem entendendo a diferença entre verdade e mentira, e elas não valorizarão automaticamente a honestidade. Os pais devem planejar ensinar um pouco sobre por que a confiança e a verdade são importantes, mas não espere que as crianças pequenas entendam até que estejam mais maduras. Também é verdade que as crianças têm maior probabilidade de valorizar a honestidade quando veem os adultos à sua volta praticando-a. (Em outras palavras, seus filhos não aprenderão a ser sinceros se ouvirem você ligando para o trabalho e dizendo que está doente para trabalhar porque você prefere dormir.)

A maioria das crianças (e a maioria dos adultos) mente de tempos em tempos. Lembre-se de que os erros são inevitáveis – especialmente quando você tem 4 anos – e se eles são vistos como oportunidades de aprender, em vez de pecados ou fracassos, eles não são tão assustadores. Se você quer que seu filho seja sincero, deve estar disposto a ouvir, não envergonhar ou punir, e a ajudá-lo a desenvolver sua compreensão e habilidades à medida que surgem os problemas. Quando uma criança não diz a verdade e apanha, é mandada de castigo ou envergonhada, ela aprende lições que você não queria ensinar. O castigo *parece* funcionar; geralmente produz crianças com medo ou que podem tentar se esquivar de assumir a responsabilidade por suas ações.

Ouça a experiência de um pai com a "mentira" de seu filho:

> Colin não gostou de encontrar o ovo quebrado no chão da cozinha. "Ei", ele perguntou, com uma voz alterada, "quem quebrou este ovo?" Sammy, de 4 anos, responde calmamente: "Um jacaré."

Colin sabe que não existem jacarés no Kansas. Ele quer encontrar uma maneira de lidar com a situação que resolva o problema do ovo e ensine Sammy a importância de dizer a verdade. "Um jacaré!" ele exclama. "Era laranja? Acho que acabei de ver um no caminho." Sam sorri e concorda que era um jacaré laranja.

Colin sorri também e depois diz: "Estou apenas fingindo que havia um jacaré. Eu sei que não temos jacarés por aqui." Ele então sugere que eles limpem o ovo quebrado juntos, sabendo que essa será uma boa oportunidade para conversar enquanto trabalham.

"Sam, você tinha medo de que eu gritasse com você sobre o ovo?" Sam abaixa os olhos e assente lentamente. Colin torna sua voz calorosa e gentil quando diz: "Eu sei que é tentador culpar os outros ou inventar algo que não aconteceu de verdade. Mas é importante que você saiba que pode me dizer a verdade, mesmo quando você se sente assustado. Você sabe por que é importante dizer a verdade?" Sam balança a cabeça. Colin bagunça o cabelo do filho. "Quero poder confiar no que você me diz, amigão. Eu te amo muito e quero saber que quando você me disser algo, é o que realmente aconteceu."

Sam levanta os olhos e diz devagar: "Eu também te amo, papai. Eu só estava fingindo."

Colin diz: "Sim, eu sei que estávamos fingindo. E é divertido fingir às vezes. É importante saber que podemos dizer a verdade. Estamos fingindo quando inventamos uma história juntos. Estamos mentindo quando usamos uma história para evitar admitir que cometemos um erro."

Sam provavelmente terá de aprender esta lição mais de uma vez. Afinal, poucos adultos podem afirmar que são honestos o tempo todo. Colin poderia também ter simplesmente perguntado a Sam se ele estava assustado. Ou ele poderia ter feito a pergunta original de uma maneira menos ameaçadora, dizendo: "Sam, este ovo quebrado fez uma bagunça. Como podemos resolver este problema? Você pode limpar isso sozinho ou gostaria que eu ajudasse?"

Tirar o sentimento de medo e transmitir a mensagem de amor aos nossos filhos (ou até participar de algumas bobagens com eles) pode ajudá-los a aprender a dizer a verdade.

MANEIRAS DE LIDAR COM A MENTIRA

Aqui estão algumas sugestões a serem consideradas quando seu filho contar uma "mentira".

- Participe, fingindo com a criança, exagerando a história e tornando-a engraçada e absurda.
- Concentre-se nas soluções e não na culpa. Em vez de perguntar quem fez a bagunça, pergunte se a criança precisa de ajuda para limpá-la ou se tem ideias sobre como resolver o problema.
- Quando você suspeitar de uma mentira, diga: "Isso me parece uma história. Estou me perguntando qual será a verdade."
- Demonstre empatia com a criança. Pergunte se ela está com medo de admitir que fez uma bagunça. Garanta a ela que todos nós sentimos medo às vezes.
- Explique a necessidade de assumir a responsabilidade por suas ações: "Todos nós cometemos erros, mas culpar os outros, mesmo pessoas imaginárias, não tira a responsabilidade pelo que fizemos."
- Fale sobre o significado da confiança. Ajude uma criança a ver a conexão entre dizer a verdade e fazer com que outras pessoas confiem no que ela diz.

Crianças e roubo

A propriedade é outro exemplo de como os processos de pensamento de uma criança são diferentes. As crianças pequenas não fazem as mesmas suposições sobre os direitos de propriedade que os adultos fazem. (Na verdade, o desenvolvimento da moral e da ética continua até a adolescência.) Como as crianças aprendem observando os adultos, às vezes elas tomam decisões surpreendentes sobre o que viram.

Jason entra no supermercado com sua mãe. Ele a observa pegar uma cópia do jornal local gratuito e colocá-lo na bolsa dela. Mais adiante, no corredor, uma mulher oferece amostras de biscoitos. Mamãe pega uma para ela e oferece uma para Jason, que mastiga feliz enquanto concluem suas compras.

Quando eles chegam no carro, mamãe levanta Jason na cadeirinha e descobre uma protuberância no bolso do filho. Um exame mais aprofundado revela um doce.

"Você roubou isso", mamãe exclama, chocada.

Jason não sabe como responder – ele não tem ideia do que é roubar.

Não é de surpreender que Jason esteja confuso: que diferença há entre o jornal, os biscoitos e o doce? Se a mãe estiver prestando atenção, ela pode perceber que o problema não é o roubo ou a desonestidade, mas ter percepções diferentes. Agora, sua tarefa é ajudar o garotinho a entender por que ele pode tirar algumas coisas do supermercado, mas não outras, e por que o doce deve ser devolvido.

Se a mamãe dá um sermão em Jason, o envergonha e o faz sentir-se culpado e com medo, é mais provável que ele acredite que certo e errado são uma questão de ser pego ou não. Ele também será menos capaz de aplicar o que aprendeu a uma situação semelhante no futuro. Disciplina é para ensinar, e erros são oportunidades para aprender. Nunca é demais repetir isso.

"Quem sou eu?"

Como as crianças se definem em relação ao resto do mundo muda muito nessa idade dos 3 aos 6 anos.

Alice entra na escola balançando a cabeça. Ela se orgulha de ser uma pessoa sem frescuras: ela não usa maquiagem, puxa os cabelos para trás com simplicidade e geralmente se veste de *jeans* e camiseta. Logo atrás da mãe está sua filha, Sally – e Sally, de 4 anos de idade, é um espetáculo. Ela está usando um vestido de princesa rosa rendado, uma tiara brilhante no cabelo, seus melhores sapatos brilhantes e vários tipos de pulseiras nos braços. Sally, ao que parece, gosta tanto de babados e acessórios quanto sua mãe gosta de simplicidade. Sally nem sempre quer se vestir assim, mas, por enquanto, está ocupada explorando sua própria percepção do que significa ser uma garota.

Essa identificação do papel sexual ocorre mesmo quando os pais são cuidadosos para minimizar os estereótipos de gênero. Nos parquinhos, em todos os lugares, surgem jogos durante os anos escolares que se concentram no gênero. "Não são permitidos meninos", dizem as meninas. "Meninas são idiotas", respondem os meninos com igual fervor. Embora essa seja uma fase natural, os pais ainda podem ensinar as crianças a respeitarem todas as pessoas.

A sociedade tradicionalmente divide as crianças em duas categorias, meninos e meninas. Como se vê, a identidade de gênero pode ser consideravelmente mais complexa que isso. Qualquer que seja o gênero, evite limitações baseadas em gênero. As meninas podem brincar com soldadinhos, os meninos podem brincar com bonecas e todos podem aprender a desenvolver suas próprias habilidades especiais. Limitar as crianças a papéis sexuais, esperar que as brincadeiras caiam nos compartimentos masculino ou feminino ou desencorajar habilidades com o argumento de que elas são "muito femininas", "não masculinas o suficiente" ou "não educadas para uma dama" podem fazer com que as crianças reprimam suas habilidades e interesses pessoais. Seus gostos em roupas e brincadeiras mudam à medida que crescem, assim como o desejo de ter amigos do mesmo sexo ou do sexo oposto.

As crianças também começam a notar suas diferenças físicas durante os anos iniciais na escola. Nestes dias de televisão e publicidade explícitas, as questões relacionadas à sexualidade podem surgir mais cedo do que nunca (outra excelente razão para se manter atento ao que seu filho está sendo exposto). Um menino pode querer tocar seu pai no chuveiro. Ver a mãe cuidar de um irmãozinho ou irmãzinha bebê pode levar a todo tipo de perguntas interessantes. Meninos e meninas podem enfiar ursinhos de pelúcia por baixo das camisetas e anunciar: "Eu vou ter um bebê!", simulando a barriga crescente de uma professora, mãe ou parente grávida.

Tanto quanto possível, tente manter a calma e ser "acessível". Use termos precisos, como "pênis", "mama" e "vagina". As crianças não precisam de muitas informações detalhadas sobre sexualidade (de fato, seus olhos provavelmente ficarão dispersos se você tentar), mas a maioria dos especialistas concorda que é aconselhável responder perguntas ou dar explicações usando termos simples e precisos, como: "A titia tem um bebê crescendo dentro dela" ou "Os meninos têm pênis, mas as meninas têm vaginas."

Obviamente, as crianças nem sempre acertam os detalhes.

Chelsea tem 4 anos e meio. Uma noite, enquanto toma banho, ela cuidadosamente cobre as partes íntimas com um pano. Rindo, ela explica à mãe que precisa "cobrir o amendoim".

Esforce-se para curtir todas as etapas do desenvolvimento do seu filho. Estar aberto a tópicos que envolvem sexualidade estabelecerá uma atmosfera de conforto e confiança e permitirá que seus filhos busquem mais informações com você mais tarde, quando realmente precisarem.

GÊNERO E DESENVOLVIMENTO

Pesquisas sobre como o cérebro se desenvolve levaram a algumas informações interessantes sobre como o gênero influencia o desenvolvimento. Por razões que não são claramente entendidas, as meninas ganham acesso ao hemisfério esquerdo de seus cérebros mais cedo do que os meninos. Cada criança é única (e a maioria dessas diferenças desaparece na época em que as crianças entram na escola), mas lembre-se do seguinte ao criar seu(ua) filho(a):

- As meninas geralmente aprendem habilidades linguísticas e emocionais mais cedo que os meninos.
- Os meninos podem ser emocionalmente mais sensíveis que as meninas no início da vida, podem experimentar mais ansiedade de separação quando saem e podem ter mais dificuldade em se acalmar quando ficam chateados.
- Também se espera que os meninos sejam mais ativos fisicamente, mais impulsivos, mais agressivos e mais competitivos que as meninas. Quando uma menina mostra essas tendências, ela pode ser chamada de "moleca" ou de "mandona" – um termo raramente aplicado aos meninos.
- Espera-se que as meninas sejam carinhosas e complacentes, mas os meninos podem ser vistos como fracos por exibirem essas características, ou as meninas como rebeldes por não tê-las.

É sempre útil prestar atenção às qualidades únicas do seu filho, em vez de esperar (ou exigir) determinados comportamentos com base no gênero.

Raça e outras diferenças

Assim como as crianças aprendem a classificar os objetos por cor, tamanho e forma, elas percebem que as pessoas ao seu redor também parecem e agem de maneiras diferentes.

Randy era filho de pais birraciais. Quando ele tinha 3 anos, o casal de vizinhos negros anunciou que estava esperando seu primeiro filho. Com a inocência da infância, Randy, de 3 anos, perguntou-se em voz alta se o bebê seria negro ou branco. Para ele, tudo era possível. Quando Randy tinha 4 anos e meio, ele havia notado que sua pele parecia diferente da de alguns de seus companheiros. As decisões que Randy tomará sobre esse fato dependerão das reações que ele receber dos outros. Se ele experimentar aceitação, sua decisão de que "tudo é possível" pode continuar. Se ele experimentar rejeição e humilhação, é provável que ele tome decisões relacionadas aos quatro objetivos equivocados de comportamento (conforme discutido no Capítulo 10). As crianças pequenas geralmente aceitam as diferenças muito bem.

Juanita e seus colegas ficaram animados quando Rajid ingressou na turma. Eles adoravam empurrar sua cadeira de rodas pelos corredores. Para eles, sua deficiência era simplesmente parte de quem ele era; o fato mais importante era que ele era amigo deles.

Delia convidou sua melhor amiga, Nora, para o programa de dança que sua escola de grego estava organizando. Delia estava orgulhosa das músicas gregas que havia aprendido e estava animada por compartilhar sua cultura especial com a amiga.

A vida não seria chata se fôssemos todos iguais? As pessoas são diferentes, e as conclusões que as crianças tiram dessas diferenças dependem do que você ensina e modela.

Uma mulher lembrou-se de um evento de sua infância que ocorreu enquanto fazia compras com a tia no sul dos Estados Unidos.

Havia dois bebedouros na loja, um com um rótulo de "apenas brancos" e a outra "de cor". Ela disse: "Vi o sinal 'de cor' e pensei que isso significava que a água seria colorida, o que achei realmente maravilhoso. Mas quando fui tomar um gole, o balconista correu e me disse que eu não podia beber daquela fonte, 'porque era apenas para pessoas de cor'.

"Aquilo não fazia sentido para mim, então, quando o funcionário deu as costas, tomei meu gole, ainda esperando ver a adorável água colorida emergir. Anos depois, quando refleti sobre essa experiência e percebi a verdade, fiquei muito triste."

Essa história nos lembra que as crianças são ensinadas a discriminar e odiar. Ações ainda menos evidentes, como mudar-se para outra calçada quando uma pessoa de uma raça diferente ou com roupas desconhecidas passa, enviam uma mensagem poderosa para uma criança observadora. As ações falam mais alto que as palavras.

Pais e professores têm a oportunidade de ensinar as crianças a valorizarem as diferenças, em vez de condená-las, temer ou simplesmente ignorá-las, e ensinar-lhes que todos são dignos de respeito – mesmo aqueles que são diferentes de si. O preconceito, seja em relação à raça, cultura ou atitudes em relação a diferentes habilidades físicas, é aprendido. Mesmo as crianças pequenas podem aprender a respeitar as diferenças de raça, gênero e crenças religiosas. E como as crianças dessa idade estão aprendendo muito sobre si mesmas, é vital que aprendam sobre os outros de maneira respeitosa e positiva.

Cultura, sociedade e anti-preconceito

O desenvolvimento do seu filho também é influenciado pela cultura e pela sociedade em que ele vive. Pais e professores sábios reconhecem o papel da cultura e respeitam a influência que as expectativas da sociedade têm sobre as crianças, sem preconceitos ou julgamentos.

Uma professora que visitava os Estados Unidos vinda de Cingapura viu a foto de uma criança americana se alimentando. O rosto feliz da criança brilhava com gotas de iogurte, e mais iogurte havia sido espalhado na bandeja do cadeirão. Balançando a cabeça, a professora disse: "Só nos Estados Unidos." Que declaração reveladora para a professora visitante e seus colegas ocidentais. O que ela quis dizer?

As crianças asiáticas costumam ser alimentadas na boca até os 3, 4 ou até 5 anos de idade, por dois motivos. O primeiro é que a comida nunca deve ser desperdiçada. O segundo motivo tem profundas raízes culturais: em muitas culturas asiáticas, o valor mais alto é colocado nos relacionamentos. O tempo gasto alimentando uma criança oferece à criança e ao adulto oportunidade para saborear e fortalecer seu relacionamento, unindo-os. Por outro lado, a atitude americana de encorajar a independência excedia em muito essas preocupações para os educadores ocidentais presentes. Para eles, apoiar a crescente autonomia de uma criança e ajudá-la a experimentar sua própria capacidade supera em muito a bagunça ou a preocupação com a comida perdida.

As habilidades e os valores diferem de acordo com a cultura, e cada família deve decidir sobre suas próprias prioridades para seus filhos. As culturas ocidentais valorizam o individualismo, enquanto muitas outras culturas veem as necessidades coletivas como mais importantes. Isso pode influenciar a idade em que uma criança deve vestir-se ou alimentar-se sozinha e que tipos de tarefas ou escolhas ela terá. Pais e professores seriam sensatos em reconhecer a influência da cultura no desenvolvimento e nas atitudes dos pais.

Ordem de nascimento

Os anos iniciais na escola são um período em que as crianças tomam decisões sobre si mesmas e outras pessoas que influenciarão o resto de suas vidas. Elas estão se perguntando: "O que devo fazer para encontrar pertencimento (aceitação) e significado nesta família – e com meus amigos? Sou boa o suficiente, ou devo continuar me esforçando mais ou simplesmente desistir?" As crianças buscarão as respostas para essas perguntas, continuando a tomar decisões e a testar o que estão aprendendo e decidindo enquanto exploram as relações sociais.

Além da influência do desenvolvimento e da cultura, Adler enfatizou a importância de como as experiências de cada criança são moldadas pela posição da família em que ela nasceu. Lembre-se de que a ordem de nascimento é muito mais que uma questão de números; haverá muitas exceções aos comportamentos associados a cada posição de ordem de nascimento. Às vezes, o menino mais velho e a menina mais velha experimentam o *status* de primogênito porque são os mais velhos do seu gênero, e às vezes os irmãos que nascem distantes entre si se sentem filhos únicos. De modo geral, a perspectiva da ordem de nascimento que uma criança adota geralmente se baseia em quanto tempo essa posição é mantida.

As posições da ordem de nascimento têm conjuntos comuns de características associadas a cada uma, mas há exceções a todas as "regras", e essas

Compreendendo o que é desenvolvimento adequado

características não devem ser usadas como rótulos ou com poder mítico. E lembre-se, nenhuma posição de ordem de nascimento é mais vantajosa que qualquer outra. A ordem de nascimento é simplesmente outra maneira de entrar no mundo da criança, fornecendo informações adicionais sobre o que pode estar motivando o comportamento e as decisões de vida de uma criança.

Compreender a ordem de nascimento pode dar dicas sobre em quais experiências uma criança pode precisar ser fortalecida ou quais são menos úteis ou podem causar dificuldades.

QUADRO DA ORDEM DE NASCIMENTO

Lema	Ponto de vantagem	Atitudes prováveis (vantagens)	Desafios (desvantagens)	Dicas
Eu e eu mesmo	Único filho/o primeiro	■ Independente ■ Autossuficiente ■ Responsável	■ Às vezes solitário ■ Pode ter problemas de relacionamento com colegas ■ Fica extremamente alarmado com conflitos	■ Reserve tempo para os colegas ■ Participe de atividades em grupo ■ Modele/pratique a resolução de problemas
Eu primeiro!	O primogênito	■ Responsável ■ Bem-sucedido ■ Líder	■ Perfeccionista ■ Tem medo de cometer erros ■ Assume papel de adulto muito cedo	■ Reduza expectativas e pressão ■ Modele aceitação e imperfeição (suas e dos outros) ■ Limite responsabilidades
Eu também!	O segundo	■ Tem espírito de equipe ■ Inovador ■ Bom observador	■ Raramente se sente "bom o suficiente" ■ Faz comparações constantemente ■ Seguidor ou dependente do primogênito	■ Trate cada filho como único (e tire fotos) ■ Evite comparações ■ Encoraje papéis de liderança

(continua)

QUADRO DA ORDEM DE NASCIMENTO (*continuação*)

Lema	Ponto de vantagem	Atitudes prováveis (vantagens)	Desafios (desvantagens)	Dicas
E eu?	O do meio	■ Boas habilidades sociais ■ Empático ■ Defensor da justiça ■ Pode ser um rebelde com ou sem causa ou pode ser muito descontraído	■ Sente-se "em falta" (por causa das comparações) ■ Vulnerável à influência negativa de colegas ■ Competitivo	■ Reconheça características individuais ■ Encoraje o envolvimento e a contribuição da família ■ Canalize a competitividade nos esportes coletivos
Cuide de mim!	O bebê	■ Charmoso ■ Divertido e/ou engraçado ■ Flexível	■ Manipulador ■ Deixa a tomada de decisões para as outras pessoas ■ Não se sente levado a sério	■ Aumente as expectativas ■ Ofereça oportunidades de liderança ■ Pergunte suas ideias e opiniões
Abram caminho para mim!	O mais novo (não bebê)	■ Enérgico ■ Focado ■ Bem-sucedido	■ Temerário ■ Ignora as necessidades das outras pessoas ■ Determinado	■ Defina limites ■ Encoraje o trabalho em equipe ■ Modele gerenciamento de estresse

Destronamento

A perda de *status* percebida quando um recém-chegado desafia a visão de vida de alguém traz a experiência de "destronamento". A posição da ordem de nascimento com maior probabilidade de sofrer destronamento é o primogênito. Qualquer alteração na configuração da família, seja um bebê novo ou mesmo a adição de um irmão adotivo, acabará com seu *status* de "filho único". É comum que os primeiros filhos apresentem mudanças de comportamento quando um novo bebê chega, mesmo que eles gostem muito do novo bebê.

O primogênito

O primogênito geralmente escolhe assumir as responsabilidades do pioneiro. Sua visão do mundo é resumida em seu lema: "Eu primeiro", com todos os benefícios e encargos decorrentes.

Nascidos em um mundo povoado por adultos, os primogênitos podem adquirir linguagem cedo e frequentemente se tornam bastante articulados (sem ninguém por perto para interrompê-los ou interpretá-los). O *status* de primogênito pode trazer privilégios extras na família – mas também se pode esperar mais deles. Toda essa responsabilidade geralmente leva o primeiro filho a ver a si mesmo como "responsável". É fácil que os primogênitos se tornem perfeccionistas, muitas vezes procurando fazer as coisas "do jeito certo". Alguns são bem-sucedidos em sua busca pela excelência e se tornam grandes realizadores, enquanto outros se sentem tão pressionados a corresponder às expectativas que desistem ou deixam de tentar se não conseguem ser os melhores.

O segundo filho

Um segundo filho que chega com um irmão maior, mais qualificado e com desenvolvimento avançado já à sua frente, vai querer entrar em ação. Não é surpresa que uma das frases favoritas da criança seja "Eu também!" (E a posição de nascimento de um segundo filho também pode ser temporária, pois ele pode se tornar uma criança do meio ou tornar-se a mais nova.) Para um segundo filho, "Quem sou eu?" geralmente é um processo de eliminação – escolher papéis e interesses que os outros não têm. Se o primogênito é uma estrela do esporte, o segundo filho também pode desejar troféus, mas os perseguirá em uma arena diferente – com a música ou a dança, por exemplo. Segundos filhos e o do meio compartilham experiências semelhantes, muitas vezes sentindo-se ofuscados pelos irmãos nos dois extremos de seu espectro familiar.

O filho do meio

Se um segundo filho for empurrado para a posição do meio por outro recém-chegado, ele poderá mudar seu lema para "E eu?" O meio pode ser um local desconfortável, com pressão de cima e de baixo. As crianças do meio não têm os privilégios das crianças mais velhas e perderam os benefícios fugazes de ser o bebê (se alguma vez tiveram tempo para saborear esses benefícios). Com a pressão de um irmão mais velho e mais avançado antes e um fofo e exigente depois, as crianças do meio às vezes se sentem injustamente enganadas por sua parte de tempo, atenção ou bens materiais. Os filhos do meio costumam procurar colegas ou irmãos para obter apoio e encorajamento, e a vantagem é que eles podem desenvolver habilidades notáveis. Eles também têm a perspectiva única de aprender a ver em ambas as direções, ver os dois lados de uma situação.

O caçula

Quando o último membro da família chega em uma casa cheia de membros mais velhos e mais competentes, ele pode simplesmente relaxar e viver seu lema: "Cuidem de mim!" Essa criança pode muito bem achar que as regras relaxaram para ela. Seus pais sabem que ele é o último filho e relutam em deixar o "bebê". Ele pode ser uma companhia deliciosa, com maravilhosas habilidades sociais. Ele sabe como se encaixar em um grupo porque fez isso a vida toda.

No entanto, "tratá-lo como um bebê" pode não ajudá-lo a desenvolver as habilidades e a confiança necessárias para prosperar. Uma pessoa que é fofa e envolvente (atributos adoráveis) pode aprender a aplicar esses atributos para fazer com que outras pessoas cumpram suas ordens; isto é, ele pode aprender a manipular os outros. Então, seu lema pode se tornar "Eu posso conseguir o que quiser sendo charmoso".

Um filho mais novo também pode se cansar de ser o "último da fila" e rejeitar seu *status* de bebê. Uma família competitiva torna essa mudança especialmente provável. Essa criança fica determinada a encontrar o caminho mais rápido para o topo, passando a galope pelos irmãos enquanto grita seu lema: "Abram caminho para mim!" Ele pode se tornar o grande realizador da família.

Filhos únicos

Se nenhuma outra criança entrar na família e o primogênito continuar sendo o único filho incontestado, crescer em um ambiente centrado no adulto pode ensiná-lo a caminhar no seu próprio ritmo. Seu lema, "eu, eu e eu" ou "sou especial" estará em uma faixa que ele levará em seu próprio desfile, uma experiência que pode ser divertida e solitária. Filhos únicos são os destinatários do amor e da atenção dos pais, sem a necessidade de compartilhar ou ser flexível com mais ninguém. Por outro lado, não ter alguém com quem compartilhar pode ser muito solitário – um sentimento comum do ponto de vista do filho único. Eles também podem ficar mais confortáveis do que outras crianças com seu "tempo sozinho" e podem se identificar com adultos mais do que com seus amiguinhos.

Qualquer que seja a ordem de nascimento de uma pessoa, lembre-se de que as decisões sobre essas experiências iniciais são tomadas no nível subconsciente. Cada criança escolherá as atitudes de sua vida com base em seu ponto de vista, percepções e decisões únicas. Cada ordem de nascimento trará consigo alguns pontos fortes (vantagens), bem como características menos desenvolvidas ou que precisam ser fortalecidas (desvantagens). A ordem de nascimento não determina quem seu filho será, mas pode fornecer informações valiosas sobre as decisões que ele está tomando – e o motivo de ele se comportar dessa ou daquela maneira.

Quando a ordem de nascimento fica confusa

A ordem de nascimento pode mudar em razão de mudanças nas circunstâncias da família. O que acontece quando um pai de um filho primogênito (ou único) se casa novamente e há subitamente dois filhos mais velhos na família? E se uma criança adoecer e morrer, ou se a criança mais velha de uma família tiver atrasos no desenvolvimento que alterem qual criança realiza primeiro os marcadores de desenvolvimento? Qualquer uma dessas situações terá impacto na maneira como uma criança vê o mundo.

Manter uma posição de nascimento por três ou mais anos tende a solidificar esse conjunto de características. Embora uma criança possa agora ter irmãos mais velhos, sua visão do mundo como primogênita, com suas características e expectativas, permanecerá a mesma. O melhor conselho é observar como as mudanças dinâmicas estão afetando o comportamento do seu filho. Se ele se sente menos importante ou não está mais recebendo os holofotes de que gostava, ter encontros regulares com os pais ou com o(a) novo(a) padrasto/madrasta pode ajudar a aliviar sua angústia.

Uma criança em uma família que sofre a perda de um irmão pode não se sentir à altura da tarefa de atender a novas e diferentes expectativas. O segundo filho pode se sentir angustiado com essa experiência "fora de ordem", aumentando seu próprio sofrimento e perda. Ser gentil e nunca fazer uma criança sentir que precisa alcançar as expectativas da criança ausente são atitudes muito importantes. Nenhuma criança pode preencher o lugar de outra.

Adoção: "devemos contar ao nosso filho?"

Um tipo especial de família é aquela criada quando uma criança é adotada. Adoção é uma coisa maravilhosa, que proporciona a muitas crianças lares seguros e amorosos que eles poderiam não ter tido de outra maneira. (Uma família que usa fertilização *in vitro* ou mãe de aluguel pode compartilhar preocupações semelhantes.) A maioria desses pais tem perguntas: quanto as crianças devem ser informadas sobre as circunstâncias do seu nascimento? Seu filho adotivo realmente se sentirá parte de sua família? Quando você deve dizer ao seu filho que ele é adotado ou não compartilha a genética dos pais dele?

As pesquisas não nos fornecem uma resposta clara para essas perguntas. Algumas dizem que muita informação antes dos 6 ou 7 anos apenas confunde uma criança. Outros pesquisadores acreditam que quanto mais velha a criança for informada, mais perturbadoras podem ser as notícias. Muito do comportamento humano está relacionado aos nossos sentimentos de "pertencimento". À medida que as crianças montam o quebra-cabeça sobre quem são, perguntas sobre adoção ("De onde eu vim? Por que meus pais me entregaram para adoção?") devem ser esperadas.

Uma criança adotada que pareça racialmente diferente de seus pais adotivos começará a notar essa diferença aos 4 anos de idade ou até antes. Saber que uma criança está se conscientizando sobre a existência de raças pode ajudar os pais a decidirem quando contar a ela sobre sua herança.

Também existem considerações culturais importantes. Crianças adotadas de diferentes culturas geralmente gostam de participar de aulas culturais especiais durante os primeiros anos escolares. Por exemplo, Tory, Sarah e Anna nasceram na Coreia e foram adotadas em famílias americanas. Todo verão, as três meninas participavam de um acampamento cultural coreano onde aprendiam sobre vestimentas, comida, arte e idioma coreanos. Seus pais queriam que elas desfrutassem da riqueza de sua cultura de nascimento. Essas garotas sabiam de sua adoção desde os primeiros anos e tinham orgulho de usar suas roupas coreanas na escola.

As atitudes das pessoas em relação à adoção variam muito, mas as famílias adotivas ainda são *famílias*. Uma celebração no "dia de adoção" de uma criança encoraja as crianças a se sentirem seguras, confiantes e confortáveis com a adoção. Se sua família inclui filhos adotivos e filhos naturais, saiba que, eventualmente, todos terão perguntas. Comportar-se como se houvesse algo perturbador, secreto ou misterioso na adoção convida à desconfiança, ao medo e à ansiedade. Se você tratar todos os seus filhos com respeito e criar um sentimento de pertencimento e importância em sua casa, as perguntas inevitáveis não parecerão ameaçadoras.

O mundo todo é um grande palco

Os pais ouvem constantemente a expressão "É apenas um grande palco". Há muita verdade nesse conceito. Também é verdade que duas crianças não crescem e se desenvolvem exatamente da mesma maneira. Compreender o desenvolvimento de seu próprio filho e outras influências da vida permitirá que você lide mais efetivamente com o comportamento dele, com os sucessos dele e com seus erros ocasionais. Você pode ajudar seu filho a aprender que o mundo é um lugar onde ele pode amar, ser amado e aprender sobre si mesmo e sobre os outros que conhecer.

PERGUNTAS PARA REFLETIR

1. Pense em uma habilidade que seu filho desenvolveu. Que oportunidades você pode oferecer para ele praticar essa habilidade? Quais são as maneiras de ajudá-lo a desenvolvê-la?

2. Em sua opinião, qual é o entendimento atual de seu filho sobre o que é "real" e o que é "fantasia"? Essa compreensão (ou a falta dela) afeta seu senso de segurança? Como você pode ajudá-lo a aprender a diferenciar entre "real" e "faz de conta"?

3. Qual é a sua posição na ordem de nascimento? Como você acha que isso afeta seu comportamento e visão de mundo?

4

O CÉREBRO MILAGROSO: APRENDIZADO E DESENVOLVIMENTO

Robbie tem 5 anos. Ele adora livros, conhece as letras e números e sabe escrever seu próprio nome e o de seu cachorro, Cometa. Robbie mal pode esperar até que ele tenha idade suficiente para se juntar à irmã mais velha e às outras "crianças grandes" no ônibus escolar. A mãe de Robbie, no entanto, tem emoções contraditórias. Ela sabe que será difícil deixar o bebê ir embora. E embora Robbie goste de aprender e demonstre uma curiosidade ávida sobre o mundo ao seu redor, ele também é tímido e lento para se envolver com outras crianças. Ele se apega à mãe em locais públicos. E às vezes escreve as letras ao contrário. A mãe de Robbie se preocupa que ele não esteja realmente pronto para a escola.

"O que devo fazer?", ela pergunta ao vizinho, cujos três filhos frequentam a escola primária nas proximidades. "Talvez eu deva deixá-lo passar mais um ano em casa antes de começar na escola. Não quero que Robbie falhe, mas também não quero que ele desanime."

Como (e quando) as crianças entre 3 e 6 anos aprendem

À medida que as crianças se aproximam dos 5 ou 6 anos de idade, a perspectiva da escola e do aprendizado formal paira no horizonte. O mundo se amplia além da casa e da família para incluir amigos e professores, os quais terão maior significado na vida de uma criança com o passar dos anos. Nem sempre é uma transição fácil para pais ou filhos.

Vivemos em um mundo altamente competitivo. E como os pais amam seus filhos e querem que eles tenham sucesso, eles têm muitas perguntas:

- O que devemos ensinar?
- Quando devemos começar?
- Quanto as crianças devem saber sobre habilidades de leitura, escrita e matemática antes de entrar na escola?
- Qual a importância das habilidades socioemocionais?
- O que acontece no crescimento do cérebro que lhes permite absorver e usar seus conhecimentos e habilidades?
- Como as crianças aprendem, afinal?

Pesquisas confirmaram que o aprendizado acadêmico, tão importante para muitos pais e professores, é construído sobre uma base de habilidades socioemocionais, coisas que não são aprendidas com aplicativos educativos ou cartazes. A brincadeira (incluindo as brincadeiras livres não estruturadas) é mais importante que o aprendizado acadêmico para crianças entre 3 e 6 anos – na verdade, muitos estudos têm mostrado que o ensino acadêmico pode até ser prejudicial para essa faixa etária.[1] Aprendizagem acadêmica (e sucesso nos inúmeros testes com os quais a criança vai se deparar na escola) acontece melhor quando as crianças possuem a capacidade de entender e gerenciar suas emoções, acalmarem-se quando estão frustradas ou com raiva e trabalhar bem com colegas e outros adultos. Grande parte desse aprendizado essencial acontece quando os pais menos esperam: quando uma criança está brincando.

Os primeiros anos da vida de uma criança são extremamente importantes na formação de habilidades socioemocionais, habilidades de raciocínio e na verdadeira "conexão" do cérebro. A maneira como os pais e os cuidadores interagem com as crianças durante esses anos é crucial para o desenvolvimento e aprendizado do cérebro. Na verdade, o cérebro continua a se desenvolver ao longo da infância e adolescência; o córtex pré-frontal do cérebro, responsável pela regulação emocional, controle dos impulsos e formas de raciocínio mais adultas, não se desenvolve completamente até aproximadamente os 25 anos.

Como o cérebro se desenvolve

A estimulação do mundo exterior, vivenciada pelos sentidos da criança (ouvir, ver, provar, cheirar e tocar), permite que o cérebro crie ou mude conexões e aprenda a aprender. Embora o cérebro seja flexível e capaz de se adaptar a mudanças ou lesões, há janelas no início da vida de uma criança durante as quais ocorrem importantes aprendizados (como o desenvolvimento da visão e da linguagem). Se essas janelas forem perdidas, pode ser mais difícil para uma criança adquirir essas habilidades. Entre os 3 e os 6 anos, o cérebro de uma criança começa a remover as sinapses que não foram usadas o suficiente. Portanto, para algumas funções, o desenvolvimento do cérebro é uma questão de usar ou perder. (Para outras funções, como o desenvolvimento de habilidades sociais, o aprendizado continua até o início da idade adulta.) O que é usado (e mantido) depende em grande parte dos adultos que interferem no mundo de uma criança.

O que torna as crianças diferentes?

Talvez você esteja se perguntando onde seu filho adquiriu sua combinação particular de características e qualidades – e por que, se você tiver mais de um filho, eles podem ser surpreendentemente diferentes. Os pesquisadores acreditam que os genes podem ter uma influência ainda mais forte no temperamento e na personalidade do que se pensava anteriormente. Os genes podem influenciar qualidades como otimismo, depressão, agressão e se uma pessoa busca ou não emoção – o que pode não surpreender os pais cujos filhos prosperam na ginástica, atiram-se à bola no futebol e escalam árvores mais rapidamente que macacos. (Discutiremos mais sobre o temperamento no Capítulo 9.) Se os genes são tão poderosos, realmente importa como você cria seu filho?

A resposta é que isso importa muito. Mesmo que uma criança herde certas características e tendências por meio de seus genes, a história de como essas características se desenvolvem ainda não foi escrita. Seu filho pode ter nascido com seu próprio temperamento, mas como você e os outros cuidadores interagem com ele moldará a pessoa que ele se tornará. (Os pesquisadores do cérebro chamam essas decisões e reações iniciais de "adaptações"; fazem parte de uma dança complexa entre as qualidades inatas de uma criança e o mundo em que ela habita.) Como a psicóloga educacional Jane M. Healy diz: "O cérebro molda o comportamento e o comportamento molda o cérebro."[2]

A chave para o desenvolvimento saudável do cérebro é a *integração*, ajudar as partes do cérebro a se conectarem e trabalharem bem juntas. Segundo Daniel Siegel e Tina Payne Bryson, "a taxa de maturação do cérebro é amplamente influenciada pelos genes que herdamos. Mas o grau de integração pode ser exatamente o que podemos influenciar em nossa educação parental cotidiana. *A boa notícia é que, usando momentos do dia a dia, você pode influenciar o crescimento do cérebro do seu filho em direção à integração*. Estamos falando sobre como simplesmente estar presente com seus filhos para ajudá-los a se integrarem melhor."[3]

Pais e responsáveis, por mais frágeis e imperfeitos que sejam, assumem a responsabilidade de moldar os relacionamentos e o ambiente de uma criança e, portanto, seu desenvolvimento. O cérebro humano nunca para de crescer e nunca perde a capacidade de formar novas sinapses e conexões. A mudança pode se tornar mais difícil à medida que envelhecemos, mas a mudança – nas atitudes, no comportamento e nos relacionamentos – é sempre possível.

O que você deve ensinar – e quando?

Não há caminho rápido para o desenvolvimento individual. As estruturas cerebrais subjacentes precisam de tempo para crescer. Forçar as crianças a aprender antes de estarem prontas também pode ter efeitos psicológicos. As crianças estão sempre tomando decisões sobre si mesmas e o mundo ao seu redor. Quando as crianças têm dificuldade em dominar um conceito imposto a elas por pais amorosos (e bem-intencionados), elas podem decidir: "Eu não sou inteligente o suficiente", quando, na verdade, seus cérebros simplesmente não estão prontos para absorver certos conceitos.

Existem poucas certezas: cada cérebro humano é único, e é impossível generalizar o que é certo ou errado para uma criança em particular. Mas alguns estudiosos, como Jane Healy, acreditam que nossa cultura moderna em ritmo acelerado (e nossa crescente dependência nas telas para entreter e acalmar crianças pequenas) pode estar afetando a capacidade das crianças de prestar atenção, ouvir e aprender mais tarde na vida. Os pais precisam prestar muita atenção ao que seus filhos pequenos estão expostos e garantir que os personagens e os valores sejam ensinados, juntamente com vocabulário e habilidades.

As crianças aprendem melhor no contexto dos *relacionamentos*, e o que mais precisam aprender nos anos escolares não é encontrado em cartazes (ou telas coloridas). As crianças aprendem melhor por meio do envolvimento ativo de seus sentidos: visão, olfato, audição, paladar e tato. Elas também precisam de oportunidades para conectar o que já sabem a novas informações, à medida que constroem sua compreensão do mundo. Não é interessante que a brincadeira atenda a todos esses requisitos?

As crianças aprendem com todo o corpo e precisam de muitas oportunidades para se mover, explorar e se envolver com o meio ambiente. Uma criança, ao brincar, está realmente trabalhando duro, imersa em aprendizado e desenvolvimento. À medida que a ênfase nos testes acadêmicos aumentou, muitas escolas (incluindo, infelizmente, escolas de Educação Infantil) reduziram o tempo disponível para recreio, artes e brincadeiras imaginativas e o substituíram por planilhas, testes e tempo de exibição. (Às vezes, os pais fazem o mesmo em casa.) Isso não é um bom ajuste para o desenvolvimento de crianças pequenas, que estão ligadas a aprender habilidades socioemocionais nessa idade e a explorar o mundo ao seu redor com entusiasmo e alegria. Na verdade, quando as oportunidades de recreio e brincadeiras ativas aumentam, o desempenho acadêmico geralmente melhora, enquanto os problemas de comportamento são reduzidos.[4]

"Conectado com fio": de que seu filho *realmente* precisa

As crianças entre 3 e 6 anos são pessoinhas muito ocupadas, porque têm muito a aprender. O desenvolvimento do cérebro tem tudo a ver com conexão, e o cérebro do seu filho está preparado para buscar conexão a partir do momento do nascimento. A maneira como você e os outros cuidadores de seu filho se relacionam com ele – como você fala, brinca e nutre – é de longe o fator mais importante em seu desenvolvimento. (Você aprenderá mais sobre desenvolvimento emocional no Capítulo 5.)

De acordo com Ross A. Thompson, professor de psicologia da Universidade da Califórnia em Davis e membro fundador do National Scientific Council on the Developing Child (developmentchild.net), as crianças pequenas aprendem melhor quando não estão estressadas e quando vivem em um ambiente razoavelmente estimulante. Thompson acredita que a estimulação especial, como vídeos e outras ferramentas de aprendizado acadêmico, são desnecessárias. Na verdade, do que as crianças realmente precisam para crescer e se desenvolver é um tempo sem pressa com adultos atenciosos que se concentram na criança e seguem suas pistas sem distração ou expectativas. Nas escolas, fantasias, bonecas, blocos, adereços, materiais de arte de todos os tipos e espaços abertos que permitem que as crianças interajam com facilidade são indicadores de um programa que apoia e encoraja o brincar.

NEURÔNIOS-ESPELHO MARAVILHOSOS

Você já se perguntou como seu filho aprende a bater palmas, apertar o aspirador de pó ou a cumprimentar? As crianças pequenas dependem fortemente de seus neurônios-espelho, que percebem a ação física, a expressão facial e a emoção e preparam o cérebro para duplicar o que "vê". Neurônios-espelho ajudam seu filho a descobrir como te imitar. Da mesma forma, quando você está com raiva, estusiasmado ou ansioso, os neurônios-espelho dele "capturam" sua emoção e criam o mesmo sentimento dentro do seu filho. Os neurônios-espelho ajudam a explicar por que choramos, rimos ou ficamos bravos com tanta facilidade. Eles também explicam por que o que você *faz* (o comportamento que você modela) como pai ou mãe é muito mais poderoso do que suas palavras para ensinar seu filho.

Uma palavra sobre apego

Quando você se conecta bem com seu filho – quando reconhece e responde aos sinais dele, nutre um senso de pertencimento e significado e promove um senso de confiança e segurança –, você o ajuda a desenvolver um apego seguro. As crianças com apego seguro podem se conectar bem consigo mesmas e com os outros e ter mais chances de desenvolver relacionamentos saudáveis e equilibrados. Curiosamente, pesquisadores como Erik Erikson descobriram que o desenvolvimento de um senso de confiança de uma criança no primeiro ano de vida está diretamente relacionado ao senso de confiança de sua mãe em si mesma. *O modo como você entende e interpreta sua própria história e experiências tem um efeito direto no crescimento do seu filho.* Compreender e resolver suas próprias disputas, desafios e questões emocionais pode ser um dos maiores presentes que você já deu a seu filho. (Para saber mais sobre apego, desenvolvimento cerebral e parentalidade, consulte *Parenting from the Inside Out: How a Deeper Self-Understanding Can Help You Raise Children Who Thrive*, de Daniel J. Siegel e Mary Hartzell [Nova York: Tarcher Perigee, 2013].)

A Disciplina Positiva ensina "conexão antes da correção": antes de tentar ensinar ou "disciplinar" uma criança, garanta que a conexão entre vocês seja forte e vibrante. Algumas maneiras simples de se conectar são: validar os sentimentos de seu filho, oferecer um abraço antes da discussão, ter curiosidade sobre o ponto de vista do seu filho antes de compartilhar o seu e acreditar que seu filho pode aprender com os erros. A importância da conexão é apoiada por uma grande quantidade de pesquisas. Por exemplo, um estudo de 2016 da Escola de Medicina da Universidade de Washington descobriu que crianças cujas mães as apoiaram *durante os anos da Educação Infantil*, em oposição a mais tarde na infância, têm um crescimento mais robusto das estruturas cerebrais associadas à aprendizagem, memória e resposta ao estresse do que crianças com mães que apoiaram menos.

O IMPACTO DO TRAUMA NA INFÂNCIA

Há momentos em que a vida de uma criança pequena não é o sonho ideal e pacífico dos pais. Às vezes, as crianças são expostas a abusos físicos ou emocionais, ferimentos ou violência em suas casas ou comunidades. Às vezes, elas passam por tratamento médico ou hospitalização que pode ser assustador ou doloroso. Essas experiências profundamente estressantes são conhecidas como *trauma* e podem ter um impacto profundo no desenvolvimento social e emocional das crianças, na sua capacidade de aprender na sala de aula e até na sua saúde e crescimento físicos.

Crianças expostas a trauma podem demonstrar uma variedade de comportamentos:

- Elas podem ter dificuldade para dormir ou podem ter pesadelos.
- Elas podem parecer ansiosas ou retraídas e podem se apegar aos pais e cuidadores.

- Elas podem ter birras violentas, desencadeadas por algo que parece sem sentido.
- Elas podem falar repetidamente sobre o que testemunharam ou encenar com brinquedos ou outras pessoas.
- Elas podem simplesmente se fechar, mostrando pouca ou nenhuma emoção.

Felizmente, o cérebro é resiliente, e sabemos que a presença de adultos saudáveis, capazes de lidar com o estresse e as adversidades, amortece o trauma de crianças pequenas e aumenta sua resiliência. As crianças podem prosperar quando têm um senso de conexão, pertencimento, confiança e segurança proporcionados por pelo menos uma pessoa em suas vidas. Além disso, as crianças que têm um forte senso de história e tradição da família (que geralmente vem do compartilhamento de histórias e experiências pessoais) geralmente mostram maior resiliência diante de eventos traumáticos.

Sempre que possível, é essencial remover a causa do trauma. Terapia com um terapeuta infantil também pode ser útil. E não se esqueça de pedir ajuda, para você e para seu filho. Para ajudar os outros a lidar com o trauma, os cuidadores e os familiares também precisam se curar.

Para saber mais sobre trauma:

- Adverse Childhood Experience Study, ACEStudy.org
- Nadine Burke Harris, *The Deepest Well* (Boston: Houghton Mifflin Harcourt, 2018)
- Palestra TED de Nadine Burke Harris, "How Childhood Trauma Affects health Across a Lifetime", www.ted.com/talks/nadine_burke_harris_how_childhood_trauma_affects_health_across_a_lifetime

Como desenvolver um cérebro saudável

O desenvolvimento e a integração ideais do cérebro acontecem mais facilmente (e intuitivamente) em crianças pequenas do que muitos pais acreditam. Simplesmente conectar-se bem e com frequência ao seu filho é o melhor começo. Quando você ouve, fala sobre o mundo ao seu redor, oferece um abraço e vai explorar junto, você está proporcionando um ambiente em que o cérebro do seu filho pode crescer e aprender. Aqui estão algumas ideias a serem lembradas.

Demonstração de afeto, interesse e aceitação

Uma criança nunca supera a necessidade de ter um sentimento de pertencimento e importância. Não basta apenas amar seu filho; esse amor deve ser demonstrado diariamente de maneiras saudáveis. Lembre-se de que resgatar, superproteger e exagerar nos mimos não são formas saudáveis de demonstrar amor.

As crianças que recebem cuidados calorosos, consistentes e amorosos produzem menos cortisol, o hormônio do estresse, e, quando ficam chateadas, são capazes de "desligar" sua reação ao estresse mais rapidamente. Por outro lado, as crianças que sofrem abuso ou negligência no início da vida provavelmente sentem mais estresse com menos provocação – e têm menos capacidade de desligar suas reações.

Abraços, sorrisos e risadas são ferramentas maravilhosas para os pais e, em longo prazo, terão mais significado para seus filhos que os brinquedos e atividades mais maravilhosos. Passar um tempo especial com uma criança, demonstrando curiosidade sobre suas atividades e pensamentos e aprendendo a ouvir bem, mostrará diariamente a seu filho que ele é aceito e amado e moldará e fortalecerá o desenvolvimento de seu cérebro.

Pratique a arte da conversação

Contrariamente à crença popular, embora as crianças aprendam palavras na televisão e com filmes, elas não aprendem a língua, nem nos programas de televisão mais "educativos". As crianças desenvolvem a linguagem tendo a oportunidade de falar e de ouvir seres humanos reais. Aos 4 anos de idade, as crianças expostas a doses saudáveis de linguagem com as pessoas em suas vidas terão um vocabulário de até seis mil palavras e poderão construir sentenças de cinco ou seis palavras. Aos 5 anos, seu vocabulário pode aumentar para cerca de oito mil palavras – um salto de até cinco palavras por dia, todos os dias durante um ano. Incrível, não é?

Conversar com qualquer criança entre 3 e 6 anos é verdadeiramente uma arte que exige humor e paciência. A maioria das crianças pequenas passa pela fase de perguntar "Por quê?" ou "Como é que é...?" Uma mãe cansada, abatida pelas perguntas do curioso filho de 4 anos, disse que estava cansada de responder perguntas naquele dia e sugeriu que ele ficasse quieto por um tempo. O garoto olhou para sua mãe com perplexidade e informou a ela: "Mas mãe, é assim que os meninos aprendem!" E ele estava absolutamente certo.

Às vezes, os adultos falam com as crianças pequenas de uma forma muito diretiva e que não permite muita resposta:

"Coloque seus pijamas."
"Coma suas batatas."
"Faça isso agora mesmo, mocinho!"

Tais comandos não convidam a conversas.
Outras perguntas não convidam a conversas reais:

"Você gostou da escola hoje?"
"Você ganhou seu jogo de beisebol?"
"Você se divertiu no parque?"

Essas perguntas podem ser respondidas com uma única sílaba ou mesmo com um grunhido.

Uma maneira mais eficaz de convidar a conversas (e desenvolver habilidades de linguagem no processo) é fazer perguntas curiosas (que geralmente começam com as palavras "o que" ou "como"):

"Do que você gostou na escola hoje?"
"Como você acha que pode resolver esse problema?"
"Qual foi a sua parte favorita de brincar no parque?"

Essas perguntas convidam a uma resposta mais ponderada e dão à criança a oportunidade de praticar habilidades vitais de raciocínio e linguagem. Obviamente, elas também pedem uma atenção focada e atenta dos pais, algo que requer largar o *smartphone* e demonstrar energia e paciência. Lembre-se de que relacionamentos e conexão ajudam no desenvolvimento do cérebro.

Ler, ler, ler!

Não há substituto para a leitura quando se trata de se preparar para o aprendizado formal, e nunca é muito cedo (ou tarde) para começar. Os livros abrem novos mundos para as crianças. E como o cenário e os personagens devem ser criados dentro da mente de uma criança, os livros também estimulam o pensamento e o aprendizado. (Se você optar por ler um livro eletrônico para seu filho, não se esqueça de selecioná-lo sem animação ou outras distrações.) Os livros também podem ser uma maneira eficaz de combater os estereótipos e expectativas de gênero e convidar à autodescoberta de seu filho.

Certifique-se de selecionar livros adequados à idade e que atendam aos interesses especiais de seu filho – seu bibliotecário ou livreiro local pode recomendar livros e séries apropriados à idade, e existem vários *sites* (como www. amightygirl.com e www.guysread.com) que oferecem recomendações de livros.

Ao ler, dê vida à história: mude sua voz para interpretar personagens diferentes e pare para falar sobre a história ou as imagens. Os adultos costumam se cansar de livros e histórias favoritas muito antes das crianças, então a paciência é essencial: crianças aprendem por repetição. Elas podem memorizar seus livros favoritos e querer "ler" para si mesmas, virando as páginas nos locais certos. As crianças que crescem com livros geralmente desenvolvem um amor pela leitura e pelo aprendizado que dura toda a vida e prepara o terreno para o sucesso na escola. Muitas famílias acham que o tempo de leitura também é tempo para aconchegar e conectar; continua sendo uma atividade compartilhada favorita até os anos do ensino fundamental, muito depois que as crianças aprendem a ler bem sozinhas.

Aliás, contar histórias também é uma maneira maravilhosa de estimular o aprendizado. Compartilhar histórias da família ou experiências que você teve quando tinha a idade de seu filho cria proximidade e confiança, além de ensinar habilidades de escuta e aprendizado. Recontar uma memória compartilhada também pode ajudar uma criança a expandir sua memória de um evento.

Encoraje a curiosidade, a exploração segura e a aprendizagem por exploração

Pais e responsáveis podem oferecer muitas oportunidades seguras para a criança correr, escalar, pular e explorar. Honre os interesses de seu filho: as crianças raramente apreciam (ou aprendem) sendo forçadas a fazer atividades de que não gostam ou que realmente as assustam. Não é necessário inscrever crianças em atividades organizadas; elas podem aprender a pintar, jogar beisebol, cantar ou plantar um jardim trabalhando ao lado de adultos acolhedores.

As crianças entre 3 e 6 anos geralmente querem *fazer*, em vez de apenas assistir, portanto, prepare-se para algumas bagunças ao longo do caminho. Lembre-se também de que algumas crianças demonstram curiosidade e talentos nessa idade que são muito reais e que serão importantes para o resto de suas vidas.

Proporcionar oportunidades razoáveis para as crianças experimentarem uma variedade de atividades as ajudará a desenvolver um senso de autoestima e autoconfiança e a se tornarem adultos saudáveis e ativamente envolvidos.

Limite o tempo da tela

Entre hoje em muitas casas e notará que uma variedade de telas se tornou o centro da vida familiar, com atividades diárias geralmente iluminadas com sua luz azul brilhante. Infelizmente, o que estamos aprendendo sobre o impacto do uso das telas em crianças pequenas não é encorajador. Vamos explorar a influência da mídia eletrônica em maior profundidade no Capítulo 19. Por enquanto, lembre-se de que é melhor limitar o tempo de exibição para crianças pequenas e encorajar a brincadeira e o aprendizado ativos.

Use disciplina para ensinar, não para envergonhar ou humilhar

Lembre-se de que as sinapses que seu filho manterá são as que forem mais usadas, e vergonha, punição e humilhação podem moldar a maneira como o cérebro de uma criança é formado. Essa é apenas uma das muitas razões pelas quais enfatizamos que o melhor tipo de disciplina é *ensinar*. Não é bom saber que suas habilidades de Disciplina Positiva também estão incentivando o desenvolvimento saudável do cérebro?

Reconheça e aceite a singularidade de seu filho

As crianças aprendem sobre si mesmas e o mundo ao seu redor observando e ouvindo; o que elas decidem sobre si mesmas (e sobre você) depende em grande parte das mensagens que recebem dos pais e responsáveis. Aprender a aceitar seu filho exatamente por quem ele é desenvolve seu senso de autoestima, apoia o desenvolvimento saudável do cérebro e incentiva-o a valorizar suas próprias habilidades especiais. Ter a coragem de experimentar coisas novas é a melhor apólice de seguro para os desafios e pressões que ela enfrentará à medida que crescer na adolescência e na idade adulta.

Forneça experiências de aprendizagem que usam os sentidos

As crianças pequenas experimentam o mundo por meio de seus sentidos, e essas experiências ajudam a moldar seus cérebros em desenvolvimento. Ofereça ao seu filho muitas oportunidades de ver, ouvir, cheirar, tocar e provar o mundo dele – com sua cuidadosa supervisão, é claro. Os sentidos do seu filho enriquecerão sua experiência e aumentarão sua capacidade de aprender.

Passem tempo na natureza para se conectarem um ao outro e ao mundo natural

Muitas crianças passam a maior parte do dia em ambientes fechados ou em carros, indo de uma atividade para outra. Pesquisas demonstraram que gastar tempo ao ar livre explorando, escalando e, sim, se sujando alimenta o desenvolvimento saudável do cérebro. (Você pode aprender mais sobre isso no Capítulo 20.)

Proporcione tempo para seu filho aprender brincando

A brincadeira é o laboratório no qual a criança vivencia seu mundo, experimenta novos papéis e ideias e aprende a se sentir confortável no mundo dos movimentos e sensações. As crianças precisam de tempo não estruturado para exercitar sua imaginação e seus corpos.

Os melhores brinquedos costumam ser os mais simples: uma caixa de papelão, algumas peças de arte ou roupas e bijuterias velhas. Espere – na verdade, incentive – a bagunça; você pode convidar seu filho para ajudá-lo a limpar tudo depois, e isso também pode ser divertido. Forneça as matérias-primas e solte seu filho para brincar, aprender e desenvolver novas conexões no cérebro em crescimento.

Selecione a escola cuidadosamente – e mantenha-se envolvido

Os cuidados na Educação Infantil são extremamente importantes. Muitas, muitas crianças passam a totalidade ou parte de cada dia sob os cuidados de alguém que não seja seus pais. É crucial que os professores e cuidadores também saibam como os cérebros das crianças crescem e que façam o possível para promover o desenvolvimento saudável. Deixar seu filho sob os cuidados de outra pessoa pode ser difícil, mas talvez seja um pouco mais fácil quando você reconhecer que cuidados de alta qualidade podem apoiar o desenvolvimento de uma criança. É importante garantir que os cuidados que seu filho recebe quando está longe de você realmente sejam de qualidade. (O Capítulo 16 explicará o que constitui um atendimento de qualidade e como encontrá-lo.)

Cuidar de si mesmo

Você pode se perguntar o que cuidar de si mesmo tem a ver com o cérebro do seu filho. Mas nutrir e orientar uma criança agitada e curiosa dá trabalho. Pais e responsáveis precisam de cada grama de energia e sabedoria que possuem, e muitas vezes o poço seca exatamente quando ocorre uma crise.

Você fará um trabalho melhor como pai quando estiver descansado e razoavelmente satisfeito. Sim, cansaço e estresse parecem fazer parte da vida cotidiana com crianças pequenas, principalmente se você também tem de lidar com um parceiro ou trabalho. Ainda assim, cuidar de suas próprias necessidades deve ser uma prioridade. Faça exercícios, coma alimentos saudáveis e faça o possível para dormir o suficiente. Reserve um tempo regularmente (não, uma vez por ano não é suficiente) para fazer as coisas de que você gosta. Passe algum tempo com seu(ua) parceiro(a), tome uma xícara de café com um(a) amigo(a), cante em um coral, faça uma aula, leia um livro – tudo o que você fizer para repor suas energias beneficiará seus filhos. Eles aprenderão a respeitá-lo (e a si mesmos) quando o virem se tratando com respeito. E eles encontrarão um adulto calmo, descansado e feliz, muito mais fácil de lidar do que um adulto exausto, mal-humorado e arrependido.

Manter-se saudável não é egoísmo; é sabedoria.

Começando a escola: "Meu filho está realmente pronto?"

Kate jurou que não choraria. Ela iria comemorar com Sarah no primeiro dia de escola e depois faria as compras sem interrupções. De alguma forma, porém, aquela manhã não foi do jeito que ela havia planejado. Ah, Sarah estava bem. Um pouco nervosa, talvez, mas animada e feliz. Ela se vestira com sua roupa nova, penteara seu cabelo com cuidado e tinha sua mochila "de criança grande" pronta para usar. Kate e Sarah haviam visitado a sala de aula na semana anterior ao início das aulas, exploraram o parquinho e conheceram a professora, uma jovem animada e amigável que lembrava o nome de todos.

Tudo estava bem – até Kate observar Sarah, parecendo tão pequena, entrando na sala de aula com as outras crianças. Quando ela se virou para voltar para o carro, Kate descobriu que algum tipo de neblina havia caído sobre o bairro – ela não conseguia ver nada. Ela percebeu chocada que estava chorando. Um pai andando por perto sorriu para ela: "Bate uma coisa, não é?", ele disse. "Sim", Kate fungou.

O primeiro dia de uma criança na escola é um evento marcante. O mundo nunca mais consistirá apenas em um pequeno círculo de familiares e amigos; de repente, expandiu-se para incluir outros adultos e crianças que podem passar mais tempo todos os dias com seu filho do que você. Muitos pais se perguntam como saberão se seus filhos estão prontos – intelectual e emocionalmente – para o mundo escolar.

É importante reconhecer que todas as crianças (e todas as escolas) são diferentes. Quando uma criança está pronta para a escola, os pais já tiveram anos para entrar no mundo dessa criança e entender como ela pensa, sente e vê o mundo. A maioria das escolas agrupa as crianças por idade cronológica, mas a idade não é um verdadeiro indicador do desenvolvimento de uma criança. Muitas crianças estão ansiosas para o início da escola e entram no mundo do aprendizado acadêmico com apenas um olhar para trás. Outros ficam à margem ou parecem ter dificuldades até com as tarefas mais simples. A avaliação de dificuldades de aprendizagem ou problemas psicológicos está além do escopo deste livro, mas há coisas que os pais podem considerar que os ajudarão a se sentir à vontade para enviar seus filhos para a escola.

Conheça seu filho

Ninguém conhece uma criança tão bem quanto um pai ou mãe atencioso(a) e amoroso(a), especialmente alguém que se esforçou para entender o desenvolvimento e adquirir habilidades parentais eficazes. A maioria das escolas oferece entrevistas de prontidão para ajudar pais e professores a decidir se uma criança está pronta para começar a escola ou se seria melhor esperar mais um ano.

Lembra do Robbie? Sua mãe acabou decidindo que era melhor ele esperar mais um ano até que seu desenvolvimento emocional alcançasse seu desenvolvimento intelectual. O sucesso escolar envolve mais do que apenas habilidades acadêmicas; as crianças também devem ser capazes de passar um tempo longe dos pais, responder a um professor, gerenciar suas emoções e fazer amizade com outras crianças. Não há vergonha em esperar para começar a escola. Na verdade, as crianças se saem melhor com o aprendizado acadêmico quando estão emocional e socialmente prontas para ficar longe de casa. É menos perturbador para todos atrasar o início da escola do que ser retido mais tarde.

Aqui estão algumas perguntas simples que podem ajudá-lo a avaliar a prontidão do seu filho:

- Seu filho gosta de aprender? Ele está curioso sobre o mundo ao seu redor?
- Seu filho tolera razoavelmente bem separar-se de você?
- Ele está ansioso para fazer amigos e aberto a relacionamentos com colegas?
- Ele é capaz de prestar atenção a uma tarefa por um período de tempo adequado à idade?
- Ele expressa interesse pela escola ou parece amedrontado?
- Ele é capaz de expressar suas emoções e se acalmar quando necessário?

Dedicar um tempo para visitar a escola e conhecer o professor geralmente resolve a maioria das ansiedades de uma criança. Também é útil conversar sobre sentimentos (mais sobre sentimentos e habilidades de escuta ativa no Capítulo 6) e compartilhar com seu filho que a maioria das pessoas fica nervosa quando faz algo novo. Quanto mais sintonizado você estiver, tanto com seu filho como com o professor, mais feliz será a experiência na escola. Você e seu filho podem se sentir mais confortáveis se você puder voluntariar-se na sala de aula ocasionalmente e participar de eventos escolares e reuniões de pais e mestres. A escola fará parte de suas vidas nos próximos anos; vale a pena o esforço de um bom começo.

Aprender leva uma vida

Foi dito que "os aprendizes herdam a terra" e que "os que são realmente educados nunca se formam". Sempre há algo novo e maravilhoso para aprender, tanto para você como para seu filho. O mundo exterior pode nem sempre ser gentil ou acolhedor, e, à medida que seu filho se afasta do seu lado, ele experimenta mágoas e dificuldades que você não estará presente para acalmar. Mas você pode garantir a ele que você estará sempre ao lado dele, que sempre o escutará e que acreditará nele. Independentemente das novas pessoas e experiências que encontrar, seu filho pode acreditar que você sempre confiará nele e sempre o receberá bem em casa.

PERGUNTAS PARA REFLETIR

1. Pense em um momento em que você viu ou ouviu alguém responder a uma situação e experimentou uma resposta emocional correspondente. Esse tipo de experiência são seus neurônios-espelho saudáveis agindo. Agora observe seu filho quando ele vê outra criança experimentando uma forte emoção. O que você observou? Qual é a expressão facial dele? Como ele responde?
2. Você consegue se lembrar de uma vez em que foi punido, apanhou ou se sentiu humilhado quando criança? O que você lembra disso? Que lições você aprendeu com isso? Você se lembra por que foi punido? De que memórias e mensagens você quer que seu filho se lembre?
3. Considere os elementos do desenvolvimento saudável do cérebro. Escolha três coisas que você já está fazendo bem. Agora escolha uma coisa que você gostaria de melhorar. Liste três maneiras de melhorar nessa área.

Parte II

APRENDIZAGEM SOCIOEMOCIONAL

5

EMPATIA, COMPAIXÃO E O CRESCIMENTO DA APRENDIZAGEM SOCIOEMOCIONAL

Muitas das perguntas que os pais têm sobre seus filhos envolvem sentimentos – e como lidar com eles. Afinal, os sentimentos podem ser coisas bem desconcertantes, e as crianças têm muitos deles. Reserve um momento e observe como seu filho ri deliciosamente com um amigo; sua alegria irradia em todo o seu rosto e corpo. Observe também enquanto ele tenta lidar com frustração ou raiva. Ele pode jogar um brinquedo no chão da sala, jogar-se para trás em uma birra ou desmoronar em uma enxurrada de lágrimas. De fato, ele pode fazer tudo o que foi mencionado em poucos minutos.

Ter uma empatia e comunicação verdadeira com seu filho significa decifrar suas pistas não verbais, compreender o que ele está sentindo e ajudá-lo a reconhecer e nomear seus sentimentos. Significa ensinar a ele que o que ele *sente* é sempre aceitável, mas o que ele *faz* pode não ser. Em outras palavras, não há problema em ficar com raiva do seu irmãozinho que é um bebê, mas não é aceitável bater nele. Aprender a reconhecer e lidar com os sentimentos de seu filho é um passo de vital importância para compreender seu comportamento e interpretar suas crenças sobre o mundo dele.

O que são emoções?

As emoções nos dão informações importantes. Prestar muita atenção aos seus sentimentos – e aos seus pensamentos – pode ajudá-lo a decidir o que fazer. As crianças pequenas experimentam as mesmas emoções que seus pais e professores. Há uma diferença significativa, no entanto. Como você aprendeu no Capítulo 4, o córtex pré-frontal (responsável pela regulação emocional) não se desenvolve completamente até os 25 anos de idade. A habilidade de identificar e gerenciar sentimentos é uma habilidade que levará muitos anos para seu filho aprender; como em muitas outras áreas da parentalidade, ele precisará de sua paciência, compreensão e ensino gentil e firme.

Assim como aprendem outras coisas na vida, as crianças aprendem a lidar com seus sentimentos observando os adultos. (Lembre-se de que você e seu filho têm neurônios-espelho, o que facilita a captação dos sentimentos um do outro.) Com muita frequência, os pais são incapazes de lidar efetivamente com sentimentos difíceis, por isso não é surpresa para ninguém que as crianças pequenas também tenham essa dificuldade.

Aprendizagem socioemocional

Um princípio orientador da Disciplina Positiva é que disciplina é *ensino*, não punição. Nos primeiros anos na escola, os corpos das crianças crescem e mudam, assim como a menos visível vida socioemocional de uma criança. As pesquisas nos mostram que o crescimento físico e o emocional estão entrelaçados. O cérebro codifica e organiza a experiência sensorial, a riqueza de informações constantemente coletadas dos olhos, ouvidos, dedos e corpo de uma criança.

A princípio, não há palavras para rotular o que é experimentado, nem o cérebro é desenvolvido o suficiente para classificar as informações sensoriais em memórias recuperáveis. (Acredita-se que a memória explícita ou narrativa, que registra nossas experiências e atividades para que possamos lembrá-las, se desenvolva quando uma criança tem cerca de 2 anos e meio.) Em vez disso, experiências sensoriais entram no cerebelo de maneira generalizada e são acessadas em um nível emocional. Eventualmente, uma criança começa a aprender empatia e compaixão, habilidades fundamentais para a aprendizagem socioemocional, graças, em parte, a essas experiências iniciais.

Assim como os corpos precisam de nutrientes, exercícios e prática física para fortalecer e crescer, o cérebro precisa de experiências para moldar as habilidades emocionais. A experiência de conforto, conexão e toque amoroso se transforma na capacidade de se conectar com os outros e de tocar amorosamente.

Empatia

Como uma semente, a empatia cresce e prospera – ou encolhe e falha em se desenvolver – dependendo do ambiente da criança. A criança que tem suas necessidades atendidas, é respondida de forma consistente e sente um toque amoroso internalizará essas experiências, preparando-se para replicá-las. Ela crescerá sentindo-se segura, protegida e valorizada. Essa base – um sentimento de pertencimento e significado – desenvolve a tendência natural de uma criança de sentir empatia. *Empatia é definida como a capacidade de compartilhar emoções, pensamentos ou sentimentos de outras pessoas.* Os neurônios-espelho possibilitam esse compartilhamento, mas as experiências fornecem o ambiente necessário para seu desenvolvimento.

E se uma criança crescer com trauma, estresse ou falta de cuidados? Felizmente, apoio pode ser encontrado em uma variedade de formas, incluindo família estendida, professores e outros adultos que cuidam. Mesmo o estresse severo pode ser atenuado por cuidados responsivos e estimulantes. Independentemente de quem os forneça, nutrir experiências da primeira infância ajuda a desenvolver a empatia natural da criança.

Ensinar às crianças a diferença entre sentimentos e ações

Ao longo da vida, os sentimentos desempenham um papel poderoso no comportamento humano. Eles nos dizem se estamos seguros ou se há perigo presente. Eles nos dão informações que nos permitem responder de maneira apropriada. Mas os sentimentos podem ser difíceis de administrar.

Quando uma criança fica zangada e age de maneira prejudicial, talvez atirando brinquedos ou batendo em outras pessoas, os adultos podem ficar tentados a colocar seus sentimentos e ações juntos e chamar tudo de "mau comportamento". Mas há uma diferença importante.

É vital para o desenvolvimento saudável ensinar às crianças que seus sentimentos são sempre *válidos, mas que algumas ações podem não ser aceitáveis.*

As crianças precisam aprender a reconhecer e nomear suas emoções e entender que sentimentos e ações são diferentes. Quando até sentimentos desconfortáveis são validados, a criança aprende autoaceitação, como gerenciar emoções difíceis e como se comportar de maneira mais apropriada – com tempo e prática, é claro. A autoconsciência é a base da empatia.

Jenna suspira e leva um minuto para se acalmar quando Kaitlyn, de 4 anos, bate o pé, atira um bloco no tapete e grita: "Quero terminar de construir minha torre!"

Jenna invoca um sorriso tranquilizador. "Você está desapontada porque está na hora de dormir e você queria poder brincar mais. É difícil parar de fazer algo de que gostamos tanto. Não há problema em se sentir desapontada, querida, mas você não pode jogar seus brinquedos."

O queixo de Kaitlyn treme quando ela sente a empatia de sua mãe. Ela diz: "Não é justo." Mas ela já está indo pelo corredor para começar sua rotina de dormir.

Jenna segue a filha. "Que livros você escolherá ler hoje à noite, Kaitlyn", ela pergunta. "Estou sempre ansiosa pela nossa hora da história e aconchego."

As crianças devem aprender a identificar e aceitar seus próprios sentimentos antes de poderem sentir empatia e aceitar os sentimentos dos outros. Para uma criança, isso requer ensino paciente – e muita prática. As ferramentas da Disciplina Positiva são úteis nesse processo, especialmente as que servem para nos acalmarmos (ou a pausa positiva – mais sobre isso mais tarde) e perguntas curiosas como forma de ingressar no mundo infantil. Uma criança precisa de ferramentas para lidar com sentimentos, ou então o resultado é o caos. E o caos é assustador.

As crianças muitas vezes são ofensivas porque estão "colocando em ação" seus sentimentos de frustração e raiva. Afinal, existem muitas pessoas que impedem os impulsos e necessidades de uma criança. As crianças precisam de apoio repetido para compreender a diferença entre um sentimento e uma ação.

Jack, de 3 anos, estava furioso. Ele estava batendo nas outras crianças na escola, pegando seus brinquedos e chutando cascalho no parquinho. Uma tarde, Jack ficou com raiva quando outra criança correu na frente dele. Ele a empurrou para baixo, fazendo-a arranhar o joelho.

Enquanto sua assistente ajudava a criança ferida, Terry, a professora de Jack, gentilmente levou Jack furioso para longe das outras crianças e em direção ao canto de leitura. Quando Jack se acalmou, Terry trouxe para ele um livro com a foto de um garoto de aparência triste na capa.

"Por que ele está assim?", Jack perguntou a Terry.

"Bom", respondeu a professora, sentando-se para olhar a foto, "ele parece triste para mim. Por que você acha que ele pode estar triste?"

Essa pergunta plantou a primeira pequena semente de empatia, convidando Jack a experimentar o mundo pela perspectiva de outra pessoa. Jack começou a explicar que o garoto na foto estava triste porque sua babá favorita tinha ido embora e ele não iria vê-la mais – atribuindo seus próprios sentimentos à criança na foto. Entendendo isso, Terry perguntou a Jack se ele gostaria de um abraço, e ele subiu agradecido ao colo dela. "Esse menininho deve estar se sentindo muito solitário e triste", disse ela. Jack começou a chorar nos braços de sua professora.

Quando os soluços de Jack abrandaram, Terry perguntou se ele poderia pensar em uma maneira de ajudar a criança que ele empurrara a se sentir melhor novamente. "Aposto que ela também está triste", disse Jack. "Talvez eu pudesse jogar um jogo especial com ela e ajudá-la a guardar as coisas do almoço."

Terry escreveu um bilhete para os pais de Jack explicando o que havia acontecido e mencionando a tristeza de Jack pela perda de sua babá. Jack ajudou fazendo uma marca no fim do bilhete para servir como sua assinatura.

Jack teve a oportunidade de explorar seus sentimentos em segurança. Ele também aprendeu que é responsável por seu comportamento em relação a outras crianças. Identificar e aceitar sentimentos encoraja a empatia.

Muitos adultos também lutam para reconhecer e expressar seus sentimentos adequadamente. Muitas vezes parece mais fácil (ou mais "educado") simplesmente reprimir os sentimentos, embora esses sentimentos muitas vezes vazem na forma de ressentimento ou depressão. Esse padrão equivocado de negar sentimentos pode ser transmitido às crianças. Considere esta conversa familiar: uma criança irritada diz: "Eu odeio meu irmão!" Um adulto responde: "Não, você não odeia. Você sabe que ama seu irmão." Seria mais útil dizer à criança: "Posso ver como você está com raiva e mágoa agora. Não posso deixar você chutar seu irmão, mas talvez possamos encontrar uma maneira de ajudá-lo a expressar seus sentimentos de uma maneira que não machuque ninguém."

O que é esse sentimento?

Os sentimentos são expressos por corpos e rostos. Quando uma criança reconhece que olhos ardentes sinalizam tristeza, ela pode aprender a reconhecer esse sentimento no rosto enrugado de outra pessoa. É impossível se relacionar e entender as emoções de outra pessoa se você estiver sobrecarregado com as suas. A empatia cresce quando uma criança entende que os outros compartilham os mesmos sentimentos que ela. Reconhecer sensações físicas ajudará, assim como aprender palavras para descrever esses sentimentos.

Praticando honestidade emocional

Os pais (e professores) costumam se perguntar quanto de seus próprios sentimentos devem compartilhar com as crianças. Como acontece com tantas coisas na vida, as crianças aprendem melhor observando seus modelos adultos. A maneira como você gerencia (ou deixa de gerenciar) suas próprias emoções envia uma mensagem forte ao seu filho. Se você lidar com a raiva gritando, não ficará surpreso se as crianças da sua vida agirem da mesma forma. Se, por outro lado, você puder encontrar maneiras úteis de expressar seus próprios sentimentos, reduzirá a chance de conflito e dará às crianças um exemplo maravilhoso de como lidar adequadamente com as emoções.

No decorrer de um único dia, os pais ou professores podem sentir amor, frustração, raiva, irritação, cansaço, esperança e desespero. As crianças são incrivelmente sensíveis ao estado emocional das pessoas ao seu redor; seus neurônios-espelho e a capacidade de ler pistas não verbais geralmente as informam o que você está sentindo, mesmo quando pensa que está agindo "normalmente". Então, como os adultos devem explicar e expressar seus sentimentos para as crianças?

A honestidade emocional é frequentemente a melhor política. Não é apenas bom, mas também pode ser sábio dizer a uma criança, calma e respeitosamente: "Estou com muita raiva agora." Observe que a palavra "você" não está nessa frase. Isso é muito diferente do que dizer: "Você me deixa com tanta raiva!" Declarações de culpa ou vergonha não são necessárias. Simplesmente explicar a seu filho o que você está sentindo e por que pode lhe ajudar a lidar com seus próprios sentimentos e a ensinar ao seu filho sobre os possíveis resultados de seu próprio comportamento. Lembre-se também de que as crianças pequenas são egocêntricas nessa idade e geralmente assumem que o que você está sentindo está relacionado a elas. Explicar seus sentimentos e as razões por trás deles pode poupar a você e a seu filho uma grande quantidade de mal-entendidos e confusão.

> Uma maneira útil de expressar sentimentos é usar as "frases em primeira pessoa". Uma "frase" é uma fórmula simples (as fórmulas são úteis quando você está emotivo demais para pensar direito) que permite explicar o que você está sentindo e por quê.
>
> Uma "frase em primeira pessoa" pode ser:
>
> - "Fico preocupado quando os blocos são jogados na sala de brinquedos porque uma das outras crianças pode se machucar. Ajudaria se você saísse para se acalmar, ou você tem outra solução para resolver este problema?"
> - "Fico com raiva quando o cereal é jogado no chão porque estou cansado e não quero limpar a bagunça. Se o cereal for jogado no chão novamente, saberei que você decidiu não comer e pode guardar sua tigela ou farei isso por você."
> - "Estou chateado e frustrado porque o carro está com o pneu furado e agora vou me atrasar para o trabalho."
> - "Estou tão bravo agora que preciso de um tempo para que eu possa me acalmar, para não fazer nem dizer algo de que me arrependa mais tarde."

Devo proteger meu filho da tristeza ou preocupação?

Às vezes, os adultos sentem a necessidade de proteger as crianças da tristeza, da perda e de outras realidades desagradáveis da vida, mas geralmente é melhor ser o mais honesto possível com seu filho. As crianças geralmente sabem quando algo da família está errado e, sem informações suficientes, podem achar que fizeram algo errado. Não se deve pedir às crianças que carreguem cargas muito pesadas para elas ou que assumam a responsabilidade pelos problemas de seus pais, mas elas podem ter a oportunidade de entender e compartilhar o que está acontecendo. (Isso encoraja ainda mais o crescimento da empatia e da compaixão.)

Se um membro da família ou animal de estimação amado morreu, é melhor fornecer à criança informações que o ajudarão a entender o que aconteceu. É tentador dizer a uma criança que o vovô está "dormindo" ou que "foi embora", mas isso pode levar uma criança a temer ir para a cama ou a se perguntar se mamãe ou papai também "vão embora" inesperadamente. A morte pode ser explicada em termos simples, mas honestos, e as crianças podem ser ajudadas a sofrer e a se curar. (Sim, as crianças sofrem, embora às vezes pareça mais irritabilidade do que tristeza.) Não é necessário contar às crianças mais do que elas podem compreender. Você pode explicar que muitos adultos também têm dificuldade em entender a morte, e muitas pessoas têm crenças diferentes sobre o que isso significa e o que acontece depois. Incluir crianças nos rituais que envolvem a morte, como funerais, pode ser menos assustador para elas do que ficar de fora. A morte faz parte do ciclo da vida; tratá-la como tal facilitará o enfrentamento da morte para pais e filhos.

Da mesma forma, se a família estiver passando por dificuldades financeiras ou outras tensões, os pais podem contar aos filhos fatos simples para ajudá-los a entender e usar a escuta ativa para explorar e lidar com seus sentimentos. Esteja ciente de que as crianças terão fortes sentimentos e reações a eventos traumáticos da família, como o divórcio, e não é aconselhável simplesmente assumir que elas ficarão bem. Tire um tempo para explicar, sem culpar ou julgar, o que aconteceu e como isso afetará seu filho. Verifique se ela sabe que não foi culpa dela e que ela é amada e querida. E fique atento; use a escuta ativa para verificar as percepções de seu filho e permitir que ele expresse abertamente seus medos e sentimentos.[1]

Ao incluir as crianças pequenas na vida da família, os pais as ajudam a aprender sobre sentimentos e a aprofundar sua capacidade de sentir empatia. Ao explorar e respeitar os sentimentos de seus filhos e ser honesto com seus próprios sentimentos, você construirá um relacionamento de confiança e conexão, além de habilidades de resolução de problemas que durarão a vida inteira.

De mim para os outros

Os livros podem ser excelentes ferramentas para desenvolver empatia. Ao ler com seu filho, preste atenção aos sentimentos expressos pelos personagens da história: "O ursinho parece muito zangado na minha opinião. O que você acha?"

Você pode oferecer algumas pistas: "Você acha que o ursinho está irritado ou surpreso? Como você se sentiria?"

Você também pode convidar uma criança a ter empatia: "Como você acha que o ursinho se sente agora? Você se lembra de uma vez em que se sentiu assim também?"

Quando uma criança entende que os outros têm os mesmos sentimentos que ela, ela também começa a perceber que as mesmas coisas que a ajudam a se sentir melhor também podem ajudar os outros.

Contribuição (altruísmo)

Pesquisadores demonstraram que as crianças têm um desejo inato de ajudar os outros. Tomasello e Warneken realizaram experimentos com crianças que são adoráveis de assistir.[2] Uma criança de 18 meses é levada para uma sala com sua mãe (que está propositalmente passiva). A criança observa um pesquisador tentando colocar livros em uma estante com a porta fechada. O pesquisador continua batendo os livros na porta fechada. Depois de assistir por alguns segundos, a criança caminha até a estante e abre a porta e depois olha com expectativa para o pesquisador para ver se ele entende que agora pode colocar os livros na estante. Em outro experimento, a criança observa o pesquisador prendendo toalhas em um varal. O pesquisador deixa cair um prendedor de roupa e tenta, sem sucesso, alcançá-lo. A criança rasteja até o prendedor de roupa, pega-o e luta para se levantar, para poder entregá-lo ao pesquisador e depois mostra satisfação por poder ajudar.

É tão importante que os pais e professores entendam as implicações. Quando os adultos fazem demais pelas crianças, esse desejo inato de contribuir e se sentir capaz pode ser substituído por sentimentos de inadequação e um desejo de ser cuidado. Tenha confiança em seus filhos, promovendo o altruísmo deles, envolvendo-os a ajudar o máximo que puderem.

Empatia em ação

A família Zhou está passando férias com parentes em outro estado. Depois de um dia agitado no zoológico, seguido de pizza com os primos e várias histórias para dormir, algo parece errado para Ting Ting, de 5 anos. Embora ela tenha se divertido muito, parece estar triste – mesmo com mamãe e papai ali.

Papai desce à altura de Ting Ting e olha nos olhos dela. "Eu sei que você gostou de hoje, mas agora parece que algo está te incomodando. O que você está sentindo?"

A família Zhou trabalha com sentimentos e empatia há algum tempo, então Ting Ting leva um momento para pensar sobre isso.

"Estou me sentindo triste", diz ela.

Papai sorri. "Fale mais sobre isso."

"Sinto falta do nosso cachorro, Oggie-Oh", responde Ting Ting.

"Isso é triste mesmo. Aposto que Oggie-Oh também sente sua falta", ele diz. "O que você pode fazer para se sentir melhor?" Ao dizer isso, papai valida o sentimento e ajuda a filha a encontrar maneiras de se sentir melhor.

Ting Ting pensa por um momento, depois sorri. "Eu posso falar sobre Oggie-Oh."

"Esse é um bom plano. Vamos pensar em algumas coisas divertidas que Oggie-Oh poderia ter feito hoje."

Ting Ting está aprendendo a autoconsciência e autogestão, enquanto sintoniza seus sentimentos e tenta maneiras de lidar com eles. Agora ela pode começar a usar essa habilidade.

Interesse social: o elo

Alfred Adler descreveu "interesse social" como uma preocupação real com os outros e um desejo sincero de contribuir para a sociedade. À medida que as crianças entram na vida de suas famílias e escolas, elas querem muito sentir que elas pertencem. E uma das maneiras mais poderosas de obter um senso de pertencimento é fazer uma contribuição significativa para o bem-estar de outras pessoas na família ou no grupo. Quando os adultos conseguem ajudar as crianças a cuidar e participar de sua comunidade – a sentir e demonstrar compaixão –, todos se beneficiam. Os adultos podem usar as tarefas cotidianas como oportunidades para ensinar interesse social.

Enquanto Charlene fazia os hambúrgueres, Sean, de 3 anos de idade, desembrulhava alegremente as fatias de queijo e as colocava nas fatias de pães. Quando a família se sentou para jantar, imagine como Sean se sentiu satisfeito quando todos mencionaram o sabor de seus *cheeseburgers*, graças aos esforços de Sean.

Becky, de 5 anos, lembrava à avó de usar colírio todas as noites durante a visita. Quando a vovó voltou para casa, Becky queria telefonar para ela todas as noites para poder continuar a lembrá-la.

Interesse social é um envolvimento significativo que beneficia os outros. Ele fornece um elo entre empatia e compaixão.

Sementes de compaixão

A empatia nos coloca em contato com nossas emoções e cresce para incluir outros. A compaixão passa do mero entendimento e identificação com a angústia de outra pessoa a querer fazer algo para aliviá-la, o que é possibilitado por experiências de interesse social. As crianças são muito rápidas em oferecer ajuda, abraços e encorajamento a outras pessoas.

A compaixão cresce e se desenvolve ao se:
- Ter experiências nutritivas e amorosas
- Reconhecer e nomear sentimentos
- Identificar respostas apropriadas aos sentimentos
- Reconhecer e se relacionar com esses mesmos sentimentos nos outros
- Experimentar o interesse social e dar uma contribuição
- Compreender que o que te ajuda a se sentir melhor pode ajudar outra pessoa a se sentir melhor

Pais (e professores) podem proporcionar às crianças oportunidades de interesse social, além de incentivar o desenvolvimento da compaixão.

Ao fazer compras no supermercado, Paul tem a tarefa de escolher dois tipos de cereais para levar a um centro comunitário. Paul e seu pai falam sobre como é bom comer cereais quando estão com fome e como algumas pessoas estão com fome, mas não têm o suficiente para comer. Quando eles estão com uma sacola cheia de caixas de cereais, Paul ajuda a carregar a sacola para o carro e eles dirigem para o centro comunitário, onde ele ajuda a carregar as sacolas para dentro. "São para pessoas com fome", diz Paul, enquanto ele as entrega aos colaboradores do centro.

A cada primavera, Sunaya arruma sua caixa de brinquedos com a ajuda de sua mãe para selecionar brinquedos para dar a crianças que não têm muitos brinquedos para brincar. Isso faz parte da comemoração de Nowruz (Ano-Novo Persa), e Sunaya gosta de falar sobre como outra criança se divertirá com cada brinquedo que escolher.

Parte da tradição da família Ong no Dia de Ação de Graças é assar biscoitos para as pessoas em um centro de recursos de imigração em seu bairro. Susie gosta de ajudar a moldar, assar e provar todos os biscoitos. Ela sabe que famílias novas em sua comunidade virão ao centro para ajudar na adaptação a suas novas vidas. Os biscoitos são bem-vindos e confortarão os corpos e espíritos dessas famílias deslocadas.

Sempre que possível, você pode oferecer oportunidades de ajuda personalizadas. Ajudar alguém no centro comunitário a escolher uma caixa de cereal, selecionar uma boneca que tenha sido pedida por uma criança necessitada ou conhecer e conversar com as famílias no centro de imigração enquanto distribui biscoitos personaliza a compaixão. *Todas as pessoas – incluindo crianças pequenas – reagem com mais compaixão a uma pessoa ou situação que realmente experimentaram do que a uma situação generalizada ou vaga.*

O empoderamento da ajuda

As crianças podem aprender e demonstrar compaixão, mesmo quando desastres naturais e circunstâncias desafiadoras acontecem, trazendo sentimentos de desamparo e caos. Em vez de ficarem desesperados, até as crianças pequenas podem sentir compaixão e encontrar maneiras de expressá-la.

Quando ocorre uma emergência nas proximidades, como uma enchente, os professores do Pinetree Childcare Center falam sobre do que as crianças afetadas podem precisar mais. As crianças falam sobre como seria a sensação de estar molhada e como seria frio. Elas decidem ajudar coletando casacos infantis para enviar às famílias afetadas.

Durante toda a semana, as crianças trazem casacos usados ou novos. Elas ajudam a assar bolinhos para vender aos pais e o dinheiro arrecadado pagará pelo envio dos casacos. Ambas as atividades oferecem às crianças oportunidades de contribuir para o bem-estar de outras pessoas e de se sentirem úteis em uma situação que, de outra forma, poderia estimular sentimentos de desamparo.

Existem muitas outras maneiras de dar às crianças oportunidades de contribuir com as pessoas à sua volta, aprimorando a consciência social e a tomada de decisão responsável. É provável que empatia e compaixão não aconteçam, a menos que os adultos valorizem e arranjem tempo para esse crescimento, incorporando oportunidades críticas de aprendizado socioemocional, tanto em casa como em escolas. Que contribuições seu filho e sua geração farão ao mundo ao seu redor?

PERGUNTAS PARA REFLETIR

1. Pense em um sentimento forte que seu filho experimenta. Pense em maneiras de nomear e validar esse sentimento e trabalhar com seu filho para descobrir maneiras de se sentir melhor.
2. Escolha um livro na biblioteca ou livraria que mostre personagens que experimentam emoções diferentes. Leia com seu filho (ou turma) e fale sobre os sentimentos dos personagens. Nomeie os sentimentos. Discuta como o personagem responde ou pode responder a seus sentimentos.
3. Se seu filho tiver 5 ou 6 anos, pense em uma atividade que vocês possam fazer juntos para lhe dar uma oportunidade de praticar compaixão (para identificar e aliviar o sofrimento de outra pessoa). Como você pode apresentar essa experiência? Quando você poderia tentar? Que discussão adicional expandiria e aprimoraria a experiência?

6

RECONHECER, NOMEAR E GERENCIAR EMOÇÕES

Adultos e crianças expressam energia emocional (e a energia fala mais alto que as palavras) em seus rostos, em suas vozes e na maneira como eles se movem ou permanecem. Como as crianças entre 3 e 6 anos ainda estão desenvolvendo suas habilidades de linguagem, elas confiam na mensagem dessa comunicação não verbal mais do que em meras palavras.

Kyle, de 3 anos, corre para a cozinha, onde Linda, sua mãe, atrasada para uma reunião, está preparando o jantar.

"Olha, mamãe, olha, eu desenhei um avião!" Kyle comunica, acenando com entusiasmo.

"Isso é ótimo, querido. Você é um artista", responde a mãe apressada, sem erguer os olhos.

Linda, sem dúvida, teve boa vontade, e certamente não há nada de errado com suas palavras. Ainda assim, Kyle nota que suas mãos nunca pararam de ralar queijo para o jantar e seus olhos nunca olharam para o seu avião.

Wendy, de 5 anos, está ajudando o pai a fazer o almoço. O irmão mais novo de Wendy está irritadiço, e papai está tentando assistir ao jogo de futebol na televisão enquanto faz os sanduíches de queijo grelhado. Wendy está corajosamente despejando leite em seu copo quando a caixa pesada escapa de suas mãos, esparramando meia caixa do líquido espumoso pelo chão da cozinha.

Wendy olha timidamente para o rosto do pai. "Sinto muito, papai", diz ela. "Você está bravo comigo?"

As sobrancelhas do pai se abaixam ameaçadoramente, sua mandíbula se contrai e, quando ele fala, sua voz é fina e tensa. "Não, eu não estou bravo", diz ele. Quando Wendy começa a chorar, ele se pergunta o porquê.

Sra. Santos está lendo uma história de dormir para sua turma de crianças de 4 anos. Ela não teve folga porque sua substituta faltou e nenhuma outra professora substituta está disponível. A pequena Allie olha para a professora e pergunta: "Você não gosta desta história?" Sra. Santos olha para Allie surpresa e responde: "Claro que sim. Por quê?"

Allie responde: "Por que seu rosto está todo enrugado."

Que mensagens você acha que essas crianças receberam?

O poder da comunicação não verbal

Você será mais eficaz em se conectar com seu filho se estiver ciente das mensagens que está enviando a ele – e se suas palavras e suas ações combinam. Por exemplo, dizer "eu te amo" pode não ser a maneira mais eficaz de comunicar essa mensagem ao seu filho. É importante dizer as palavras com frequência (e dar significado para elas), mas as palavras por si só não comunicam essa mensagem vital ao seu filho pequeno.

OS ELEMENTOS DA COMUNICAÇÃO NÃO VERBAL

- Contato visual
- Postura e posição
- Tom de voz
- Expressões faciais e toque

Contato visual

Faça um experimento um dia. Fique de costas com costas com alguém e tente lhe contar algo que aconteceu com você ou explicar como está se sentindo. Se você é como a maioria das pessoas, vai querer esticar o pescoço e se virar para olhar seu parceiro nos olhos.

Na maioria das culturas ocidentais, o contato visual sinaliza atenção. Um bom orador público chamará a atenção dos membros da plateia e, ao fazê-lo, os envolverá no que ele ou ela está dizendo. Da mesma forma, fazer contato visual com seu filho sinaliza que ele é importante, captura sua atenção e aumenta a eficácia de sua mensagem.

Toni Morrison uma vez fez uma pergunta comovente em um programa da Oprah: seus olhos brilham quando seu filho entra na sala?

Infelizmente, os pais costumam reservar contato visual principalmente para determinadas ocasiões. Você consegue adivinhar quais são? Se você é como a maioria dos adultos, tende a fazer contato visual direto com seu filho com mais frequência quando está com raiva ou quando dá um sermão nele, economizando sua comunicação mais poderosa para as mensagens mais negativas.

É importante reconhecer que, em algumas culturas, fazer contato visual direto é considerado um sinal de desrespeito. Uma professora achou que uma criança estava sendo "sorrateira", evitando o contato visual, mas mudou de ideia quando entendeu o respeito que a falta de contato visual dessa criança transmitia em sua cultura nativa. Sua atitude mudou e ela se comunicou com muito mais eficácia com essa criança e sua família durante o resto do ano.

Postura e posição

Fazer contato visual com seu filho pode não ser tão simples quanto parece. Sem ajuda, seu filho tenderá a olhar para os seus joelhos! Se você quer se comunicar, desça ao nível dele. Ajoelhe-se ao lado dele, sente-se ao lado dele no sofá ou (contanto que você o segure) coloque-o em um balcão onde seus olhos possam encontrar os seus confortavelmente. Agora, você pode manter contato visual enquanto fala com ele e também elimina a diferença em tamanho e altura que às vezes é intimidadora. Esteja ciente de que sinais sua postura envia: braços ou pernas cruzados, por exemplo, podem indicar resistência ou hostilidade. Seu filho será rápido em perceber.

Susan estava tentando convencer sua filha Michele a compartilhar o que a estava perturbando.

"Vamos, querida", Susan disse gentilmente, "eu realmente quero ajudar". Michele hesitou e disse: "Mas você pode ficar com raiva de mim."

Susan sorriu encorajadoramente e respondeu: "Michele, eu prometo que eu não vou ficar brava. Eu me preocupo com você e quero que você possa me dizer qualquer coisa."

Michele pensou por um momento, depois olhou para o rosto de sua mãe. "Vou lhe dizer se você prometer não me olhar com os lábios apertados."

Pobre Susan – ela estava se esforçando para aceitar e amar incondicionalmente. Sua filha, no entanto, conseguiu ler a linguagem corporal, que traiu seus verdadeiros sentimentos. Quando as palavras de Susan e sua expressão corresponderem consistentemente, Michele se sentirá mais confortável para conversar honestamente com a mãe.

Tom de voz

Seu tom de voz pode ser a ferramenta não verbal mais poderosa de todas. Tente dizer uma frase simples, como "Não posso ajudá-lo", enfatizando uma palavra diferente a cada vez. Como o significado muda? Mesmo frases inofensivas como "Tenha um bom dia" podem se tornar venenosas se você escolher um tom de voz particularmente frio. Geralmente, é a maneira como você diz algo, e não as palavras que você usa, que transmite a mensagem. Lembre-se de que as crianças são especialmente sensíveis às nuances da comunicação não verbal.

Expressões faciais e toque

Quando você está se sentindo particularmente triste, ajuda quando um amigo sorri e dá um tapinha no ombro ou um abraço amigável? O jeito como você olha para seu filho e a maneira como você usa suas mãos podem comunicar de maneira muito eficaz sem que uma única palavra seja dita.

Tommy está encolhido no sofá, embaixo de um cobertor, sofrendo de um caso grave de gripe. Papai passa, ajusta o cobertor e gentilmente bagunça os cabelos de Tommy.

Algo foi comunicado? Provavelmente, Tommy sabe sem palavras que seu pai se preocupa com ele, quer ajudar e espera que ele se sinta melhor em breve. Pense em todos os aspectos da comunicação não verbal. Como você pode dizer "eu te amo" para o seu filho agora? Imagine o quão poderoso será se você se ajoelhar na frente dele, olhá-lo diretamente nos olhos, sorrir e em seu tom de voz mais caloroso disser: "Eu te amo." Agora, as palavras e as pistas não verbais combinam – e um grande abraço pode estar a caminho! A comunicação não verbal ensina as crianças sobre conexão, sentimentos e, finalmente, as palavras que os acompanham.

Validar os sentimentos

A validação de sentimentos requer uma escuta ativa (ou reflexiva). Essa é uma ferramenta eficaz de comunicação que será útil na criação de seu filho pequeno e (mais cedo do que você imagina) na do adolescente em que esse filho se tornará. A escuta ativa é a arte de observar e escutar sentimentos e mensagens não verbais, validando-os. Validar sentimentos não exige que você concorde com os sentimentos do seu filho, mas permite que ele se sinta conectado e compreendido – algo de que todas as pessoas precisam – e oferece uma oportunidade para explorar e esclarecer os impulsos misteriosos conhecidos como emoções.

Chrissy, de 4 anos de idade, entrou correndo pela porta da frente, batendo com tanta força a porta que os quadros bateram na parede, e logo explodiu em lágrimas. "Tammy pegou minha bola", ela lamentou. "Eu a odeio!" Então Chrissy se jogou no sofá em uma tempestade de lágrimas.

Sua mãe, Diane, levantou os olhos das contas que estava pagando. Resistindo ao impulso de repreender Chrissy por bater a porta, ela disse baixinho: "Você parece muito zangada, filha."

Chrissy ponderou por um momento. "Mãe", disse ela, melancolicamente, fungando um pouco. "Tammy é maior que eu. Não é justo ela tirar minhas coisas."

"Deve ser muito frustrante ser provocada por uma garota grande", disse Diane, ainda focada em refletir e validar os sentimentos de sua filha.

"Sim, estou brava", disse a garotinha com firmeza. "Eu não quero mais brincar com ela." Ela ficou em silêncio por um momento, observando Diane colocar selos em envelopes. "Mãe, posso ir brincar no quintal?"

Diane deu um abraço na filha – e muito mais.

Ao simplesmente refletir os sentimentos da filha e validá-los, Diane se absteve de dar um sermão, resgatar ou descontar esses sentimentos. Ela deu a Chrissy a oportunidade de explorar o que estava acontecendo com ela e, no processo, descobrir uma solução para seu próprio problema. Mais tarde, Diane poderá se envolver em alguma resolução de problemas com Chrissy para evitar problemas futuros – e, talvez, perguntar a ela o que ela poderia fazer para expressar sua raiva em vez de bater a porta.

Diane também mostrou respeito pelos sentimentos de sua filha. Os pais geralmente não concordam com (ou entendem completamente) as emoções de seus filhos, mas a escuta ativa não exige que você concorde ou compreenda completamente. Convida as crianças a se sentirem ouvidas e informa que não há problema em sentir o que sentem. Validar os sentimentos de uma criança com amor e compreensão abre as portas para a conexão real e a solução de problemas e trabalha para construir um relacionamento ao longo da vida de amor e confiança. Isso também nutre o desenvolvimento do sentimento de empatia e compaixão da criança.

Finja que essas afirmações são feitas por uma criança. Como você avalia sentimentos e transmite empatia?

- "Não! Eu não vou tirar uma soneca!"
- "Quero uma mamadeira igual à do bebê."
- "Detesto ir ao médico."
- "Ninguém me deixa brincar com eles."

Os pais muitas vezes tentam argumentar com uma criança sobre seus sentimentos, na esperança de fazê-la mudar de ideia ou ajudá-la a "se sentir melhor". Essas tentativas podem parecer assim:

- "É claro que você precisa tirar uma soneca; está acordado desde as seis. Eu sei como você está cansado."

- "Não seja bobo. Somente bebês usam mamadeiras. Você é um garoto grande agora."
- "Eu estou dizendo, você precisa ir ao médico para se sentir melhor."
- "Porque, querida, você sabe que tem muitos amigos! Que tal..."

Cada um desses exemplos pode deixar a criança se sentindo incompreendida e na defensiva.

A escuta ativa que demonstra empatia pode soar assim:

- "Você parece decepcionado por ter de parar de brincar com seus brinquedos. Você estava se divertindo muito."
- "Parece que você está se sentindo deixado de fora no meio de toda essa confusão por causa da sua nova irmãzinha. Você pode me dizer mais alguma coisa?"
- "Às vezes também sinto um pouco de medo de ir ao médico."
- "Você parece muito triste por ser ignorado pelas crianças mais velhas."

Essas respostas não fazem julgamentos e abrem a porta para as crianças explorarem seus sentimentos. Perguntar "Tem mais alguma coisa?" indica vontade de ouvir e pode ajudar a criança a descobrir sentimentos mais profundos e ocultos.

E a raiva?

Como os adultos, as crianças se sentem irritadas e frustradas de tempos em tempos. Afinal, há tanta coisa que uma criança pequena não consegue entender ou fazer. Infelizmente, as crianças pequenas ainda não têm as habilidades ou maturidade para expressar raiva e frustração de maneiras aceitáveis para os adultos – e é por isso que as crianças raivosas são geralmente vistas como crianças que se comportam mal. Adultos e crianças precisam encontrar maneiras positivas e aceitáveis de lidar com os sentimentos – mesmo os mais difíceis.

Quando você fica com raiva, algo interessante acontece no seu cérebro. O córtex pré-frontal – a parte responsável pela regulação emocional, controle de impulsos e bom senso – essencialmente se "desconecta", te deixando com sensações e sentimentos físicos. (Isso é comumente conhecido como "surtar", algo que todos os pais experimentam eventualmente.) Lembre-se de que os neurônios-espelho facilitam a captura de emoções fortes; quando você surta, é provável que seu filho faça o mesmo – e vice-versa. É impossível resolver problemas efetivamente sem o uso do córtex pré-frontal conectado, e é por isso que é tão importante fazer uma pausa positiva para esfriar a cabeça antes de tentar lidar com os problemas.

Quando uma criança fica com raiva, os adultos costumam chamar isso de "birra". Em vez disso, ofereça um abraço ou uma pausa positiva (e lembre-se de que uma criança pequena ainda não consegue lidar com emoções fortes de maneira madura). Às vezes, é mais útil simplesmente permitir que a criança se sinta zangada (sem resgatá-la ou tentar "consertar" seus sentimentos). Sua raiva acabará se dissipando e ela aprenderá uma lição sobre resiliência no processo. Quando os adultos saltam para resgatar crianças ou puni-las pela raiva, perdem essa oportunidade de permitir que seus filhos testem sua própria habilidade. Mais tarde, você pode fazer perguntas curiosas para ajudar seu filho a entender seus sentimentos e a descobrir soluções.

Pausa positiva: a arte de se acalmar

Você pode se perguntar como a ferramenta parental comum do "cantinho para pensar" se encaixa na abordagem da Disciplina Positiva. A maioria dos pais usa (em um estudo americano, 91% dos pais de crianças de 3 anos admitiram fazê-lo), mas poucos realmente entendem o que é ou a melhor forma de usá-lo com crianças pequenas.

A pausa *positiva* pode ser uma maneira extremamente eficaz de ajudar a criança (e os pais) a se acalmarem sem sentir vergonha ou dor, permitindo tempo para autorregulação. O "cantinho para pensar" é voltado para o passado, fazendo as crianças sofrerem pelo que fizeram. A pausa positiva permite que você se acalme até que vocês dois possam acessar a parte racional do seu cérebro, e ela é orientada para o futuro porque, quando as crianças se sentem encorajadas, podem aprender a tomar decisões positivas sobre autocontrole e responsabilidade.

Pode ser útil renomear esse "canto do pensamento" e eliminar as implicações de punição ou restrição. Deixe seu filho decidir como chamar a sua pausa positiva. Ele pode optar por "hora de relaxar" ou "lugar de sentir-se bem" ou até "minha fortaleza do conforto".[1] Você pode convidar seu filho para ajudá-lo a criar um lugar para fazer essa pausa positiva, providenciando itens para colocar nesse lugar que ajudem seu filho a se acalmar (brinquedos macios ou que possam ser apertados, um cobertor favorito etc.). É melhor não permitir telas.

Alguns pais e professores acreditam que criar um lugar para essa pausa positiva convida e premia as crianças pelo mau comportamento. Os adultos sábios percebem que todas as pessoas têm momentos em que estão chateadas demais para fazer o bem, e alguns momentos de pausa positiva (quando não é vergonha ou punição) permitem um período de autorregulação.

Uma escola de Educação Infantil usou a imagem de "esfriar a cabeça" literalmente. As crianças ajudaram a montar um canto da sala de aula com travesseiros e brinquedos fofinhos e o chamaram de "Antártica". Qualquer criança pode optar por ir para a Antártica para "esfriar a cabeça" quando precisar. O capricho desse espaço era atraente para as crianças, retirando qualquer conotação negativa e permitindo que se acalmar se tornasse uma positiva habilidade de vida. (Não seria ótimo se os adultos também tivessem uma Antártica para se acalmarem?) Certifique-se de que as crianças saibam que são bem-vindas a retornar do lugar da calma e da pausa positiva quando estiverem prontas.

Aqui estão vários pontos essenciais a serem considerados em relação à pausa positiva para crianças pequenas:

- *A pausa positiva não deve ser usada com crianças menores de 3 ou 4 anos.* Até as crianças atingirem a idade da razão, que começa por volta dos 3 anos de idade (e é um processo contínuo que até alguns adultos ainda não dominaram completamente), a supervisão e a distração são as ferramentas parentais mais eficazes.
- *Não "mande" as crianças para seu lugar de fazer a pausa positiva; permita que elas "escolham ir".* Quando seu filho se sentir desencorajado (comportando--se mal), você pode perguntar: "Te ajudaria ir para o seu lugar de se acalmar?" Se seu filho se recusar, pergunte se ele gostaria que você fosse com ele. (Lembre-se, o objetivo é ajudá-lo a se sentir melhor.) Se ele ainda se recusar, vá você mesmo para um lugar para se acalmar, modelando como fazer a pausa positiva até se sentir melhor.
- *A pausa positiva é mais eficaz quando oferecida como uma das várias opções.* Pergunte: "O que te ajudaria mais agora: você a ir para o seu espaço da calma ou nós respirarmos fundo juntos?" Quando as crianças não têm

escolha, até a pausa positiva pode se transformar em uma disputa por poder, com um adulto tentando fazer com que uma criança resistente fique em uma área que parece uma punição para ela, não importa como o adulto a chame.

- *As crianças se saem melhor quando se sentem melhor.* Emoções fortes podem parecer esmagadoras para uma criança pequena. A pausa positiva lhes dá a oportunidade de se acalmar e recuperar o fôlego, para que elas possam trabalhar junto de você na resolução do problema. Lembre-se de que o objetivo é que vocês dois se sintam melhor para poderem escolher um comportamento melhor – eventualmente.

- *Nenhuma ferramenta parental funciona o tempo todo.* Certifique-se de ter mais do que a pausa positiva na sua caixa de ferramentas. Nunca existe uma ferramenta – ou três, ou mesmo dez – que seja eficaz para todas as situações e para todas as crianças. Encher sua caixa de ferramentas parentais com alternativas eficazes e não punitivas o ajudará a evitar a tentação de punir quando seu filho o desafiar – e ele sem dúvida o fará.

- *Lembre-se sempre da fase de desenvolvimento e das capacidades do seu filho.* Compreender o que é (e o que não é) comportamento apropriado à idade o ajudará a não esperar coisas que estão além da capacidade do seu filho.

A pausa positiva pode ser uma ferramenta parental eficaz e apropriada quando usada para ensinar, encorajar e acalmar.[2]

A importância da alfabetização emocional

Michael Thompson, Dan Kindlon, William Pollock e outros pesquisadores descobriram que, como nenhuma criança nasce com um "vocabulário emocional", pode ser ainda mais importante que os pais usem palavras que descrevam emoções com seus filhos. Os meninos geralmente desenvolvem habilidades emocionais mais lentamente que as meninas; além disso, as culturas ocidentais costumam rotular sentimentos como medo, tristeza ou solidão como "fracos" e incentivam os meninos a reprimi-los, às vezes não deixando alternativa emocional senão a raiva. O uso de uma linguagem simples e precisa para refletir e descrever emoções ensina seu filho a identificar o que sente e permite que, com tempo e prática, use palavras em vez de comportamento para expressá-las.

Como ajudar uma criança a reconhecer e gerir sentimentos

Aqui estão algumas maneiras pelas quais você pode ajudar uma criança a explorar e expressar emoções fortes.

- Convide a criança a desenhar uma imagem de como ela se sente com essa emoção. Tem cor? Tem um som?
- Peça à criança para contar e não demonstrar o que ela está sentindo. Como a maioria das crianças não tem consciência de seus sentimentos e podem não ter palavras para descrevê-los com precisão, tente fazer perguntas simples de sim ou não sobre os sentimentos: "Parece que você pode estar se sentindo magoado e quer se vingar." "Você está tendo dificuldade em segurar sua raiva dentro de você?" Quando você estiver certo ao adivinhar os sentimentos dele, seu filho se sentirá validado e aliviado por ser compreendido.
- Pergunte à criança o que ela percebe que acontece em seu corpo quando ela fica realmente brava. Como a raiva desencadeia reações físicas (a adrenalina é liberada, a frequência cardíaca e a respiração aumentam, os vasos sanguíneos se expandem e assim por diante), a maioria das pessoas sente raiva *fisicamente*. Se seu filho relatar que seus punhos cerram, ou sente um nó no estômago, ou seu rosto está quente (todas as respostas comuns), vocês podem trabalhar juntos para ajudá-lo a reconhecer quando está ficando com muita raiva e ensinar maneiras de se acalmar antes que a raiva fique fora de controle. (Os adultos também podem se beneficiar prestando atenção às dicas do seu corpo.)
- Mantenha um quadro com as expressões de sentimentos da Disciplina Positiva à mão e consulte-o com a criança, perguntando: "Um desses rostos mostra como você se sente?"[3] Isso é especialmente útil em ambientes educativos e escolas, onde pode servir como uma ferramenta de aprendizado para todas as crianças.
- Forneça uma maneira aceitável de lidar com a raiva. Você pode ajudar seu filho a expressar seus sentimentos fisicamente, correndo pelo quintal, socando um "saco de lixo" ou até fingindo ser um dinossauro feroz. (Fique perto para conversar sobre esses sentimentos fortes enquanto seu filho os expressa.) Algumas escolas têm uma "caixa da raiva": uma caixa de papelão na altura do joelho onde uma criança com raiva pode ficar em pé, pular ou gritar quando está chateada. (Às vezes, os professores também a usam.)

- Ensine uma técnica de respiração lenta. Uma das ferramentas mais úteis de todas é a respiração lenta e concentrada, algo que uma criança (ou adulto) pode fazer a qualquer hora e em qualquer lugar. Pratiquem inspirar e expirar enquanto contam lentamente até quatro em cada inspiração e expiração. Façam isso por várias respirações. Uma criança pequena pode aprender a respirar como se estivesse cheirando flores e expirando, como se estivesse soprando velas de aniversário. Uma criança mais velha pode aprender a medir o pulso e descobrir como a respiração lenta também diminui o batimento cardíaco. Que descoberta emocionante e empoderadora!
- Use livros e gravuras para iniciar discussões sobre raiva e outras emoções. Dois livros excelentes, em inglês, sobre raiva e emoções são: *Sometimes I'm Bombaloo*, de Rachel Vail (Nova York: Scholastic, 2002), e *The Way I Feel*, de Janan Cain (Seattle: Parenting Press, 2000). Imagens de pessoas que demonstram sentimentos diferentes são úteis porque ensinam as crianças a reconhecer sinais de linguagem facial e corporal (que ajudam no desenvolvimento da empatia), bem como a nomear esses sentimentos. (Essa técnica é melhor quando você e seu filho estão calmos e podem conversar juntos sobre o que aprendem.)
- Ajude seu filho a criar uma roda de escolha da raiva. Então, ele poderá escolher algo da roda que ele acha que o ajudaria a expressar sua raiva de maneira não destrutiva. Use qualquer uma das ideias listadas aqui e adicione as suas. (Uma palavra de cautela: verifique se todas as opções na sua roda da raiva são aceitáveis para você.)[4]
- Deixe seu filho ter a última palavra. Não é útil tentar convencer uma criança de seus sentimentos ou tentar consertar as coisas para ela. Tenha confiança em seu filho; deixe seus sentimentos seguirem seu curso e, quando ele estiver calmo, concentre-se no ensino de habilidades para que ele possa procurar soluções para seus problemas. Seu silêncio fornece um meio para encerrar a discussão e impedir que ela se agrave, além de modelar o autocontrole.

Os conflitos têm uma maneira de aumentar rapidamente quando muitas crianças pequenas estão envolvidas. Os professores podem achar útil praticar maneiras de neutralizar a raiva ou permitir que grupos de crianças brinquem de "fazer de conta" sobre o que acontece quando elas ficam com raiva. Falar com antecedência sobre emoções e ensinar ativamente habilidades para gerenciá-las pode dar a todos, crianças e professores, um plano a seguir quando surgirem sentimentos fortes. A roda da escolha da raiva da sala de aula é uma ferramenta útil para modelar e discutir comportamentos apropriados e fornecer ideias para lidar com essa forte emoção.

A raiva não é a única emoção difícil com a qual as crianças pequenas precisam aprender a lidar. Ao praticar a escuta ativa, validar sentimentos, dedicar tempo para entender e usar algumas das ideias acima, os adultos também podem ajudar as crianças a desenvolver a autoconsciência e a lidar honestamente com seus sentimentos.

Conexão antes da correção

Pais e professores também podem praticar separar uma criança de seu comportamento. Você pode tranquilizar seu filho sobre o lugar dele em seu coração e encorajar seus esforços para entender o mundo dele, enquanto ainda ensina a ele que certos comportamentos ou ações não são aceitáveis. Chamamos isso de "conexão antes da correção". Por exemplo:

- "Eu te amo e não posso permitir que você me chute quando estiver com raiva."
- "Fico feliz que você queira aprender sobre a cozinha, e você não pode derreter seus lápis de cor no fogão."
- "Agradeço sua ajuda, e você não tem idade suficiente para consertar o aspirador de pó."

Ação é uma ferramenta de ensino mais eficaz para crianças pequenas do que palavras. Se seu filho estiver em risco de se machucar ou em perigo, aja primeiro – com gentileza e firmeza – e fale depois.

O tempo que você gasta

Outra maneira pela qual os pais comunicam amor e carinho é a forma como eles passam o tempo. Seu filho precisa saber que você o considera importante o suficiente para passar um tempo com ele – e não leva muito tempo para fazer isso. Passar um tempo regular e focado individualmente com uma criança, algo que chamamos de "momento especial", é uma das coisas mais importantes que você pode fazer pelo seu filho.

Se você tiver a sorte de ser pai de uma criança pequena, terá uma oportunidade de ouro. O melhor momento para começar a construir um relacionamento de confiança e abertura não acontece depois que seu filho se torna adolescente e de repente você percebe a gravidade dos problemas; a hora é *agora*, enquanto ele é pequeno. O tempo gasto conversando com seu filho, ouvindo seus devaneios, pensamentos e sentimentos, ensinando-lhe sobre a vida e simplesmente sendo humano juntos é um investimento no futuro do qual você nunca se arrependerá.

Se você é um professor de Educação Infantil, lembre-se de que o tempo que seus alunos passam com você molda a maneira como eles veem o mundo deles – você realmente toca o futuro quando ensina crianças pequenas. Tanto para os pais como para os professores, dedicar um tempo para entender as emoções e expressá-las de maneira positiva o ajudará a construir relacionamentos em que o amor e a confiança possam florescer.

PERGUNTAS PARA REFLETIR

1. Observe o que acontece quando você fala com seu filho. Faça a si mesmo estas perguntas:
- Estou à altura dos olhos dele?
- Faço contato visual?
- De que maneira chamei a atenção dele antes de falar?
2. Sem tentar consertar ou mudar as emoções de seu filho, reflita sobre o que ele pode estar sentindo.
   Dica: Imagine que você está segurando um espelho e, enquanto seu filho expressa sua angústia, use esse espelho para refletir o que estiver acontecendo.
3. Crie uma roda de escolha da raiva com seu filho, listando as coisas que ele pode fazer quando sentir raiva. Veja o exemplo na p. 93 ou, para obter mais ideias, consulte "Anger: Everybody Simmer Down" in *Top Ten Preschool Parenting Problems*, de Roslyn Ann Duffy (Redmond, WA: Exchange Press, 2007). Usando materiais de arte, projetem e decorem a roda juntos. Exiba a roda completa em um local conveniente, onde vocês dois possam consultá-la quando estiverem chateados.

7

"VOCÊ NÃO PODE VIR À MINHA FESTA DE ANIVERSÁRIO": HABILIDADES SOCIAIS PARA CRIANÇAS ENTRE 3 E 6 ANOS

"Você quer ser minha amiga?" Toda professora da Educação Infantil já ouviu esse apelo. A necessidade de uma criança por amizade e habilidades sociais é uma das partes mais importantes da aprendizagem socioemocional. Os adultos que se importam podem oferecer treinamento, paciência e encorajamento durante esse período, um período frequentemente repleto de rostos marcados, brinquedos arremessados e cabos de guerra ferozes.

O que significa amizade para crianças pequenas?

Quando as crianças têm 2 anos ou menos, elas realmente não têm amigos, mesmo que se encontrem cercadas por colegas de classe em escolas, filhos de conhecidos dos pais ou vizinhos com os quais elas se sentam para brincar enquanto os adultos socializam.

Por volta dos 3 anos de idade, as amizades começam a surgir; muitas vezes são organizadas por adultos e podem ser fugazes, mas as sementes do relacionamento real foram plantadas, e algumas crianças começam a construir conexões reais com os colegas. Aos 4 anos, as crianças começarão a construir amizades mais duradouras, geralmente com dois ou três companheiros favoritos.

Aprender para crianças entre 3 e 6 anos geralmente parece envolver opostos – eles aprendem uma habilidade e seu oposto ao mesmo tempo. No caso de amizade, isso significa que o florescimento da conexão por meio da amizade também traz consigo um lado negativo – o da exclusão. Não há maior declaração de amizade de uma criança nessa fase do que "Você pode vir à minha festa de aniversário". Ela está dizendo: "Gosto de você o suficiente para compartilhar o dia mais importante do meu mundo: a celebração de mim!" Infelizmente, as crianças também aprendem que deixar outra criança de fora fornece uma sensação de poder ou oportunidade de vingança.

Dinâmica amigável (e não tão amigável)

Rose tem 4 anos e meio. É junho, e seu aniversário é só em dezembro. Mesmo assim, dificilmente passa um dia em que Rose não convide ou "desconvide" alguém da escola para sua festa de aniversário. Quando um pai entra para discutir a matrícula da filha, Rose imediatamente vai até a nova menina e diz: "Eu vou fazer 5 anos. Você pode vir à minha festa." Pouco tempo depois, no entanto, quando a amiga de Rose, Ilsa, não compartilha sua fantasia, Rose projeta seu lábio inferior e anuncia com uma voz sombria: "Você não pode vir ao meu aniversário!" Ilsa treme com essa ameaça e rapidamente entrega um dos lenços.

Convites de aniversário (ou a ameaça de sua retirada) são uma ferramenta social precoce. Eles representam uma oferta de companhia e aceitação mútuas – e o contrário, uma rejeição momentânea. Como as crianças nessa idade nao sao qualificadas em identificar e dizer como se sentem, essa ameaça da festa de aniversário (e outras semelhantes) serve a dois propósitos. Ela significa: "Estou bravo, triste ou chateado de alguma forma." O convite de aniversário também serve como uma ferramenta para manipular outras pessoas para atender o desejo de alguém: "Se você não me deixar usar o balanço, não poderá vir ao meu aniversário." À medida que as crianças amadurecem e adquirem habilidades socioemocionais, aprendem a interagir cooperativamente – em especial quando pais e professores demonstram respeito, cooperação e bondade por elas.

Sergio e Kenneth têm 5 anos e são melhores amigos. Cada um observa a chegada do outro na escola de manhã. Eles se cumprimentam rolando pelo chão em combate simulado, ou rapidamente fogem para começar uma nova torre de Lego. Eles querem se sentar um ao lado do outro na hora do grupo, e seu professor às vezes precisa lembrá-los de que, se não puderem se sentar juntos quietos, terão de ficar separados. Sergio e Kenneth ficam juntos o dia todo; eles têm uma maravilhosa e importante amizade precoce.

Um problema comum se desenvolve quando três crianças são amigas e uma fica de fora. No dia seguinte, os sentimentos de mágoa geralmente são resolvidos e a amizade continua a prosperar, enquanto os pais ainda podem estar sofrendo com a "rejeição" de seu filho. Curiosamente, o gênero também parece influenciar as interações sociais. Vários estudos mostraram que as meninas têm maior probabilidade de usar relacionamentos e rejeição como formas de agressão, enquanto os meninos têm mais chances de brigar ou discutir – e fazer as pazes rapidamente.

Hal, Aaron e Shelley se perseguem pelo parquinho e são um trio inseparável. Shelley é claramente a líder desse trio; ela é frequentemente quem escolhe o jogo a ser jogado e faz as regras. O sábio professor sabe que, se ele quer que esses três se interessem por uma nova atividade, a única a convencer é Shelley.

Amizades especiais formam fundamentos importantes para muitas das relações da vida e fornecem um meio para as crianças experimentarem diferentes papéis. Só porque Aaron escolhe seguir o exemplo de Shelley agora, por exemplo, não significa que ele nunca será um líder. É apenas um dos papéis que ele está experimentando.

As habilidades sociais não surgem sem prática, e haverá muitos gritos de queixa e rostos chorosos. Se os adultos se concentrarem em ajudar as crianças a se sentirem influentes e capazes, em vez de resgatar ou arbitrar, essas crianças adquirirão as habilidades sociais necessárias para alcançar a sensação de pertencer a um mundo de relacionamentos.

DESENVOLVIMENTO DAS AMIZADES: "VOCÊ NÃO PODE VIR À MINHA FESTA!"

Idade	Nível de amizade	Detalhes
2 ou menos	Sem amizade verdadeira	Cercados pelos colegas ou filhos dos amigos dos adultos Brincam e exploram muitas vezes sozinhos
2–3	Alguma interação Alguma brincadeira paralela	Os outros são objeto de curiosidade Começo das habilidades sociais e das primeiras amizades
3	Amizades tomam forma e força	A maioria das interações são organizadas por adultos Começo da conexão com colegas
4	Amizades mais duradouras	São amigos de 2 ou 3 crianças favoritas Desejo de iniciar e manter a brincadeira com amigos
5	Amizades verdadeiras	Amigos escolhidos por eles Proximidade especial de 1 amigo (ou círculo de amigos) Emoções fortes; dinâmicas difíceis que incluem exclusão

Hora da brincadeira: um palco para a socialização

A brincadeira infantil é, na verdade, um laboratório em que estão sendo realizadas pesquisas intensivas sobre papéis e relacionamentos. Ainda assim, haverá momentos difíceis, e a maioria dos pais e cuidadores podem contar histórias como esta:

Amani, de 4 anos, chegou em casa uma tarde com seu joelho arranhado e sangrando; sua melhor amiga, Jamie, empurrou-a para fora do balanço. O primeiro instinto de sua mãe foi ligar para a professora da escola e se queixar. Afinal, a equipe não deveria estar assistindo as crianças?

Felizmente para Amani, sua mãe estava mais interessada em ajudá-la a aprender habilidades de vida do que culpar os outros por conflitos sociais. Ela se sentou ao lado de Amani e perguntou: "Querida, você pode me dizer o que aconteceu?"

"Jamie saiu do balanço e eu entrei. Ela não estava mais usando." – Amani choramingou.

Mamãe segurou um sorriso, de repente percebendo para onde essa história poderia estar indo. "Você sabe por que Jamie saiu do balanço?"

"Para pegar seu casaco", foi sua resposta calma.

Como mamãe suspeitava, quando Jamie voltou com a jaqueta, encontrou Amani no balanço "dela" e a empurrou.

Mamãe levou um momento para validar os sentimentos de sua filha. "Aposto que foi assustador quando Jamie te empurrou. Talvez você tenha sentido que ela não era mais sua amiga."

O lábio de Amani tremia: "Uh-huh", disse ela, e começou a chorar. Quando o choro diminuiu e ela se sentiu melhor, Amani e sua mãe exploraram o que havia acontecido. Mamãe perguntou se Amani poderia ter feito algo diferente em vez de entrar no balanço quando Jamie saiu. Amani pensou por um momento e decidiu que ela poderia ter segurado o balanço até Jamie voltar.

"O que poderia ter acontecido se você segurasse o balanço para Jamie?" Mamãe perguntou.

"Jamie teria sentado", disse Amani.

"Jamie teria te empurrado?"

Amani balançou a cabeça. Ela podia ver que os resultados teriam sido diferentes se ela tivesse se comportado de maneira diferente. Mamãe concordou que Jamie estava errada em empurrar Amani, e ela ajudou a filha a entender que ela poderia ter dito a Jamie claramente: "Não empurre."

Mamãe ajudou Amani a entender que ela tem escolhas que podem afetar o resultado de uma situação. Em outras palavras, Amani tem poder pessoal e influência. Conversando sobre isso com Amani, em vez de correr para resgatá-la, a mãe de Amani a ajudou a se sentir capaz.

É importante que os pais evitem treinar os filhos para se verem como vítimas, incapazes de mudar ou afetar o que lhes acontece. Correr para ligar (e culpar) a escola de sua filha poderia ter incentivado sua filha a desenvolver uma "mentalidade de vítima". Amani está aprendendo a interagir em situações sociais, e pais e professores podem ajudá-la a explorar por si mesma o que está acontecendo, como ela se sente a respeito, o que está aprendendo com essa situação e quais ideias ela tem para resolver o problema. Os adultos podem ajudar as crianças a aprender com essas primeiras experiências de amizade que elas têm poder e que as escolhas que fazem na vida afetam o que acontece com elas.

Vítimas e agressores

Já na escola de Educação Infantil, no entanto, as crianças aprendem a usar a exclusão e as ameaças físicas para obter e manter o controle sobre os outros.

"Você não pode vir à minha festa de aniversário"

Esses comportamentos plantam as primeiras sementes do *bullying*. Quando os adultos resgatam, eles podem involuntariamente incentivar as crianças a se tornarem vítimas. E os agressores precisam que as vítimas sejam bem-sucedidas.

Marcie soube que poderia receber muita atenção quando se queixou à mãe de que outra criança a havia atingido. A mamãe poderia ter abraçado, chamado a filha de "meu pobre bebê" e depois ligado para a escola ou vizinha (se o incidente tivesse acontecido na casa de uma amiga), enfurecida por não ter havido supervisão adequada para "proteger" Marcie. A professora ou vizinha prometeria ser mais vigilante.

Uma semana depois, o professor de Marcie, Joe, viu algo muito diferente no parquinho. Enquanto Joe observava de um canto do parquinho, ele viu Marcie tropeçar e cair. Quando Joe foi ajudá-la, Marcie disse: "Bobby me empurrou." Joe ficou surpreso. Bobby não estava em nenhum lugar próximo. Marcie decidiu que gostava da pena e da atenção de ser vítima e estava preparada para mentir para conseguir essa atenção outra vez.

Como Joe pode ajudar Marcie? Marcie precisa de ferramentas que a capacitem.

- Ela pode aprender a dizer: "Pare! Não me bata."
- Ela pode pedir ajuda a um adulto, e o adulto pode treinar Marcie para expressar seus sentimentos: "Isso me machucou. Eu estou com raiva."
- O adulto pode ajudar Marcie a dizer o que quer: "Quero brincar sem apanhar ou me machucar."

Concentrando-se em métodos saudáveis de resolução de problemas e ensinando as crianças a entender e expressar seus sentimentos, você pode evitar o *bullying* em vez de reforçá-lo.

Outras habilidades de resolução de problemas incluem nomear e expressar seus sentimentos em palavras e aprender a ter empatia pelos outros. As crianças também podem aprender a importante habilidade de se concentrar em soluções (em vez de culpa). Empatia e compaixão continuarão a se desenvolver ao longo da infância e adolescência e podem ser incentivadas durante esses primeiros encontros de amizade. Muitas dessas habilidades são aprimoradas por meio de reuniões de família e de classe (ver Capítulo 17).

Os primeiros anos na escola são um bom momento para falar abertamente sobre assédio moral. Durante uma reunião de família ou classe, você pode convidar as crianças a falar sobre como os outros se sentem quando alguém é cruel com eles, por que eles acham que alguém pode escolher um comportamento de *bullying* e como resolver o problema.

Em uma escola de Educação Infantil, as crianças frequentemente expressavam raiva de Joshua por derrubar suas torres de blocos e pisar em seus castelos de areia. Joshua era relativamente novo na escola e fez poucos amigos por causa de seu comportamento agressivo. Um dia, Joshua estava ausente, e a professora decidiu usar isso como uma oportunidade para ajudar seus alunos a praticar a compaixão e a resolução de problemas. Durante uma reunião de classe, ela perguntou: "Por que vocês acham que Joshua faz coisas que magoam os sentimentos de outras pessoas?"

Uma garotinha observadora disse: "Talvez ele não tenha nenhum amigo."

Outro disse: "Talvez ele não tenha aprendido a usar suas palavras."

A professora então perguntou: "Quantos de vocês estariam dispostos a ajudar Joshua?" Todas as crianças levantaram as mãos. (As crianças adoram a oportunidade de ajudar.)

A professora disse: "Vou conversar com Joshua e perguntar se ele estaria disposto a se juntar a nós no *brainstorming* de soluções para esse problema. Enquanto isso, o que vocês poderiam fazer para ajudar Joshua?"

Várias crianças sugeriram que seriam seus amigos e convidariam Joshua para brincar com elas. Elas também decidiram que podiam dizer a ele como se sentiram quando ele destruiu as coisas e pedir que ele parasse – ou pedir que as ajudasse a reconstruir e brincar juntos.

A professora decidiu ver como o plano deles funcionava antes de conversar com Joshua e descobriu que o problema diminuiu tanto que ela não precisava mais mencioná-lo. A agressividade de Joshua começou a transformar-se em liderança; ele ofereceu muitas sugestões para resolver outros problemas que surgiam na pauta da reunião de classe. Ele aprendeu a se sentir pertencente por meio dos esforços das crianças em fazer amizade com ele e a usar seu poder de maneiras úteis.

"Mas ninguém gosta de mim"

As amizades das crianças são laboratórios de habilidades sociais – e nem todos os experimentos terminam bem. Sentimentos feridos vêm com o território. Quando você puder ajudar as crianças a aprenderem com seus erros, estará ensinando-as a se sentirem capazes e competentes.

> Carla tem 4 anos. Um dia, quando sua mãe a está preparando para ir à escola, Carla resiste. Ela diz que não quer ir porque não tem amigos e ninguém gosta dela.

Além de fazer perguntas curiosas para descobrir mais sobre por que ela acredita nisso, os pais e professores de Carla devem descobrir o que realmente está acontecendo. Se, de fato, Carla não tiver companheiros nas brincadeiras, os adultos de sua vida podem ajudá-la a entender o porquê. Uma criança que machuca outras pessoas ou que se recusa a cooperar nos jogos não é um companheiro de brincadeira bem-vindo, mas essas crianças podem aprender maneiras mais eficazes de se relacionar com seus colegas.

Crianças que são bem-sucedidas nas relações sociais geralmente aprendem a assistir uma brincadeira em andamento e depois se juntam, criando um papel para si mesmas. Angela, por exemplo, passou alguns momentos assistindo seus colegas brincarem de casinha, depois se ofereceu para assar biscoitos para os outros. Ela discretamente se mistura à brincadeira em andamento.

Erica é menos hábil em fazer isso. Ela vira para um grupo de crianças e diz: "Posso brincar?" Eles costumam dizer não, porque não querem ser interrompidos, tendo de criar um papel para Erica. Ajudar uma criança a desenvolver habilidades sociais e a encontrar pertencimento no seu grupo de coleguinhas – é uma necessidade que, se não for atendida, pode resultar em equívocos em comportamentos como atenção, poder, vingança e inadequação (mais sobre isso no Capítulo 10).

Uma criança como Carla pode realmente ser uma companheira de brincadeira bem-vinda que simplesmente não se vê assim. As reuniões de classe podem ser úteis para lidar com essa situação na escola, mas os pais, confrontados com esse dilema, podem precisar de uma abordagem diferente. Por exemplo, o pai de Carla pode perguntar a ela: "O que faz você acreditar que as outras crianças não gostam de você?" ou "O que você acha que significa ser amigo de alguém?" Juntos, eles podem explorar as percepções de amizade que Carla tem e depois examinar suas experiências. "Notei que hoje Adrian pediu que você brincasse com ele. Por que você acha que ele fez isso?" Carla agora tem a oportunidade de comparar suas percepções com o que realmente aconteceu. Os professores também podem oferecer informações sobre experiências positivas que aconteceram durante o dia.

Amigos para brincadeiras

O amigo para brincadeiras se tornou parte da vida moderna. As crianças geralmente não têm muitos irmãos ou outras crianças que moram nas proximidades, e convidar uma criança para brincar é uma maneira de nutrir amizades e proporcionar prática de habilidades sociais. As crianças sentem um maior senso de proximidade quando passam tempo juntas em diferentes configurações. Os pais de Carla poderiam convidar uma de suas colegas de escola para ir ao zoológico com eles ou talvez passar uma tarde de sábado brincando com a nova casinha de Carla. O aumento da proximidade que resulta disso frequentemente se traduzirá em mais tempo de brincadeira na escola também.

Leyla, de 6 anos de idade, entrou pela porta anunciando: "Meu amigo está aqui para uma brincadeira!" Ela estava sem fôlego de tanta emoção, e sua amiga Zoya também. Elas correram pela casa e Leyla mostrou alegremente à amiga cada cômodo. Até a mãe de Leyla, Fauziah, estava animada, embora um pouco ansiosa. Zoya estava na turminha de Leyla em sua nova escola. Fauziah normalmente conhecia os amigos de Leyla da mesquita ou porque eram amigos da família. Foi a primeira vez em que Leyla formou uma amizade sozinha. A brincadeira de Leyla com Zoya marcou uma referência importante no desenvolvimento social de Leyla.

O amigo "não tão amável"

Às vezes, as crianças escolhem amigos que representam um problema para os pais. Às vezes, seu filho não gosta ou briga ativamente com um amigo – ou você pode não se importar com o comportamento do seu filho quando está com um companheiro de brincadeira em particular. Se a amizade de seu filho resultar em comportamento ou agressividade excepcionalmente desordeiros, é útil definir expectativas claras.

Ben adorava brincar com Marty, que morava na mesma rua que a sua. Marty era um rapazinho bruto e que gostava de brincar de lutas. Os meninos de 4 anos inevitavelmente acabavam correndo de forma imprudente pela casa ou lutando no gramado, e mais de uma vez os brinquedos foram quebrados e Ben voltou arranhado, ralado e machucado. A mãe de Ben não estava feliz com essa amizade, especialmente porque Marty era a única criança com quem esse tipo de brincadeira acontecia. A mãe de Ben decidiu não resgatar Ben, mas elaborar diretrizes claras sobre o que ela permitiria quando os meninos brincassem em sua casa.

Numa manhã tranquila, mamãe se sentou com Ben e explicou seus sentimentos e preocupações com a segurança dos meninos. Ela então explicou claramente suas expectativas para Ben, gentilmente pedindo que ele as repetisse de volta para ela, para ter certeza de que ele entendia.

Ela estabeleceu três regras: sem palavrões, sem tirar sarro das pessoas e sem brincadeiras violentas. Mamãe e Ben concordaram que, quando Ben ou Marty optassem por não seguir as regras, Marty teria de ir para casa. Marty esperaria no escritório e Ben esperaria em seu quarto até a mãe de Marty vir buscá-lo.

O plano foi discutido com Marty e sua mãe, que concordaram com as regras. Agora, as duas mães precisavam planejar maneiras de agir de acordo com o plano, quando necessário. É da natureza de todo aprendizado (e das crianças) que Ben e Marty precisariam ver se o plano era "para valer". Eles brincaram bem uma ou duas vezes, mas eventualmente as regras precisavam ser testadas.

É claro que chegou o dia em que Ben se juntou a Marty subindo na bancada. Ben se recusou a descer quando sua mãe pediu e lançou um "Você é uma chata!"

Ben teve a opção de caminhar até o quarto ou ser levado para lá. Mamãe apontou gentilmente, mas com firmeza, o sofá, onde Marty podia esperar sua mãe. Não houve lembrete ou aviso necessário, pois os dois meninos conheciam as expectativas e as consequências. A mãe de Marty chegou à porta da frente rapidamente e escoltou Marty para casa. Agora, os dois garotos haviam aprendido que seus pais realmente estavam falando sério e que seu comportamento teria de mudar. Caso contrário, Ben e Marty perderiam a oportunidade de brincar na casa um do outro.

"Ei, olhe para mim!": exibindo-se

Algumas crianças parecem ter herdado os "genes do pavão". Elas agem como se "se exibir" fosse a melhor maneira de ter sucesso com os outros.

PERGUNTA: *Meu filho de 4 anos parece esquecer totalmente tudo o que ensinamos a ele quando se reúne com seus colegas. Ele fica tão empolgado por estar com eles que tenta se comportar mal intencionalmente na presença deles. Ele parece surdo com todos os adultos e só para de rir se elevarmos nossas vozes muito alto. Que ação podemos tomar para impedir esse comportamento?*

RESPOSTA: Seu filho está se interessando mais por interagir com os colegas do que por prestar atenção aos adultos, o que é apropriado para seu desenvolvimento. Compreender esse fato o ajudará a decidir como responder a esse "exibicionismo".

Provavelmente seria bom parar de usar sua voz mais alta. Quando você quiser a atenção do seu filho, gentilmente o chame de lado, desça na altura dos olhos dele e estabeleça contato visual. Explique o problema, o que você gostaria que ele fizesse e o que *você* fará.

Por exemplo, explique que os gritos em ambientes fechados devem parar. Que se eles continuarem, você terá de levá-lo para casa. Se você não estiver realmente disposto a sair, talvez possa ir para outra sala com ele, onde ele pode se acalmar antes de voltar a brincar. Esse plano só funcionará se você puder falar com ele de forma respeitosa e particular, para que ele não fique tentado a continuar se comportando mal por vergonha – e se você seguir com seu plano adiante.

Brigas entre irmãos

A família costuma ser o laboratório onde as crianças experimentam habilidades sociais – e irmãos e irmãs são os porquinhos-da-índia. É emocionante ver

Timmy, de 18 meses, ir até sua irmã de 4 anos e dizer: "Tiamu, Bef". Não é tão emocionante assistir Timmy puxar o cabelo de Beth quando ela tenta resgatar seu livro favorito das garras dele. Quando as crianças têm de 3 a 6 anos, a luta entre irmãos é o resultado de suas habilidades sociais imaturas, formas equivocadas de encontrar um sentimento de pertencimento e significado na família e as reações dos adultos envolvidos.

O treinamento de habilidades sociais é importante para os irmãos, principalmente por causa do aspecto único que compartilhar (e disputar) o amor e a atenção dos pais traz para seus conflitos. (Lembre-se de que a luta entre irmãos não é a mesma coisa que rivalidade entre irmãos. A rivalidade entre irmãos é sobre as decisões que cada criança da família toma com base em sua ordem de nascimento e papel na vida familiar – e pode ser uma base oculta para brigas entre irmãos.)

É útil quando os pais aprendem a enxergar a briga entre irmãos como aquilo que ela geralmente é. As crianças às vezes discutem ao investigar sua relação umas com as outras. Os pais podem ficar de fora da função de salvador simplesmente saindo da sala. Ficar um momento em silêncio em outro lugar elimina o público – e às vezes a luta.

Se o nível de ruído e o medo do caos forem grandes demais para serem ignorados, tente dar um grande abraço nas crianças. "O quê?", você pode dizer. "Recompensá-los por lutar?" Não exatamente. Se seus filhos estão competindo por sua atenção, tente dá-la de maneira inesperada. Enquanto os abraça, diga: "Aposto que vocês dois queriam a minha atenção agora. Da próxima vez, tentem me dizer com suas palavras em vez de se machucarem." Agir de forma inesperada pode fazer com que as crianças prestem mais atenção às suas palavras – e abraços são quase sempre bem-vindos.

É importante tratar irmãos brigando da mesma maneira. Convide as duas crianças a dar um tempo positivo para se acalmarem. Não tente ser juiz e o júri; preocupe-se em descobrir o culpado quando estiver lendo um livro de mistério, não ao criar seus filhos. Quando seus filhos estiverem calmos e prontos para se darem bem, eles podem sair do lugar para se acalmarem. Você mudou a mensagem de "quem é mais amado" para "machucar um ao outro não é bom".

PAIS COM FILHOS QUE BRIGAM PODEM USAR UMA DESSAS TRÊS OPÇÕES

- *"Cair fora"*. Você pode optar por sair da área. É incrível quantas crianças param de brigar quando perdem a plateia. Não se surpreenda se elas te seguirem. É por isso que Rudolf Dreikurs sugeriu que o banheiro é o cômodo mais importante da casa – às vezes, é o único lugar com uma fechadura na porta. Se seus filhos baterem na porta, você pode entrar no chuveiro ou encher seus ouvidos com lencinhos enquanto lê um bom romance. (Se você escolher esse método, é uma boa ideia dizer antecipadamente aos seus filhos que é isso que você fará quando eles brigarem.) Em seguida, convém discutir brigas e resolução de problemas em uma reunião de família.
- *"Aguentar firme"*. Esta é a opção mais difícil, porque significa ficar na mesma sala sem pular para encerrar a luta ou resolver o problema. Quando as crianças estão brigando em um carro, "aguentar firme" pode significar dirigir até o acostamento e ler por um tempo, dizendo a seus filhos: "Eu dirijo assim que vocês estiverem prontos para parar de brigar." A parte difícil é manter a boca fechada até que eles digam que estão prontos.
- *"Terminar a luta"*. Se as coisas estiverem esquentando demais e você estiver preocupado com a segurança deles, você pode enviar as duas crianças para se acalmarem em algum lugar, ou elas até podem sair de casa (desde que seja seguro), se quiserem continuar a luta. Ou elas podem "terminar a luta", uma opção que elas têm a qualquer momento.

Reuniões de família

As brigas entre irmãos serão reduzidas significativamente quando você tiver reuniões de família semanais. Há muitas razões para isso. Quando as crianças estão brigando, você pode interromper e dizer: "Qual de vocês gostaria de colocar esse problema na pauta da reunião de família?" Muitas vezes, isso é suficiente para encerrar a luta, porque foi escolhido adicioná-la à pauta. É especialmente eficaz quando as reuniões de família são consistentes e eficazes (ou seja, os pais evitam dar sermões e envolvem as crianças no levantamento de soluções), dando às crianças práticas regulares de desenvolvimento de habilidades na resolução de problemas e concentrando-se nas coisas que apreciam um no outro durante a rodada de reconhecimento. Você aprenderá mais sobre as reuniões de família no Capítulo 17.

A habilidade social de compartilhar

Compartilhar não é fácil. Muitos de nós conhecemos adultos que lutam com o conceito e, para crianças, compartilhar é um desafio contínuo no desenvolvimento de habilidades sociais. O ato de compartilhar também é afetado por atitudes sociais e culturais. Nas culturas ocidentais, esperamos que as crianças se revezem ou queiram desistir de brincar com um brinquedo favorito (geralmente sem muito treinamento ou encorajamento). Essas habilidades são contrabalançadas por atitudes de propriedade e pelo alto valor agregado ao individualismo. As expectativas costumam aumentar com as crianças de 5 ou 6 anos. É quando elas estão começando a suspeitar de que não são o centro do universo – e a ideia não é totalmente bem-vinda.

Muitos adultos não têm muita paciência com crianças que não dominam a habilidade social de compartilhar, e em muitas culturas esse "egoísmo" seria impensável. Ainda assim, aprender a compartilhar é um processo contínuo de desenvolvimento, que requer treinamento, muita prática e muita paciência dos adultos.

PERGUNTA. *Meu filho de 3 anos ultimamente tem aprontado na escola, brigando com as outras crianças. Ele não bate nelas, mas não concorda em compartilhar os brinquedos. Ele não está ouvindo o professor. Um dia ele parece bem, mas no dia seguinte ele se recusa a permitir que qualquer criança se aproxime dos "seus" brinquedos. Como posso fazê-lo entender que o que ele está fazendo não é um comportamento aceitável?*

RESPOSTA: Este é um desafio típico para crianças de 3 anos de idade. Elas estão apenas aprendendo a compartilhar, e compartilhar é uma habilidade difícil de dominar. Muitos de nós ficam infelizes quando não conseguimos o que queremos quando nós queremos.

Uma criança precisa de orientação clara e firme e precisa de ensino, e não de sermões ou punições. Lembre-se de que ela ainda não sabe negociar, comprometer-se e discutir problemas com os outros. Quando as crianças discutem por causa de um brinquedo, os adultos frequentemente levam o brinquedo para longe das duas crianças. Há mais, no entanto, que pais e cuidadores podem fazer para ajudar as crianças a aprender essa importante habilidade.

As crianças precisam aprender a usar as palavras para pedir o que precisam. Por exemplo, o adulto pode separar as duas crianças após uma disputa. Quando todos estiverem calmos, tente praticar como pedir para brincar com um brinquedo. Por exemplo, uma criança pode perguntar: "Posso usar os blocos?" Uma resposta possível à solicitação de um companheiro de brincadeira é "Ainda não terminei de brincar com eles". Você pode ensinar habilidades de negociação: "Você pode brincar com eles mais cinco minutos" ou "Você gostaria de brincar comigo?" Esse treinamento é vital para aprender a compartilhar.

MAIS POSSIBILIDADES PARA FAZER AS PAZES

- Convide as crianças a colocar o problema na pauta da reunião de família ou classe.
- Após um período de autorregulação, use perguntas curiosas (que geralmente começam com "o quê", "por quê" ou "como") para ajudar as crianças a explorar o que aconteceu, como se sentem sobre isso, o que aprenderam com a experiência e como elas podem resolver o problema agora.
- Ensine as crianças a usarem suas palavras. Isso significa que os adultos agem como treinadores – não como professores ou árbitros.
- Use um cronômetro para ajudar as crianças a compartilhar. Defina um curto período de tempo (talvez dois minutos) e dê o cronômetro a uma das crianças. A outra criança começa a brincar com o brinquedo contestado. Quando o cronômetro toca, as crianças trocam o brinquedo por mais dois minutos.
- Convide as crianças a dar uma olhada na "Roda de escolhas" para escolherem as soluções (ver p. 93).

Brigas

Você já assistiu a uma ninhada de filhotes lutar, beliscar e brigar? Você provavelmente ri dos filhotes e vê o comportamento agressivo deles como normal e até fofo. Quando as crianças discutem e brigam, no entanto, os pais ficam um pouco menos encantados. No entanto, testar os limites e discordar são tão normais para crianças pequenas como para filhotes.

Quando crianças entre as idades de 3 e meio a 6 anos brigam, assim como nas brigas entre irmãos, pode ser eficaz perguntar se as ajudaria ir para seu "espaço da calma" ou colocar o problema na pauta da reunião de família (ou classe), não como punição, mas como uma oportunidade para se acalmar. Mais tarde, você pode pedir que eles explorem e nomeiem seus sentimentos e convidá-los a identificar maneiras de lidar com a situação na próxima vez. Não é útil que os adultos percam o próprio controle, culpem, usem punição ou sermões ou entrem na briga eles mesmos.

Ensinar habilidades sociais com a mesma atenção que você dá a outros tipos de desenvolvimento de habilidades produzirá crianças que podem brincar juntas pacificamente – pelo menos na maioria das vezes. Quando as crianças têm um exemplo e treinamento contínuos, elas podem aprender a se dar muito bem com outros membros do mundo ao seu redor.

Sr. Conners encontrou outra maneira criativa de lidar com as lutas quando viu duas crianças de 5 anos brigando entre si na escola. Ele pegou um microfone de brinquedo, correu para os meninos e disse: "Com licença. Sou repórter das notícias das seis. Vocês estariam dispostos a gastar trinta segundos para contar ao nosso público sua versão do que é essa luta?" Ele entregou o microfone a um garoto e disse-lhe para olhar para a câmera de faz de conta. O garoto pegou o espírito do jogo e começou a contar sua história. Quando trinta segundos se passaram, o Sr. Conners pegou o microfone e o entregou ao outro garoto. Quando seus trinta segundos acabaram, o Sr. Conners olhou para a câmera imaginária e disse: "Bem, pessoal, sintonize amanhã para descobrir como esses garotos resolveram o problema." Em seguida, o Sr. Conners virou-se para os meninos e disse: "Vocês gostariam de voltar amanhã e contar ao nosso público como vocês resolveram esse problema?" Com grandes sorrisos no rosto, os dois garotos concordaram e saíram juntos para buscar uma solução – que foi relatada no dia seguinte à câmera imaginária. Sr. Conners transformou uma briga em uma oportunidade de aprender habilidades sociais.

Bater e agressividade

Crianças de 5 ou 6 anos que estão batendo ou puxando os cabelos devem ser firmemente separadas. Um pai ou professor pode dizer: "Não posso permitir que você machuque os outros" e pode ajudar os briguentos a explorar outras maneiras de agir quando se sentirem irritados ou frustrados. É importante entender que o comportamento geralmente contém uma mensagem codificada sobre como a criança está se sentindo; enquanto alguns comportamentos são inapropriados ou prejudiciais, os sentimentos em si não estão errados. A interpretação das crenças que uma criança tem sobre si mesma fornecerá pistas sobre como os pais e os professores podem responder. A repetição paciente, modelagem e orientação ajudarão as crianças a aprender mais rapidamente os prazeres de se dar bem; não os transformará em anjos.

Dica: Os "erros" das habilidades sociais sempre podem ser transformados em oportunidades de aprendizado.

Quando as crianças machucam adultos

Às vezes, a agressão e a raiva de uma criança não são direcionadas apenas a outras crianças. Algumas crianças aprenderam a bater, chutar, morder ou arrancar os cabelos de seus pais e cuidadores quando elas não têm o que desejam. E até mãozinhas e pezinhos podem machucar. Os pais geralmente não sabem o que fazer com uma criança agressiva e podem, inadvertidamente, reforçar o comportamento que estão tentando mudar.

PERGUNTA: *Sou mãe de um menino de 3 anos e meio. Meu filho está me xingando e me batendo quando não consegue o que quer. Eu acho que ele aprendeu isso na escola. Sempre tentamos usar os métodos mais humanistas de disciplina; nós não batemos, gritamos ou humilhamos de forma alguma. Nós sempre tentamos argumentar com ele. Estou perdida nessa situação. Por favor, diga-me a melhor maneira de lidar com esse comportamento.*

RESPOSTA: É improvável que seu filho tenha aprendido esse comportamento na escola. A escola simplesmente o expõe a mais crianças e adultos com quem ele deve compartilhar, em relação a quem às vezes ele tem de adiar suas demandas e sobre quem ele tenta estabelecer seu direito ao território. Em casa, onde as chances estão um pouco mais a seu favor, ele pode simplesmente redobrar seus esforços para conseguir o que quer.

Existem várias coisas que os pais podem tentar para ajudar uma criança a mudar seu comportamento agressivo. As seções a seguir fornecem sugestões. Escolha aquela que combina com você e seu filho.

Decida o que você vai fazer

Informe seu filho que toda vez que ele lhe bater ou lhe xingar, você sairá da sala até que ele esteja pronto para tratá-lhe com respeito. Depois de ter dito isso a ele uma vez, cumpra o que disse antes sem dizer mais nenhuma palavra. Saia do local imediatamente.

Compartilhe seus sentimentos

Diga a ele: "Isso realmente machuca (ou machuca meus sentimentos). Quando você estiver pronto, um pedido de desculpas me ajudará a me sentir melhor." Não exija ou force um pedido de desculpas; as crianças devem ser ajudadas a entender e expressar remorso genuíno.

O objetivo desta sugestão é modelar o compartilhamento do que você sente e pedir o que você gostaria – não fazer seu filho se sentir culpado. Você pode mostrar respeito por si mesmo, compartilhando seus sentimentos e desejos de uma maneira não controladora.

Use um espaço para se acalmar

Crie e nomeie com seu filho um lugar para fazer a pausa positiva. Quando seu filho bater ou machucar, pergunte: "Te ajudaria a se sentir melhor ir ao seu lugar da calma por um tempo?" É útil ensinar a seu filho que as pessoas se comportam melhor quando se sentem melhor e que todos precisam de tempo para se acalmar. Se seu filho não quiser ir, você pode ser um modelo para ele dizendo: "Estou muito chateado agora. Acho que vou a um lugar tranquilo até me sentir melhor."

Faça perguntas curiosas

As perguntas curiosas ajudam a criança a explorar as consequências de seu comportamento: "O que acontece quando você bate nas pessoas ou xinga? Como isso faz você se sentir? Como isso faz os outros se sentirem? O que você poderia fazer para ajudá-los a se sentir melhor? De que outra forma você pode conseguir o que quer?" Certifique-se de fazer essas perguntas de maneira gentil e firme e com um desejo sincero de ouvir o que a criança tem a dizer e lembre-se de que a criança deve se acalmar antes de poder responder.

Ofereça escolhas limitadas

Você pode informar seu filho sobre o que ele *pode* fazer, oferecendo escolhas limitadas. Você pode dizer: "Bater e machucar os outros não é permitido. Você pode parar de bater e ficar aqui comigo, ou pode ir para o seu quarto e lidar com seus sentimentos em particular. Você decide." Certifique-se de que todas as opções que você oferece sejam respeitosas e aceitáveis para você.

Colocar o problema na pauta

Quando o problema de bater e xingar aparece na pauta da reunião de família ou de classe, o assunto pode ser discutido durante uma reunião regular de família ou classe, quando todos estarão se sentindo calmos. Todos podem trabalhar juntos buscando soluções.

INTERROMPENDO O COMPORTAMENTO VIOLENTO

PERGUNTA: *Como você lida com uma criança que sente que a violência é a única maneira de resolver um problema?*

RESPOSTA: Esta questão levanta várias outras: o que está acontecendo na vida dessa criança? Onde essa criança está aprendendo a usar de violência? Muita televisão? Muitos videogames? Muita punição? O ambiente de uma criança e os modelos que ela encontra fornecem muitas pistas sobre o comportamento violento dessa criança.

Como disse uma pessoa sábia, se quiser entender o fruto, olhe para a árvore. (No entanto, qualquer pai ou mãe com mais de um filho pode dizer-lhe que eles vêm a este mundo com temperamentos diferentes. Muitos pais amorosos, gentis e firmes lutam diariamente com um filho que tem um temperamento agressivo.)

De fato, as crianças aprendem o que vivem, e a mudança de comportamento agressivo e raivoso é mais bem alcançada por meio de ensino gentil e firme e maneiras respeitosas e não violentas de resolução de problemas, além de observar os adultos praticarem o que pregam.

Comportamento perturbador na sala de aula

É especialmente importante em ambientes de grupo oferecer oportunidades para aprender sobre habilidades sociais. Os professores enfrentam o efeito cascata do comportamento diariamente: todos sentam-se em grupo e uma criança começa a fazer barulhos. Dentro de instantes, todo o grupo está zumbindo.

Sente-se em silêncio até a turma se acalmar. Modele o comportamento que você deseja. Alguns professores decidem participar do barulho, o que geralmente faz todo mundo rir – e essa pode ser a maneira mais fácil de ajudar as crianças a se acalmarem. Quando o comportamento perturbador causar problemas repetidos, peça ajuda às crianças.

Use uma reunião de classe para explicar que isso causa um problema para você quando as crianças continuam fazendo barulho depois que o grupo se reúne. Discuta o que acontece, peça às crianças que comentem o que percebem e, em seguida, apresentem uma proposta de solução. Um sinal de mão, um padrão de palmas ou luzes apagadas pode ser decidido como uma maneira de indicar que o ruído da sala de aula deve parar. O som de um sino ressoa por um longo tempo. Pergunte às crianças se elas podem ficar em silêncio antes que as vibrações terminem.

As reuniões de classe podem ser usadas para explorar muitos problemas possíveis. Pergunte: "O que você faria se...?" ou descreva uma situação e pergunte às crianças o que elas acham que deu errado. Contar histórias, quadros de flanela e livros são outras maneiras de introduzir habilidades sociais. Ajude as crianças a identificar as habilidades que você está ensinando e reserve um tempo para discutir o que aconteceu e por quê.

Relacionamentos: os laços que unem

Goste ou não, os relacionamentos formam o tecido de nossas vidas. Vivemos em famílias; vamos à escola com colegas; e, eventualmente, trabalhamos, vivemos, amamos e brincamos com outras pessoas. Ajudar seu filho a se dar bem com os outros o prepara para experimentar o melhor que a vida pode oferecer: conexão e satisfação com amigos e familiares. Desentendimentos e conflitos são inevitáveis, mas ele pode aprender a lidar com eles também com dignidade e respeito mútuo.

PERGUNTAS PARA REFLETIR

1. Pense em uma ocasião em que seu filho se queixou do comportamento de um amigo. Como você respondeu? Que mensagens você acha que sua resposta enviou? Que habilidades seu filho aprendeu com essa situação? Que habilidades você poderia ajudá-lo a desenvolver em situações futuras?
2. Como você pode determinar se o comportamento de outra criança é *bullying*? Se o *bullying* estiver envolvido, quais habilidades você pode ajudar seu filho a desenvolver nesta situação? Cite duas maneiras pelas quais você pode ensinar seu filho a se sentir empoderado, em vez de ser a vítima.
3. Cite uma habilidade social que seu filho está tendo dificuldade para aprender – por exemplo, compartilhar brinquedos ou brincar com outras pessoas de uma maneira pacífica. Como seria o domínio dessa habilidade? Converse com seu filho sobre como você pensa que seria essa habilidade. Pergunte a ele o que é difícil para ele e pergunte que tipo de ajuda você poderia oferecer.

8

"EU CONSIGO FAZER ISSO!": AS ALEGRIAS (E DESAFIOS) DA INICIATIVA

As crianças têm tantas ideias próprias – e tanta energia para implementá-las! Não é de surpreender que os pais às vezes se sintam sobrecarregados pela ingenuidade, vitalidade e determinação de seus filhos. Veja este amiguinho, por exemplo:

PERGUNTA: *Meu filho não anda em lugar nenhum – ele galopa. Ele persegue os pássaros na praia, pula na piscina rasa para sua aula de natação e, nesta manhã, encontrei-o tentando selar o cachorro com um cobertor, porque ele queria montá-lo. Eu tive que explicar que os cães não são fortes o suficiente para transportar pessoas em suas costas. Ele desistiu do plano de montar, mas eu sei que ele virá com outra novidade a qualquer momento. Ele parece tão destemido, e eu me preocupo que ele se machuque. Estou exausta de tentar acompanhá-lo. Devo permitir que ele faça essas coisas?*

RESPOSTA: Você parece exausta pelo esforço de supervisionar e orientar seu filho jovem e ativo. Não tema: a maioria dos pais teve momentos em que se perguntou por que as crianças de 3 anos têm muito mais energia e criatividade do que seus pais. Pense apenas por um momento: seu filho está demonstrando uma série de qualidades maravilhosas. Ele é corajoso e não tem medo de tentar coisas novas. Ele é capaz de conectar ideias e ações e atravessa a vida com entusiasmo e curiosidade. As mesmas características que a esgotam hoje podem ser apenas as características que o tornarão um adulto capaz e bem-sucedido mais tarde.

Erik Erikson, pioneiro na compreensão do desenvolvimento humano, diz que, entre as idades de 2 e 6 anos, as crianças experimentam um estágio crucial em seu desenvolvimento que Erikson chamou de "iniciativa *versus* culpa".[1] A iniciativa parece ser inata nas crianças. Elas são pequenos cientistas explorando o mundo para descobrir o que e como as coisas funcionam. Algumas podem não ser tão ambiciosas quanto o pequeno descrito aqui, mas é preciso iniciativa para descobrir todo o seu potencial. A culpa é instilada quando pais e cuidadores usam uma linguagem que indica que essas crianças estão fazendo algo ruim: "Não!" "Não toque nisso!" "Você está de castigo por ter feito isso!" "Você será punido por isso!"

As crianças precisam de iniciativa. Aquelas que não são capazes de nutrir e desenvolver um senso de iniciativa podem se transformar em adultos que lutam contra os desafios da vida, que têm um sentimento persistente de culpa e que podem acreditar que nada do que fazem é bom o suficiente.

As crianças precisam de limites e limites seguros, dentro dos quais possam explorar, experimentar e aprender a acreditar em sua própria competência e capacidade. *Criar um equilíbrio entre segurança (e comportamento apropriado) e criatividade e coragem é a essência da criação dos filhos de 3 a 6 anos.* Os pais podem criar esse equilíbrio e evitar incutir um sentimento de culpa ao impor limites com gentileza e firmeza, em vez de humilhação ou punição. É gentil e firme dizer: "Subir na estante é perigoso. Onde é seguro escalar?" É humilhante dizer: "Não acredito que você é tão descuidado! Você pode se machucar!"

Uma linguagem encorajadora seria assim:

- "Deixe-me mostrar no que você pode mexer."
- "Você é um bom solucionador de problemas. Aposto que você consegue descobrir o que fazer em vez de bater."
- "O que você poderia fazer para ajudar o Joel a se sentir melhor?"
- "Preciso da tua ajuda."

Estes são os anos em que os pais costumam ouvir a frase "Eu sei fazer isso!" o tempo todo. Seus filhos estão tentando informar que eles são mais capazes do que você pensa que são. As crianças dessa idade querem tentar de tudo: querem usar o aspirador de pó, lavar a louça e cavar buracos no jardim. Com muita frequência, os pais sufocam seus pretensos ajudantes dizendo: "Não, você é muito pequeno. Espere até ficar maior. Deixa que eu faço isso mais rápido." Geralmente *é* mais fácil (e menos confuso) para os adultos realizarem essas tarefas, mas negar a uma criança a oportunidade de aprender e praticar novas habilidades pode plantar as sementes da culpa em vez de iniciativa e capacidade. E anos depois, esses mesmos adultos podem se perguntar por que seu filho "simplesmente não faz *nada*!" O impulso para desenvolver um senso de iniciativa *versus* culpa e vergonha continua ao longo dos anos escolares.

Iniciativa em ação

A mãe de Michael o levou a um parque próximo. Michael, que acabara de completar 3 anos, estava ansioso para brincar no trepa-trepa. Ele subiu os degraus mais baixos facilmente, mas depois olhou para baixo e seu estômago deu uma cambalhota. Michael choramingou para mamãe resgatá-lo e levantá-lo, mas mamãe apenas sorriu e colocou uma mão encorajadora nas costas dele. Ela falou com o filho assustado de uma maneira tranquilizadora, ajudando-o a encontrar o caminho de volta. Quando ele estava no chão, sua mãe lhe deu um grande abraço e o parabenizou por descer "sozinho". Michael deu um sorriso orgulhoso. Mamãe e Michael voltaram ao mesmo parque regularmente e, no final da segunda semana, Michael estava subindo e descendo o trepa-trepa com facilidade.

A mãe de Margaret enfrentou o mesmo dilema, mas respondeu de uma maneira muito diferente. Quando Margaret, também com 3 anos, gritou do topo do mesmo brinquedo do parquinho, sua mãe correu e pegou a filha nos braços. Ela abraçou-a e disse-lhe com firmeza sobre o perigo de subir assim tão alto. Margaret chorou um pouco, depois foi brincar na caixa de areia. Embora visitassem o parque com frequência, dois meses depois, Margaret ainda evitava o trepa-trepa, agarrada à perna de sua mãe sempre que alguém a convidava a escalá-lo.

As crianças entre 3 e 6 anos costumam ver o mundo como um lugar emocionante e fascinante, especialmente à medida que desenvolvem mais iniciativa e maior capacidade física e intelectual para explorar. Quando os adultos interferem, as crianças podem se sentir frustradas e se afastarem, adotando um sentimento de culpa por suas incapacidades, enquanto outras desistem e permitem que seus pais ansiosos as sufoquem, impedindo-as de experimentar as frustrações necessárias para estimular o crescimento. Em ambos os casos, o desenvolvimento de seu senso de iniciativa e capacidade pode ser frustrado. A mãe de Margaret queria proteger sua filha de ferimentos, mas acabou convencendo-a a evitar escalar. Mais tarde, Margaret ainda pode achar difícil assumir riscos – mesmo aqueles que poderiam beneficiar e enriquecer sua vida.

Os adultos podem optar por encorajar as crianças a enfrentarem desafios, assim como a mãe de Michael fez. A mãe de Michael demostrou confiança em sua capacidade de dominar uma nova habilidade, e sua experiência lhe disse "eu sou capaz" de uma maneira que as palavras de sua mãe nunca puderam. Quando Michael e Margaret enfrentarem desafios à medida que crescerem, em que acreditarão sobre suas próprias habilidades?

Iniciativa - ou manipulação?

Uma criança que é desencorajada a desenvolver a iniciativa às vezes responde desenvolvendo habilidades de manipulação. Essa é a criança que se retira para o desamparo e insiste para que você faça tudo por ela. Em vez de desenvolver a atitude "eu consigo fazer", ela busca pertencer e ter significado por meio de uma atitude "eu não consigo". Ela "não consegue" andar até o carro; ela "não consegue" calçar as meias; ela "não consegue" pegar seus brinquedos. Sempre que seu filho se comporta mal, você pode se perguntar: "Esse comportamento pode estar baseado em desânimo e ideias equivocadas sobre como pertencer?" Considere os dilemas que estes dois pais enfrentam:

> PERGUNTA: *Minha filha de 3 anos grita e chora quando digo não. Ela nunca come o que lhe damos: ela pede pão com manteiga de amendoim e lambe a manteiga de amendoim, recusando-se a comer o pão. Então ela insistirá em colocar mais manteiga de amendoim no pão. Se eu não fizer o que ela diz, ela começará a choramingar ou chorar. Ela vai para a escola durante o dia e se comporta bem lá.*

> PERGUNTA: *Acredito que "não" significa "não", mas minha filha ainda não percebe isso. Eu a colocava em um cantinho onde ela não podia nos ver até que ela parasse de chorar, mas isso só funcionou por um tempo. Agora meu marido a coloca em nosso banheiro pequeno com a luz apagada. Eu acredito que isso a tornará claustrofóbica. Ela dorme em sua própria cama, mas molha a cama quase toda noite. A hora de dormir é um aborrecimento, pois ela não fica na cama. Eu tenho de*

ficar dando tapinhas nas costas dela até que ela adormeça. Eu odeio essas batalhas constantes com a minha filha, mas ela não faz o que eu digo.

RESPOSTA: Situações como essas são dolorosamente comuns. Muitas dessas batalhas poderiam ser eliminadas se os adultos entendessem a adequação ao desenvolvimento e à idade, os objetivos equivocados do mau comportamento (consulte o Capítulo 10) e os métodos não punitivos de disciplina que estabelecem limites enquanto estimulam a cooperação.

A mãe no primeiro exemplo poderia deixar a filha espalhar a manteiga de amendoim no pão, em vez de fazer isso por ela (e ensiná-la a limpar depois). O envolvimento dessa criança na preparação das refeições aumentará seu desejo de iniciativa, ajudará a fazer com que ela se sinta mais capaz, ensinando-lhe uma habilidade para a vida, e a motivará a comer o que ela ajuda a preparar, incluindo o pão embaixo de toda a manteiga de amendoim.

O cantinho do castigo – colocar uma criança em um canto ou em um cômodo sem luz – nunca é útil e pode ensinar lições indesejadas. Essas experiências punitivas geram dúvida, vergonha e culpa. Em vez disso, os pais podem dizer não e permitir que a criança vivencie seus sentimentos. Quando ela chora, eles podem ter empatia: "Eu sei que você está se sentindo desapontada." Se os pais não puderem aguentar o choro, eles podem sair de perto dela dizendo: "Não há problema em ficar triste pelo tempo que você quiser. Venha me encontrar quando tiver passado."

As crianças precisam saber que você quer dizer o que diz e seguirá com ações gentis e firmes (em vez de sermões). As crianças "ouvem" ações gentis, firmes e consistentes mais do que ouvem as palavras.

Quando seu filho "não ouve"

Uma das queixas mais comuns que os pais têm sobre crianças pequenas é a misteriosa perda auditiva conhecida como "meu filho não me escuta". O que os pais realmente querem dizer é: "Meu filho não me obedece." Há muitas razões pelas quais as crianças não respondem às instruções dos adultos – poucas delas têm algo a ver com a audição.

Brianna, de 3 anos, por exemplo, agarra os blocos do seu coleguinha de classe e mal faz uma pausa quando sua professora diz para ela parar. O pai de Gregory diz a ele que é hora de sair do parque e ir para casa e não recebe nenhuma resposta – até que ele levanta a voz e agarra Gregory pelo braço. A mãe de Yesenia diz a ela, calma e claramente, antes de entrarem na loja, que não comprará guloseimas ou brinquedos hoje, e Yesenia concorda quando perguntada se ela entende, mas enquanto esperam no caixa, Yesenia grita alto que quer doces de qualquer maneira.

Soa familiar? O problema geralmente não é que as crianças não escutam, mas o que você está pedindo delas contraria alguma necessidade mais básica. Brianna, por exemplo, é muito nova e ainda está desenvolvendo suas habilidades sociais. Ela precisa aprender a língua e ser incentivada a usá-la, e se continuar recusando-se a compartilhar os blocos, deve ser removida calmamente para outro local com outros brinquedos diferentes. Gregory está experimentando sua iniciativa e autonomia, que infelizmente não correspondem ao conceito de seu pai do que ele deveria estar fazendo. Ele pode aprender com escolhas limitadas e com ações gentis e firmes. Yesenia é simplesmente jovem demais para lembrar as instruções que foram dadas uma hora antes – especialmente quando são contrárias ao que ela quer agora.

Compreender o comportamento apropriado à idade ajudará; assim como evitar gritar, punir ou reclamar, o que apenas convida a disputas de poder. Você pode estimular a cooperação em vez de insistir na obediência: "Gregory, é hora de ir embora agora. Você gostaria de ir para o carro correndo ou pulando?" As crianças geralmente cooperam quando se sentem empoderadas para escolher.

RAZÕES PELAS QUAIS AS CRIANÇAS "NÃO OUVEM"

- Os adultos gritam, fazem sermões ou reclamam, o que não convida a ouvir.
- Os adultos dizem às crianças o que fazer em vez de perguntar. "Pegue seus brinquedos" convida à resistência. "Para onde vão seus brinquedos antes da hora da história?" é mais provável que estimule a cooperação.
- Os adultos estabelecem disputas pelo poder que tornam a vitória mais importante que a cooperação.

- A criança é programada por seu instinto de desenvolvimento para explorar, e a voz do instinto de uma criança geralmente é mais alta que a voz de um adulto.
- A criança não consegue atender a uma solicitação porque isso exige habilidades sociais ou de pensamento que ainda não foram desenvolvidas.
- A criança é dominada por sentimentos fortes, que abafam suas palavras.
- As crianças não têm as mesmas prioridades que os adultos.

Como encorajar a iniciativa e desencorajar a manipulação

Encorajar o desenvolvimento da iniciativa é uma tarefa complicada, precisamente porque os pais e responsáveis acham isso muito desafiador e inconveniente. Ainda assim, os adultos em casa e na escola podem ajudar as crianças a desenvolverem confiança e iniciativa, oferecendo uma variedade de oportunidades, tempo para aprendizado e encorajando as muitas coisas que as crianças *conseguem* fazer. Quando apoiadas dessa maneira, as crianças aprendem a confiar em si mesmas e a se sentirem capazes.

Uma das melhores maneiras de ajudar as crianças a desenvolver a iniciativa é por meio das reuniões de família ou de classe, como discutido no Capítulo 17. Outras maneiras incluem: brincar de "faz de conta", ensinar a criança a avaliar riscos, estabelecer expectativas claras, oferecer escolhas limitadas e fazer o acompanhamento eficaz, juntamente com outros métodos da Disciplina Positiva.

Brincar de "faz de conta"

As crianças adoram brincar, então "vamos fazer de conta" (o que os adultos às vezes chamam de dramatização) pode ser uma maneira divertida de ensinar-lhes habilidades e ajudá-las a entender a diferença entre comportamento eficaz (respeitoso) e ineficaz (desrespeitoso).

Uma maneira de ensinar a brincar de "faz de conta" é dizer ao seu filho algo mais ou menos assim: "Você é o papai, e eu vou ser seu filhinho. Estamos na casa das panquecas. Como eu devo me comportar? Devo chorar, correr e jogar minha comida? Ou devo sentar-me em silêncio e comer, ou talvez colorir tranquilamente enquanto espero?" Em seguida, demonstre "fazendo de conta" que é o filho e que está sentado no restaurante, fazendo seu filho supervisionar seu comportamento. Deixe seu filho demonstrar o comportamento apropriado. Isso o ajudará a reforçar sua compreensão das expectativas. (Encenar comportamentos inapropriados pode ser confuso, especialmente para crianças mais novas, que ainda não distinguem entre fantasia e realidade. Usar bonecos ou brinquedos de pelúcia para encenar comportamentos pode ajudar a superar esse desafio do desenvolvimento.)

Aprender a avaliar riscos

Com ajuda, uma criança pode desenvolver a capacidade de avaliar riscos. Os adultos podem apontar coisas que podem causar problemas em uma determinada circunstância e, o mais importante, ajudar a criança a decidir o que fazer sobre esse problema em potencial.

Enquanto caminha pelo parque, Ari vê uma grande pedra à frente e quer escalá-la. O pai de Ari fica com ela na base da pedra e diz: "Essa pedra parece bem alta. Você vê algum lugar onde você pode parar para descansar enquanto sobe? Tem alguma grama ou planta pequena nas quais você pode se agarrar? Essa pedra parece áspera ou macia para você?" Depois de considerar essas perguntas, Ari e seu pai concordam que a escalada é segura.

E se eles identificarem um problema? Talvez eles possam concordar que, quando Ari chegar ao pequeno arbusto no meio do caminho, ela precisará descer de volta. Ou, se os riscos não puderem ser gerenciados com segurança, a subida pode não ser possível. Talvez o pai de Ari tenha de decidir o que é seguro para sua filha tentar. Ari pode se sentir decepcionada se ele disser não, mas ela não se sentiria menos capaz. Em vez disso, ela aprenderia uma habilidade importante sobre como fazer escolhas responsáveis.

Estabelecer expectativas claras

Um dos conselhos mais antigos para os pais ainda é um dos melhores: diga o que vai fazer e faça o que disser/cumpra seus combinados. Como você deve estabelecer expectativas claras e apropriadas para crianças dessa idade? Vamos ouvir como o pai do Cody tenta fazer isso:

Mesmo tendo apenas 4 anos, Cody adora beisebol. Ele coleciona cartões de beisebol desde pequeno, adora jogar beisebol no quintal com seu pai e conhece toda a formação inicial do San Francisco Giants. Tim, o pai de Cody, planeja levar seu filho pequeno para seu primeiro jogo de beisebol de verdade. Experiências anteriores lhe ensinaram que, para aproveitar o dia com seu filho curioso e ativo, serão necessários alguma preparação e trabalho de base.

Primeiro, Tim decide levar Cody ao parque local para um jogo da Liga Jovem. Enquanto eles se sentam nas arquibancadas juntos, Tim pergunta a Cody como ele acha que eles devem agir no "grande estádio". Cody considera essa pergunta pensativamente, franzindo a sobrancelha em concentração.

"Devemos ficar quietos?" ele arrisca timidamente, sabendo que esta é uma regra difícil para ele seguir.

"Bem", seu pai diz com um sorriso, "nós podemos nos levantar algumas vezes. E podemos caminhar juntos para tomar uma bebida gelada ou um cachorro-quente."

"Podemos fazer o intervalo do sétimo turno!"* Cody grita empolgado e começa a cantar *"Take Me Out to the Ball Game"*.

Juntos, pai e filho exploram as diretrizes para o grande dia. Tim deixa claro que muitas pessoas estarão no jogo, então Cody terá de segurar sua mão enquanto andarem em qualquer lugar. Tim e Cody concordaram que Cody pode comprar um cachorro-quente, uma bebida gelada, outro lanche e uma lembrança de sua escolha – desde que custe dez dólares ou menos. E eles combinaram que, se Cody fugir ou subir nos assentos, eles terão de retornar ao carro.

---

* N. T.: No beisebol nos Estados Unidos e no Canadá, o "intervalo do sétimo *inning*" é uma tradição que ocorre entre as metades do sétimo turno de um jogo. Os fãs geralmente se levantam, esticam os braços e as pernas e às vezes andam um pouco enquanto cantam a música *"Seventh-Inning Stretch Song"*.

Tim conhece bem o filho: quando a curiosidade de Cody surge, com a mão firme em seu ombro (sem censura ou sermão), papai o puxa de volta para o seu lado. E quando Cody decide que quer descer uma fileira (e sobre três pessoas) para enxergar melhor, Tim só precisa perguntar a ele qual era o acordo deles para Cody voltar rapidamente para o seu lugar.

Como Cody tem 4 anos, seu pai sabe que o dia não será perfeito. Ele também sabe que Cody pode não ser capaz de seguir as diretrizes durante o jogo todo e está preparado para sair antes do final, se necessário. Ou talvez eles precisem ficar sentados no carro por um tempo até que Cody esteja pronto para tentar novamente. Mas estabelecer expectativas claras e razoáveis (com antecedência) e seguir esses limites simples tornará o primeiro jogo de beisebol de Cody uma ocasião de que pai e filho se lembrarão por muitos anos.

Oferecer escolhas limitadas e fazer o acompanhamento

Às vezes, os pais acreditam que dar às crianças o que elas querem e não sobrecarregá-las com regras mostrará que elas são amadas. No entanto, a permissividade não é o caminho para ajudar as crianças a desenvolver a iniciativa – ou qualquer outra habilidade social ou de vida valiosa. Uma alternativa à permissividade é oferecer escolhas limitadas com acompanhamento gentil e firme. As escolhas limitadas são eficazes quando são relacionadas, respeitosas e razoáveis.

A família de Elena, de 5 anos, foi ao zoológico com outra família do bairro. Elena pediu algodão doce, raspadinha e tudo o que viu as outras crianças comendo. Seu pai disse a Elena que ela poderia escolher uma raspadinha ou pipoca. Elena escolheu pipoca. Seu pai comprou a pipoca e depois disse a Elena que, se ela continuasse a pedir outras guloseimas, ela precisaria voltar ao carro com ele, onde esperariam até que os outros terminassem de visitar as exposições dos animais.

Enquanto estava comendo a pipoca, Elena viu uma criança com uma raspadinha e começou a pedir uma. Elena estava determinada: ela enfatizou sua exigência jogando fora a pipoca restante, derramando-a por todo o caminho. Seu pai perguntou calmamente a Elena se ela queria segurar a mão dele no caminho para o carro ou ser carregada. (Ele decidiu ignorar a pipoca derramada, pois os pombos já estavam cuidando desse problema.) Quando ela se recusou a se mexer, seu pai a pegou e foram para o carro. Ele não repreendeu, bateu ou ficou falando para ela porque eles estavam saindo do zoológico. Ele a tratou com respeito e, quando ela começou a lamentar que queria ver os macacos, ele garantiu que tinha certeza de que, na próxima vez que eles fossem ao zoológico, Elena faria melhores escolhas – e seria capaz de visitar os macacos.

Dar a uma criança a chance de tentar novamente é razoável e encorajador. Não é razoável dizer: "Nunca mais te levarei lá – ou a qualquer outro lugar!" A maioria dos pais não cumpre essas ameaças – o que ensina aos filhos apenas que eles podem desconsiderar as regras e até mesmo os pais.

Você tem uma escolha. O que é mais importante: um passeio em família ou a autoestima, iniciativa e confiança que seu filho desenvolverá aprendendo habilidades sociais adequadas? Quando você segue com gentileza e firmeza, não precisa perder muitos passeios antes de seu filho aprender que você cumpre seus combinados. Obviamente, o acompanhamento exige que os adultos pensem antes de falar.

Se você realmente não consegue fazer isso, não fale!

Disciplina Positiva em ação

Ted e Lamar decidiram que ensinariam seu filho Mark a se vestir aos 3 anos de idade (excelente treinamento para desenvolver iniciativa). Eles compraram calças com cinturas de elásticos fáceis de puxar, camisetas de gola larga e tênis com fechos de velcro. Mark era um aluno disposto e logo dominou a arte de se vestir sozinho (mesmo que ele colocasse os sapatos nos pés errados na metade das vezes).

Mark frequentava a escola, e sua rotina matinal incluía se vestir, ajudar no café da manhã e estar pronto para sair às sete e meia, quando Lamar o levaria à escola a caminho do trabalho. Mark e seus pais haviam criado um quadro especial de rotina matinal com uma foto dele realizando cada tarefa – que Mark seguiu com entusiasmo por vários dias. Ted e Lamar também sabiam que Mark poderia usar sua iniciativa para "testar" essa rotina. Eles elaboraram um plano com Mark com antecedência, que incluía uma escolha limitada e o acompanhamento. Juntos, eles decidiram que sempre que Mark não estivesse vestido a tempo de sair de casa, eles colocariam as roupas de

Mark em um saco de papel para que ele pudesse terminar de se vestir na escola. Eles não tinham certeza do quanto Mark realmente entendia essa discussão sobre escolhas e acompanhamento, mas eles acreditavam que ele aprenderia se eles tivessem de executar seu plano.

Com certeza, depois de várias semanas de manhãs tranquilas, chegou o dia em que Ted notou que Mark não estava seguindo sua rotina. Quando chegou a hora de Lamar sair para o trabalho, Mark ainda estava de pijama. Ted preparou o saco de roupas, então Lamar, gentil e firmemente, pegou Mark debaixo de um braço, pegou o saco de roupas na outra mão e caminhou até o carro sob chuva forte – na mesma hora em que um vizinho estava pegando seu jornal.

Lamar suspirou e lembrou a si mesmo: "Bom, dedicar tempo para ensinar o Mark é mais importante do que o que os vizinhos pensam."

Mark chorou e reclamou de que estava com frio enquanto eles estavam dirigindo para a escola. Lamar apontou para o casaco de Mark no assento ao lado dele e sugeriu que ele ficaria mais quente se o puxasse. Lamar também lembrou a Mark que ele poderia se vestir assim que chegassem à escola. Mark continuou reclamando. Quando chegaram à escola, Joyce, a diretora da escola de Educação Infantil (que entende bem esses momentos), sorriu quando a dupla se aproximou.

"Oh, oi, Mark!" ela disse calorosamente. "Estou vendo que você ainda não se trocou esta manhã. Você pode levar sua sacola de roupas para o meu escritório e sair de lá assim que estiver vestido."

Mark se trocou sozinho. Um mês depois, ele decidiu que novas pesquisas eram necessárias e testou a rotina novamente. Lamar respondeu com naturalidade, carregando a sacola de roupas para o carro. Quando eles chegaram na escola, a professora de Mark o convidou a se trocar, lembrando que ele precisaria ter se trocado para brincar fora. Ele recusou e começou a brincar com os blocos, vestido de pijama do Mickey Mouse. Mark brincou alegremente até a hora de sair da sala. A professora de Mark garantiu que, assim que ele estivesse completamente vestido, ele poderia se juntar aos colegas no parquinho. Depois de um momento de reflexão, Mark decidiu que não valia a pena provar o seu ponto de vista e vestiu suas roupas.

Os pais e a professora de Mark não o incomodaram, deram sermões ou lembraram a Mark sobre a necessidade de se vestir. Eles simplesmente fizeram o que disseram que fariam: levaram as roupas dele para o carro, limitaram sua capacidade de brincar ao ar livre até estar adequadamente vestido e permitiram que ele se vestisse na escola. (É importante observar que esse plano não seria apropriado para uma criança mais velha, que poderia se sentir humilhada ao chegar à escola de pijamas. As ações dos adultos nunca devem causar vergonha ou humilhação.)

Lamar poderia ter tornado essa experiência humilhante para Mark se tivesse acrescentado sermões de culpa e vergonha às suas ações gentis e firmes. Lamar não disse: "Vai ser bem feito para você! Da próxima vez, você que se apresse. As outras crianças vão rir de você de pijama!" Em vez disso, Lamar e Joyce trataram Mark com gentileza e firmeza, o que o ajudou a aprender os benefícios de usar suas habilidades para ajudar a si mesmo e cooperar com os outros.

"Ops, cometi um erro!"

Neste momento, você deve estar pensando que precisa ser uma mãe ou pai perfeito e criar um filho perfeito. Não existem essas coisas. Isso não é maravilhoso? Não importa o quanto você aprende ou o quanto você sabe; você nunca vai parar de cometer erros. Depois de entender isso, você pode ver os erros como importantes processos da vida: são oportunidades interessantes para aprender. Em vez de se sentir desencorajado quando cometer um erro, você pode dizer: "Ótimo! Acabei de receber outra oportunidade para aprender!"

Não seria maravilhoso se você também pudesse incutir essa atitude em seus filhos para que eles não ficassem sobrecarregados com toda a bagagem que você carrega a respeito de erros? Quantos adultos desenvolveram um sentimento maior de culpa do que de iniciativa porque foram envergonhados e punidos quando cometeram erros? Obviamente, as crianças não farão as coisas com perfeição. Mas o que é mais importante: a perfeição ou ajudar seu filho a desenvolver uma iniciativa saudável e fortes habilidades para a vida? Às vezes, o aprendizado mais profundo surge do fracasso.

Fazer perguntas curiosas

As crianças não desenvolvem um forte senso de iniciativa quando pais e professores passam muito tempo dando sermões: dizendo às crianças o que aconteceu, o que fez com que isso acontecesse, como elas deveriam se sentir e o que deveriam fazer sobre isso. Mandar incute culpa ou revolta, porque envia a mensagem de que as crianças não estão correspondendo às expectativas dos adultos. Talvez seja mais importante dizer às crianças o que, como e por quê – isso ensina a elas *o que* pensar, e não *como* pensar.

As crianças desenvolverão habilidades de raciocínio, julgamento, resolução de problemas e iniciativa quando os adultos fizerem perguntas curiosas:

- O que aconteceu?
- O que você estava tentando fazer?
- Por que você acha que isso aconteceu?
- Como você se sente com isso?
- Como você pode resolver isso?
- O que mais você poderia fazer se não quiser que isso aconteça novamente?

Quando o Mark, que não se trocou sozinho de manhã, reclamou de estar com frio no carro, seu pai poderia ter usado isso como uma oportunidade para fazer perguntas: "Por que você acha que está com frio? O que você pode fazer para se sentir mais quentinho?" Essas perguntas teriam ajudado Mark a fazer as conexões entre roupas e calor. Ele também pode ter descoberto por que o pijama não é uma boa escolha quando faz frio lá fora. Talvez Mark não entenda verdadeiramente essa conexão e tivesse respondido: "Porque eu não comi toda a minha torrada." Isso daria ao pai a oportunidade de ajudar Mark a aprender que as roupas afetam se nos sentimos quentes ou não.

Acredite ou não, as crianças nem sempre entendem o raciocínio que parece tão óbvio para os adultos. É por isso que é tão importante compreender o que é adequado para aquela idade e fase de desenvolvimento e encorajamento.

É tudo sobre encorajamento

Rudolf Dreikurs disse repetidamente: "Uma criança precisa de encorajamento tanto quanto uma flor precisa de água." Então, o que é encorajamento?

A palavra "encorajamento" vem de uma raiz francesa que significa "a ação do coração". O encorajamento ajuda as crianças a desenvolver coragem: a coragem de aprender e crescer, a coragem de aprender com os erros sem culpa e vergonha, a coragem de desenvolver habilidades sociais e da vida. As crianças desenvolvem coragem quando seus pais e outros adultos em suas vidas criam um lugar seguro onde elas possam praticar sua iniciativa em desenvolvimento e aprender com seus erros.

Remorso não é o mesmo que culpa. As crianças sentirão remorso quando cometerem um erro e magoarem os outros, principalmente se estiverem desenvolvendo compaixão. Lembre-se, porém, de que você não pode forçar uma criança a sentir remorso verdadeiro. Os adultos encorajam quando, por meio de perguntas curiosas, ajudam as crianças a explorar as consequências de suas escolhas, em vez de lhes impor consequências. As perguntas curiosas também ajudam as crianças a entender o que sentem, porque se sentem assim e como podem fazer reparos. Dessa forma, as crianças se sentirão encorajadas a aprender com seus erros.

Como Dreikurs disse: "Uma criança que se comporta mal é uma criança desencorajada." É por isso que os adultos precisam entender os efeitos em longo prazo do que fazem.

Elogios não específicos não são encorajadores

Elogios vagos não são a melhor maneira de encorajar crianças pequenas – mantenha seu encorajamento específico. Por exemplo, se uma criança de 3 anos na escola traz para você seu último desenho e você diz: "Oh, é a imagem mais linda que eu já vi – vou enquadrar e pendurar na parede", você pode não estar ajudando-a tanto quanto pensa. Você pode ter ensinado a ela que a coisa mais importante que ela pode fazer é agradar as pessoas, o que pode ser uma crença perigosa de se ter. Dizendo à mesma criança: "Vejo que você realmente gosta de vermelho e amarelo. Você pode me falar sobre essas formas?" abre a porta para conversar e aprender juntos.

Outra maneira de determinar se algo é encorajamento verdadeiro é que aquilo só pode ser dito àquela pessoa naquele momento, enquanto o elogio é mais geral. Você pode dizer "Ótimo trabalho!" para quase todo mundo a qualquer momento. Você só poderia dizer isto a uma criança específica em uma situação específica: "Você construiu uma torre de blocos muito alta. Veja como você teve de se esticar para alcançar o alto para colocar os blocos de cima – essa torre ficou mais alta que você!" Essa criança sentirá que você notou o que ela fez e que você estava falando exclusivamente com ela.

Este quadro tornará essas distinções mais claras:[2]

DIFERENÇAS ENTRE ELOGIO E ENCORAJAMENTO

	Elogio	Encorajamento
Definição do dicionário	1. Expressar julgamento favorável sobre 2. Glorificar, especialmente em virtude da perfeição 3. Expressar aprovação	1. Inspirar com coragem 2. Estimular
Endereçado a	Ao agente: "Boa menina!"	À tarefa: "Bom trabalho."
Reconhece	Apenas o produto perfeito e completo: "Você fez bem."	Esforço e aprimoramento: "Você fez o seu melhor" ou "Como você se sente com o que conseguiu realizar?"
Atitude	Paternalista, manipuladora: "Eu gosto do jeito que Suzy está sentada."	Respeitosa, apreciativa: "Quem consegue mostrar como precisamos nos sentar agora?"
Mensagem focada no "Eu"	Julgamento: "Eu gosto do jeito que você fez isso."	Autodirecionado: "Eu aprecio sua cooperação."
Usado frequentemente com	Crianças: "Você é tão boazinha."	Adultos: "Obrigado pela ajuda."
Exemplos	Rouba o foco na autoria da pessoa sobre sua realização: "Estou orgulhoso pela sua nota A."	Reconhece a autoria e a responsabilidade pelo esforço: "Essa nota A reflete o seu esforço."
Convida	As crianças a mudarem pelos outros: dependência de aprovação	As crianças a mudarem por elas mesmas: autonomia
Lócus de controle	Externo: "O que os outros pensam?"	Interno: "O que eu penso?"
Ensina	O que pensar. Dependência da avaliação dos outros	Como pensar. Autoavaliação
Objetivo	Conformidade. "Você fez bem."	Compreensão: "O que você pensou/aprendeu/sentiu?"
Efeito na autoestima	Sente-se valorizado quando tem a aprovação dos outros	Sente-se valorizado mesmo sem a aprovação dos outros
Efeito em longo prazo	Dependência dos outros	Autoconfiança, autonomia

Ajudando as crianças a alcançar todo o seu potencial

Joyce, a diretora da escola que Mark frequenta, acredita na importância do uso do encorajamento e do treinamento de habilidades para ajudar as crianças a desenvolver iniciativa e capacidade. Sua equipe procura todas as oportunidades para permitir que as crianças experimentem a capacidade delas, reservando tempo para o treinamento e, em seguida, deixando as crianças fazerem o máximo que puderem por si mesmas.

Quando Joyce vai fazer compras, ela deixa as crianças se revezarem com ela para ajudá-la a colocar itens no carrinho de compras. Quando ela volta para a escola, ela leva a caminhonete para o parquinho e chama as crianças para ajudarem a levar as compras para a cozinha. O cozinheiro ajuda as crianças a lembrar onde colocar os itens.

Durante o almoço, as crianças se servem com sua própria comida. Um garotinho chamado Matt costumava colocar comida demais no prato. Depois de alguns dias, sua professora o ajudou a explorar o que estava acontecendo, perguntando: "O que acontece quando você pega muita comida?"

Matt respondeu: "Não consigo comer tudo e preciso jogar fora o que sobrou."

A professora continuou: "O que aconteceria se você pegasse porções menores de comida?"

Matt parecia ter feito uma grande descoberta ao dizer: "Eu conseguiria comer tudo."

A professora disse: "Tenho certeza de que você conseguiria." Então ela perguntou: "Se você pegar menos comida, comer tudo e ainda estiver com fome, o que você pode fazer então?"

Matt sorriu quando disse: "Eu posso pegar um pouco mais."

A professora perguntou: "Quando você vai começar a fazer isso?"

Matt parecia que mal podia esperar enquanto anunciava: "Amanhã!"

Após o almoço, as crianças raspam os restos de comida do prato em uma panela de plástico, enxaguam o prato em outra panela e, em seguida, colocam o prato na máquina de lavar. Essa rotina é definitivamente mais demorada do que ter um adulto limpando tudo depois do almoço. Mas Joyce e sua equipe de professores estão mais interessados em ajudar as crianças a desenvolver todo o seu potencial do que realizar as tarefas rapidamente. Eles também amam as crianças, apreciam-nas e se sentem privilegiados por fazerem parte de seu crescimento e desenvolvimento.

Quanto mais você souber sobre o que é apropriado para o desenvolvimento, como melhorar o ambiente em que as crianças crescem, aprender as habilidades que as incentivarão a alcançar todo o seu potencial e se perdoar quando cometer erros, mais poderá relaxar e simplesmente assistir seus filhos crescerem, sabendo que estão aprendendo a confiar em suas próprias habilidades, a acreditar no apoio dos adultos em suas vidas e a experimentar as maravilhas da vida ao seu redor.

PERGUNTAS PARA REFLETIR

1. Pense em um limite ineficaz que você estabeleceu para seu filho se ele se comportar de uma determinada maneira. Como você fez (ou não) o acompanhamento disso? Que lições você realmente ensinou? O que seu filho pode decidir sobre si mesmo e sobre você? O que você poderia fazer de diferente?
   Dica: se você não conseguir fazer, não diga que fará.
2. Quando foi a última vez em que você cometeu um erro? Como você lidou com isso? Essa é a atitude em relação aos erros que você deseja incutir em seu filho?
3. Procure se lembrar de uma vez em que você foi duro consigo mesmo por cometer um erro. Escolha três perguntas curiosas da lista na p. 130. Agora aplique essas perguntas à sua situação. Como você se sente depois de fazer isso? Tente usar essas mesmas perguntas com seu filho na próxima vez em que ele cometer um erro.

Parte III

COMPREENDENDO O COMPORTAMENTO E NOVAS FERRAMENTAS

9

ACEITANDO O FILHO QUE VOCÊ TEM: COMPREENDENDO O TEMPERAMENTO

A maioria dos pais não consegue deixar de notar as diferenças entre seus filhos e as outras crianças, em particular ou em público: seus irmãos, outras crianças na escola, filhos dos vizinhos, sobrinhas e sobrinhos. E as diferenças geralmente levam a julgamentos: Bobby é "um menino tão bonzinho"; Miranda é "uma monstrinha".

Você já aprendeu que crianças entre 3 e 6 anos estão passando por estágios de desenvolvimento interessantes; você sabe que experimentar autonomia e iniciativa pode levá-las a comportarem-se de maneiras que os adultos consideram "ruins". Será que existe alguma "criança perfeita"? Você realmente gostaria de ter uma?

O mito da criança perfeita

Um "filho perfeito" e frequentemente retratado como aquele que obedece de forma silenciosa aos pais, não briga com seus irmãos ou irmãs, faz suas tarefas sem reclamar, economiza dinheiro, faz lição de casa sem ter que ser lembrado, tira boas notas, é bom nos esportes e é popular.

Francamente, nos preocupamos com a criança que se encaixa nessa descrição fantasiosa. Essa é, normalmente, a criança que não se sente segura o suficiente para testar os limites do poder e descobrir quem ela é quando colocada à parte de seus pais e professores, ou é a que tem medo de cometer erros ou de arriscar e ser desaprovada. Dizemos "normalmente" porque algumas crianças se encaixam na descrição fantasiosa e ainda se sentem seguras e não têm medo de cometer erros.

A maioria dos pesquisadores acredita que os traços de temperamento são inatos, parte da "programação" de cada criança. A maneira como seu filho interage com você e seus outros cuidadores parece ter um forte efeito sobre como essas tendências inatas realmente se desenvolvem. É um processo complexo, que ainda não compreendemos completamente. Embora atitudes, comportamentos e decisões possam mudar com o tempo e a experiência, o temperamento parece fazer parte de nós para toda a vida. Compreender o temperamento único de seu filho lhe ajudará a aceitar a criança que ele realmente é e a trabalhar *com* ele para aprender, crescer e se desenvolver bem.

Qualidade de ajuste

Existem várias abordagens sobre temperamento. Stella Chess e Alexander Thomas enfatizam a importância do "bom ajuste", que é a profundidade da compreensão que os pais e os professores têm sobre o temperamento de uma criança e sua vontade de trabalhar com ela para incentivar o desenvolvimento saudável.[1] As crianças experimentam estresse suficiente na vida enquanto lutam para obter competência e senso de pertencimento (aceitação). *Não é necessário agravar esse estresse, esperando que um filho seja alguém que ele não é.*

A Disciplina Positiva fornece muitas ferramentas respeitosas para ajudar pais e filhos a "se ajustarem" bem. Por exemplo, uma criança que se mantém atenta por pouco tempo ainda precisará aprender a aceitar uma certa estrutura e a manter o foco. Oferecer escolhas limitadas é uma maneira de respeitar as necessidades da criança e as necessidades da situação (quer dizer, o comportamento adequado para o contexto atual).

Estabelecer uma correspondência entre pais e filhos que atenda às necessidades de ambos é fundamental para a o bom ajuste. Se seu filho tiver dificuldade em se adaptar a novas situações enquanto você é superanimado(a), você terá um ajuste ruim. A boa notícia é que, com entendimento, você pode encontrar equilíbrio e criar um bom ajuste. Seu filho pode não fazer amigos rapidamente, mas pode aprender habilidades sociais que o ajudarão a encontrar um ou dois bons amigos. Ele pode se sentir desanimado se você forçá-lo a ser como você, mas se sentirá encorajado se você gentilmente lhe ensinar que não há problema em dar um tempo até se sentir receptivo para fazer amizade com outras crianças.

Encontrar o equilíbrio entre as suas necessidades e as do seu filho pode levar algum tempo e prática, mas aprender a aceitar e a trabalhar com o temperamento individual e especial do seu filho beneficiará a ambos.

Os estudos de Berkeley

Cada criança nasce com um estilo único de processar informações sensoriais e responder ao mundo ao seu redor. Stella Chess e Alexander Thomas investigaram o milagre da personalidade em um estudo longitudinal realizado no final dos anos 1960 e 1970. Os Estudos de Berkeley revelaram que havia duas orientações básicas, ativas e passivas, e que essas eram características ao longo da vida; em outras palavras, os bebês passivos cresceram como adultos passivos, enquanto os bebês ativos cresceram como adultos ativos. De fato, os níveis de atividade podem ser medidos no útero.

Os nove temperamentos encontrados por Chess e Thomas – as qualidades e características que contribuem para as personalidades individuais – servem para descrever três tipos de crianças: a criança "fácil", a criança "difícil" e a criança "lenta para se aquecer". Todos são bons; alguns são apenas mais desafiadores que outros.

Os nove temperamentos

Todas as crianças possuem graus variados de cada uma das nove características estudadas por Chess e Thomas. Essas características se assemelham a um *continuum*; cada criança (e cada mãe/pai) se enquadra em algum lugar ao longo da linha entre os dois extremos. (Você pode pensar em uma criança que conhece enquanto explora esses aspectos do temperamento.)

> Os nove temperamentos a seguir moldam a personalidade e a visão de vida de uma criança:
> 1. Nível de atividade
> 2. Ritmo
> 3. Resposta inicial (aproximação ou retraimento)
> 4. Adaptabilidade
> 5. Limiar de responsividade sensorial
> 6. Qualidade de humor
> 7. Intensidade das reações
> 8. Distração
> 9. Persistência e atenção

Nível de atividade

Nível de atividade refere-se ao nível de atividade motora da criança. Uma criança de alta atividade pode se divertir com jogos energéticos de corrida, enquanto uma criança de baixa atividade escolhe algo silencioso, como desenhar ou olhar um livro.

PERGUNTA: *Meu filho de 3 anos não sabe o que significam as palavras "Espere, por favor!". Ele nunca diminui a velocidade. Estou exausto. O filho da minha irmã parece muito mais calmo. Estou fazendo algo errado?*

RESPOSTA: Você já reparou com que frequência pais e professores de pré-escolares usam a expressão "exausto"? A maioria das crianças em idade pré-escolar tem um alto nível de energia física – afinal, há muito o que fazer e aprender a cada dia –, mas algumas parecem ter muito mais energia. Se você tiver um desses pequenos altamente ativos em sua casa, fique tranquilo: não há nada de errado com você ou seu filho. Uma criança ativa não é "má". Ela simplesmente está ocupada sendo quem ela é. A chave para viver pacificamente com sua criança ativa é encontrar uma maneira de atender às necessidades dela sem abandonar as suas. Aqui estão algumas sugestões:

- *Planeje com antecedência, mantendo as necessidades do seu filho em mente.* Forneça a ele espaço, atividades desafiadoras e oportunidades para esgotar o excesso de energia. Leve-o para parques, matricule-o em aulas de natação ou ginástica e proporcione bastante tempo para brincadeiras energéticas. Também pode ser sensato pular, por enquanto, a aula de balé, os recitais de música e teatro e as refeições longas em restaurantes. Faça o seu melhor para alinhar suas expectativas com as habilidades do seu filho.

- *Agende um horário para si mesmo.* Consiga uma babá, matricule seu filho na escola ou em outras aulas para se dar um tempo ou peça a um amigo ou parceiro para passar um tempo com ele regularmente. Isso não é egoísmo; é parentalidade sábia. Você precisa de muita energia para lidar com calma e de forma efetiva com uma criança em idade pré-escolar ativa, bem como precisa de tempo para descansar e se recompor.
- *Aprenda a amar seu filho como ele é.* Ele não escolheu seu temperamento. Celebre seus pontos fortes. Há muitas coisas que ele pode realizar mais tarde na vida com sua energia abundante.

Monica aprendeu a planejar seus dias pensando nos diferentes temperamentos e níveis de atividade de seus gêmeos. Certa tarde de domingo, na piscina pública, Ned e Sally, de 3 anos, faziam companhia à mãe enquanto a irmã mais velha fazia aulas de natação. À medida que o tempo passava, Ned brincava com a sacola de animais de plástico que sua mãe trouxe. A hora inteira passou com Ned, felizmente, absorto em sua brincadeira.

Com a irmã, Sally, a história é bem diferente. Ela começou a colorir o livro que sua mãe trouxe, mas em dez minutos já havia colorido todas as páginas e queria que sua mãe lesse para ela. No meio da história, Sally decidiu que estava com sede, então Monica a levou até o bebedouro. A seguir Sally começou a subir na arquibancada. Antes de meia hora, Sally coloriu, ouviu uma história, pegou uma bebida e explorou as arquibancadas. Monica conhece bem a filha e já esperava ir até o balanço – e sabia que era melhor eles estarem prontos para ir embora assim que a aula terminasse.

Ned tem um baixo nível de atividade, enquanto o de Sally é alto. Monica costumava se sentir frustrada com as diferenças entre os gêmeos, principalmente porque achava que os tratava da mesma maneira. Informações sobre temperamento a ajudaram a entendê-los melhor. Ela decidiu que poderia muito bem relaxar e simplesmente apreciar (e planejar-se para) a singularidade de cada filho.

Ritmo

O ritmo refere-se à previsibilidade (ou imprevisibilidade) das funções biológicas, como fome, sono e evacuação.

Karen e Leah podiam acertar o relógio de acordo com a rotina de seu filho mais novo, Martin, de 3 anos. Ele acordava às seis e meia todas as manhãs, queria o de sempre no almoço todos os dias, sempre escolhia brincar com os mesmos brinquedos, insistia em tirar uma soneca todas as tardes às 13h30 e ia para a cama todas as noites no mesmo horário.

Martin proporcionou um descanso necessário para Karen e Leah, após a experiência com seu irmão de 5 anos, Stanley, que era tão imprevisível quanto Martin era previsível, com atividades diárias em fluxo constante. Embora o estilo de Martin fosse mais fácil de conviver, Karen e Leah aprenderam a ser pacientes com Stanley e a evitar mostrar preferência pelo estilo de Martin. Elas envolveram os dois garotos no planejamento das rotinas matinais e de dormir (mesmo que Martin não precisasse de um). Stanley costumava gostar de seguir rotinas que ele ajudara a criar.

Compreender o ritmo pode ajudar os pais e responsáveis a planejar a programação de uma criança de maneira a minimizar o conflito e o estresse para todos.

Resposta inicial

Esse temperamento descreve a maneira como uma criança reage a algo novo, como uma nova comida, brinquedo, pessoa ou lugar. As respostas da aproximação geralmente são fáceis de ver: a criança sorri ou corre para se juntar a um novo companheiro de brincadeira. As respostas de retraimento parecem mais negativas e são expressas por choro, uma expressão preocupada ou mesmo a fuga de uma nova atividade ou pessoa. Aprender a cuidar de seus filhos significa reconhecer essas dicas e responder de maneiras encorajadoras e estimulantes.

Amanda chegou à nova escola aos 3 anos de idade. Sempre que as crianças se reuniam para uma atividade em grupo, Amanda ficava para trás e se recusava a participar. Como a professora era sensível ao seu temperamento, ela não insistia para que Amanda se juntasse ao grupo, apesar de garantir que

Amanda soubesse que era bem-vinda. Por duas semanas, Amanda se conteve, observando o que acontecia e, aos poucos, se aproximando. Na terceira semana, ela estava brincando alegremente com os outros. A resposta inicial de Amanda foi o retraimento, e sua professora honrou sabiamente esse aspecto de seu temperamento.

Novamente, o temperamento é inato, e as pesquisas indicam que esses traços de personalidade profundamente arraigados não são alterados com facilidade por pais ansiosos.

Bonny preocupava-se com o filho de 5 anos, Jason: ela temia que a timidez dele o impedisse de ter um relacionamento feliz ou de aproveitar as atividades que ela e o pai sempre amaram. Bonny descobriu que, quando o forçava, pedia que ele falasse ou brincasse com alguém novo, ou o matriculava em um esporte ou atividade, ele se afastava ainda mais, se escondendo atrás da perna dela.

Quando Bonny percebeu que Jason era sempre cuidadoso em situações novas, ela decidiu aceitar o filho como ele era – e encontrar maneiras de ajudá-lo a se sentir mais confortável e confiante. Ela aprendeu a oferecer oportunidades para Jason observar outras crianças jogando bola antes de matriculá-lo. Ela aprendeu a não pressioná-lo a falar com desconhecidos, mas a manter uma conversa amigável, com a mão gentilmente no ombro do filho para tranquilizá-lo.

Bonny arranjou tempo para ficar um pouco com Jason em situações novas, aceitando que ele se sentia confortável mais rapidamente quando ela estava com ele. Mais importante, ela ofereceu a ele aceitação e encorajamento sem exigir que ele "superasse" sua timidez. Jason pode demorar sempre para se sentir à vontade com desconhecidos e novas circunstâncias, mas a paciência e o encorajamento amoroso de sua mãe o ajudarão a acreditar e aceitar a si mesmo.

Adaptabilidade

A adaptabilidade descreve como uma criança reage a uma nova situação ao longo do tempo – sua capacidade de se ajustar e mudar. Algumas crianças inicialmente cospem um novo alimento, mas o aceitam após algumas tentativas. Outras aceitam uma nova comida, uma nova peça de roupa ou uma nova escola muito mais lentamente, se é que o fazem.

Quando os pais de Maria, de 4 anos, decidiram pedir o divórcio, seu pai encontrou um apartamento a alguns quarteirões de distância. Qualquer criança considera o divórcio doloroso, mas o temperamento lento para adaptar-se de Maria aumentou o estresse associado a uma mudança tão importante. Embora ambos os pais tenham concordado em compartilhar os deveres parentais, com Maria passando várias noites por semana com o pai, eles decidiram adotar uma abordagem gradual a princípio.

Quando o pai de Maria se mudou, ele a convidou para ajudá-lo a levar as coisas para seu novo apartamento. Nas semanas seguintes,ele levou Maria a seu apartamento várias vezes, aumentando a duração dessas visitas. Depois de três semanas, Maria passava dias inteiros com o pai e jantava em seu novo apartamento, mas voltava para sua cama, no quarto da casa da família, para dormir.

Aos poucos, Maria e seu pai montaram um quarto para ela em sua nova casa, escolheram alguns móveis e selecionaram roupas que ela poderia deixar em seu novo quarto. Um mês se passou antes que Maria e seus pais se sentissem confortáveis com pernoites no apartamento do pai.

Os pais de Maria colocaram as necessidades dela em primeiro lugar e lhe deram tempo para se adaptar a essa mudança.[2]

Se o seu filho resiste a uma rápida transição e mudança, reconhecer e aceitar o temperamento dele pode lhes poupar desconforto e infelicidade.

Limiar de responsividade sensorial

Algumas crianças acordam de um cochilo toda vez que uma porta se abre, não importa quão suavemente isso ocorra, enquanto outras podem dormir durante um furacão. Algumas crianças reclamam de roupas apertadas ou lençóis ásperos, enquanto outras arranham os joelhos ou batem a cabeça sem nem desacelerar. O nível de sensibilidade às informações sensoriais varia de uma criança para a outra e afeta o modo como elas se comportam e veem o mundo.

Alice estava comemorando seu quarto aniversário. Ela abriu um presente que continha um lindo vestido florido e sorriu encantada. O sorriso mudou para consternação, no entanto, quando ela notou que a saia fofa estava presa no lugar por uma camada de rede de *nylon* rígida. "Eu tenho que usar esta peça?" Ela perguntou alarmada. "Vai arranhar minhas pernas."

Esses pequenos detalhes não perturbaram Andy. Ele adorava andar descalço e tirava os sapatos em todas as oportunidades. Seus pais apontavam com preocupação para o parque de cascalho ou exclamavam sobre a calçada quente, mas diferentes texturas e temperaturas não incomodavam Andy.

O tempo e a experiência ensinam sobre a sensibilidade do seu filho à sensação e estímulo físicos. Seu filho gosta de barulho e música ou fica irritado? Ele olha fixamente para luzes brilhantes ou piscantes ou ele vira o rosto? Ele gosta de ser tocado e abraçado, ou se esquiva de muito contato?

Se o seu filho for mais sensível à estimulação, você precisará ir devagar ao introduzir novos brinquedos, novas experiências e novas pessoas. Luz suave e música suave podem ajudá-lo a se acalmar; ele pode ficar nervoso ou irritado em locais barulhentos e lotados (como festas de aniversário, parques de diversões ou *shoppings* movimentados). Uma criança menos sensível pode estar mais disposta a experimentar novas experiências. Descubra o que atrai a atenção dele; então crie oportunidades para ele explorar e experimentar.

DISFUNÇÃO DE INTEGRAÇÃO SENSORIAL

Algumas crianças são sobrecarregadas por estímulos sensoriais; de fato, em alguns casos, o cérebro da criança pode ter dificuldade em integrar informações sensoriais. Uma criança pode achar as meias "dolorosas" ou a camiseta "muito apertada"; ela pode insistir nos mesmos alimentos e rotinas porque os outros são desconfortáveis ou "ruins". Outras crianças não respondem fortemente a qualquer estímulo; elas podem balançar, girar ou bater a cabeça em um esforço para gerar informações sensoriais, que acham reconfortantes. Essas crianças podem ter disfunção de integração sensorial e podem se beneficiar de uma variedade de terapias que as ajudarão a entender as informações sensoriais e a se sentirem mais confortáveis.

Se você suspeita de que seu filho reage às informações sensoriais de maneira diferente das outras crianças da mesma idade, pode ser aconselhável pedir uma avaliação ao seu pediatra.[3]

Qualidade de humor

Você já reparou como algumas crianças (e adultos) reagem à vida com prazer e aceitação, enquanto outras podem encontrar falhas em tudo e em todos? Uma criança pode oferecer à sua família sorrisos largos, enquanto outra se sente compelida a fazer beicinho ou uma careta, "porque sim".

Pais de crianças menos alegres podem se animar. Se seu filho mostra uma cara feia com mais frequência do que você gostaria, lembre-se de que essa cara feia não é uma resposta a você ou às suas habilidades parentais. Pode ser desanimador para pais e professores lidarem com uma criança que sempre olha para o lado sombrio, mas existem maneiras de aceitar esse temperamento e ajudar a criança a encarar a vida de maneira mais positiva.

> Stephen chegou em casa após a aula sobre parentalidade com uma nova ideia: ele perguntaria ao filho de 5 anos, Carl, sobre o momento mais feliz e triste do dia. Stephen estava ansioso para fazer disso uma parte de sua rotina de dormir e ter a chance de entrar no mundo de seu filho. Quando Stephen perguntava a Carl sobre seus momentos mais tristes, ele costumava ter uma longa lista de problemas para relatar, mas quando perguntado sobre seus momentos felizes, ele não conseguia pensar em nenhum. Stephen começou a se sentir realmente preocupado por Carl estar tão infeliz.
>
> Quando Stephen aprendeu sobre temperamento, ele conseguiu parar de cair na armadilha de humor negativo de Carl. Ele ouvia a lista de problemas do filho e depois compartilhava alguns de seus momentos tristes. Então ele compartilhava seus momentos felizes. Como Stephen continuava a mostrar a Carl que não havia problema em ver aspectos positivos e negativos, Carl começou a compartilhar momentos felizes também. Ele ainda vê muitos pontos negativos, mas está aprendendo a ver as coisas positivas também.

Carl simplesmente tem uma qualidade de humor negativo e vê o mundo dessa perspectiva. Ao aceitar seu temperamento, Stephen aprendeu mais sobre seu filho e como ajudá-lo a ampliar sua perspectiva.

Intensidade das reações

As crianças respondem aos eventos ao seu redor de maneiras diferentes. Algumas sorriem em silêncio ou apenas dão uma olhada, depois voltam ao que estavam fazendo; outras reagem com ação e emoção. Por exemplo, as birras do seu filho que reage com alta intensidade podem ser ouvidas em todo o condomínio, enquanto o filho do seu vizinho se retira para ficar de mau humor quando fica desapontado.

> Veronica estava se preparando para a aula de arte. Enquanto as crianças brincavam em silêncio, Veronica preparou papel, canetinhas, giz pastel e tesoura. Ela estava carregando a caixa com as aquarelas e pincéis quando tropeçou em um bloco e a caixa de material de pintura caiu no chão.
> O grupo de crianças reagiu de várias maneiras interessantes. Algumas olharam assustadas, depois voltaram a brincar. Steffi e Adam começaram a gritar. Mark levantou-se para xeretar no que restou, enquanto Angie corria pela sala rindo.

As crianças responderam diferentemente à mesma situação porque seus níveis de intensidade eram diferentes. Compreender que as crianças reagem a estímulos com graus variados de intensidade pode ajudar pais e professores a lidar com o comportamento de forma mais calma.

Distração

A distração descreve a maneira como um estímulo externo interfere no comportamento atual de uma criança e em sua disposição (ou falta de vontade) de ser entretida.

> É hora de dormir na escola quando Melissa faz a infeliz descoberta de que seu ursinho de pelúcia ficou em casa. A professora a segura, conversa com ela e oferece um dos brinquedos da escola como substituto, mas nada ajuda. Melissa passa a soneca inteira sentada no seu colchonete e choramingando pelo ursinho.

Melissa tem pouca distração, o que será um trunfo real algum dia, quando ela for contratada para ser uma controladora de tráfego aéreo. Mas, por enquanto, Melissa não é uma criança que possa ser levada à escola sem o seu precioso ursinho. Na verdade, pode ser sensato ter dois ursinhos de pelúcia, um para casa e outro para a escola, para que esse tipo de crise possa ser evitado.

Aaron, por outro lado, fica perfeitamente feliz em enroscar-se com qualquer brinquedo disponível. Hoje ele esqueceu seu dinossauro de pelúcia, mas quando sua professora ofereceu um coelho azul Aaron sorriu e adormeceu satisfeito.

Mais tarde na vida, Aaron pode ser uma pessoa descontraída, capaz de fazer muitas coisas ao mesmo tempo. É encorajador para adultos e crianças quando pais e professores se lembram de concentrar-se nos aspectos positivos do temperamento de uma criança.

Persistência e atenção

Persistência refere-se à disposição da criança de exercer uma atividade diante de obstáculos ou dificuldades; o período de atenção descreve o espaço de tempo em que ela exercerá uma atividade sem interrupção. As duas características estão geralmente relacionadas. Uma criança que enfia contas em um barbante pode desistir se a conta não entrar de imediato; outra tentará repetidamente até conseguir. Essas crianças estão demonstrando diferentes níveis de persistência. Mais uma vez, nenhum temperamento é necessariamente melhor que outro; eles são apenas diferentes e apresentam desafios distintos para pais e professores.

Mitchell está desenhando o mesmo mapa do atlas para crianças todas as manhãs há uma semana. Ele continua com cuidado seu trabalho, acrescentando detalhes e cantarolando satisfeito consigo mesmo enquanto desenha. A melhor amiga de Mitchell, Erica, vem brincar e se senta para ajudá-lo – por algum tempo. Depois de meia hora, Erica já tem três desenhos concluídos às pressas e volta sua atenção para um novo pote de massinha. Um dia Erica poderá descobrir novas cepas de bactérias ou medicamentos inovadores com sua capacidade de detectar e investigar, enquanto a maioria de nós ficaria muito à vontade com o futuro Dr. Mitchell realizando nossa cirurgia cardíaca de seis horas.

É importante entender que uma criança com curtos períodos de atenção e pouca persistência não tem necessariamente a condição conhecida como transtorno do déficit de atenção e hiperatividade (TDAH). O TDAH (que pode ocorrer com ou sem hiperatividade) é uma condição neurológica que deve ser diagnosticada por um neurologista pediátrico ou por um pediatra treinado para reconhecer seus sintomas específicos. Normalmente, não é aconselhável agir de acordo com um "diagnóstico" oferecido por outro pai/mãe ou cuidador – embora possa valer a pena investigar essas sugestões com o médico do seu filho.

A maioria dos médicos reluta em diagnosticar TDAH até que a criança tenha pelo menos 5 ou 6 anos de idade. Antes desse período, comportamento impulsivo, altos níveis de atividade e curtos períodos de atenção podem ser decorrentes de temperamento, trauma ou diferenças no desenvolvimento. Se você estiver preocupado, consulte o pediatra do seu filho ou um terapeuta infantil treinado para avaliar crianças pequenas (mais sobre necessidades especiais no Capítulo 18). Compreender o desenvolvimento e o temperamento, ser firme e gentil e usar as habilidades da Disciplina Positiva ajudará você e seu filho a obterem sucesso em casa e na escola, independentemente de outras condições.

Temperamento: desafio ou oportunidade?

Se perguntarmos, a maioria dos pais e professores provavelmente preferiria crianças que consigam ficar atentas por perídos longos e que tenham alta persistência; elas são mais fáceis de ensinar e entreter. No entanto, poucas crianças se encaixam nessa descrição ideal. De fato, a maioria das famílias inclui filhos de diferentes temperamentos, e os professores podem ter que trabalhar com uma grande variedade.

Cada criança – e temperamento – possui pontos fortes e fracos. Nada é "bom" ou "ruim" e, como você já viu, a comparação e os julgamentos podem levar ao desânimo e à decepção. Todos os pais devem reconhecer e aceitar as maneiras pelas quais os sonhos e temperamentos de seus filhos são diferentes dos seus.

Os pais de Evan são pessoas artísticas que desenham lindas tapeçarias e roupas não tradicionais. Eles ficaram preocupados com o fato de Evan não estar tendo ampla oportunidade de expressão artística em sua escola, pois Evan nunca voltava para casa com tinta nas roupas ou argila nas unhas. De fato, Evan teve muitas oportunidades para explorar o mundo da arte. Ele simplesmente não estava interessado. Evan era um jovem preciso e ordenado que preferia trabalhar em silêncio montando quebra-cabeças ou construindo com blocos. Ele não gostava da sensação escorregadia de tinta nas mãos ou da bagunça pegajosa da argila. Os pais de Evan estavam vendo o filho à luz de seus próprios temperamentos, não do dele. Quando o professor de Evan explicou seu temperamento, os pais ficaram agradecidos. Agora eles poderiam aceitar Evan pela pessoa única que ele é e encorajá-lo a seguir seus próprios sonhos, não os deles.

Necessidades da situação

A consciência do temperamento lhe ajudará a entender por que métodos diferentes são mais eficazes com algumas crianças do que com outras. Existem alguns princípios universais, como o direito de todos à dignidade e ao respeito.

Você não pode fazer seu filho respeitá-lo, mas pode tratar a si mesmo com respeito. Se seu filho estiver se comportando desrespeitosamente, você pode optar por sair da sala ou encontrar outro método de Disciplina Positiva para lidar com o comportamento. Não é eficaz nem respeitoso privar uma criança de amor ou aceitação porque seu comportamento precisa ser adequado.

Aaron não fazia nada pela metade. Sua mãe descrevia o filho de 4 anos como "apaixonado", uma característica admirável – nas circunstâncias certas. Uma tarde, a mãe de Aaron disse que era hora de guardar seus gizes de cera. Aaron não queria parar de colorir. Seu rosto enrugou-se de raiva, sua mandíbula se projetou e, em uma explosão de raiva, ele atirou seus gizes de cera na mãe. A mãe de Aaron reconheceu que sua frustração era compreensível, mas seus sentimentos e seu temperamento intenso não lhe davam permissão para maltratar outras pessoas. A mãe de Aaron respirou calmamente para controlar sua própria raiva e depois saiu da sala sem nenhum comentário.

Aaron gritou. A mãe dele permaneceu calma, indo para o próprio quarto. Alguns minutos se passaram, e Aaron começou a perceber que as birras parecem bem tolas quando não há ninguém por perto para testemunhá-las. Aaron foi em busca de sua mãe.

Quando ele encontrou a mãe no quarto dela, Aaron subiu na cama com ela e se aconchegou sem palavras ao lado dela. Agora, a mãe tem uma escolha: ela pode dar um sermão para Aaron sobre seu comportamento inaceitável e levá-lo para a sala ao lado para recolher os gizes de cera, ou pode responder ao desejo dele de estar perto. A mãe de Aaron escolheu dar um abraço no filho pequeno.

Depois que eles estabeleceram uma boa conexão, a mãe disse a Aaron que não havia problema em sentir raiva às vezes, mas que não estava certo jogar coisas nela ou em qualquer outra pessoa. Ele se aconchegou mais perto dela e assentiu para indicar que sabia que não deveria jogar coisas. Depois de alguns momentos de silêncio, a mãe perguntou se ele queria ajuda para pegar os lápis de cera que ele jogara ou se poderia fazê-lo por conta própria. Aaron saltou da cama e com mais um abraço correu para pegar seus gizes de cera.

Aaron "escapou" do mau comportamento de jogar gizes de cera na mãe? Na verdade, a mãe de Aaron optou por lidar com a situação de uma maneira que acomodasse seu próprio temperamento e o do filho. Se ela tivesse gritado, exigido cumprimento imediato ou punido Aaron, a situação provavelmente se tornaria intensa dos dois lados. Em vez disso, ela respeitou suas necessidades saindo de cena, modelando o autocontrole e cuidando de si mesma . Ela deixou Aaron saber que ele ainda era amado, retribuindo seu abraço, depois o convidou a corrigir a situação ao pegar os lápis de cera quando ele se acalmou.

Temperamento e emoções fortes não são desculpa para ações inapropriadas. Levar em conta as tendências naturais de uma pessoa simplesmente proporciona perspectiva, orienta suas respostas e lembra que seu filho sempre precisa de seu amor, sobretudo quando se esforça para melhorar suas habilidades de vida.

Habilidades da Disciplina Positiva para pais e professores

Muitas das habilidades da Disciplina Positiva que sugerimos são apropriadas para crianças de todos os temperamentos, pois convidam as crianças a aprender cooperação, responsabilidade e habilidades de vida. No entanto, uma compreensão do temperamento nos ajuda a entender por que métodos diferentes podem ser mais eficazes, dependendo do temperamento e das necessidades de uma criança em particular.

Por exemplo, uma pausa positiva, quando usada adequadamente, pode ser uma maneira encorajadora de ajudar as crianças que precisam de tempo para se acalmar. As reuniões de família e de classe são essenciais para ajudar as crianças a aprender habilidades para resolver problemas e cooperação (ver Capítulo 17). Fazer perguntas curiosas incentiva as crianças a se concentrarem na responsabilidade pessoal, à medida que exploram o que aconteceu, o que causou o que aconteceu, como se sentiam a respeito e o que poderiam escolher fazer diferente da próxima vez. Pais e professores podem ajudar as crianças a se tornarem as melhores pessoas que podem ser quando compreendem e respeitam as diferenças, a individualidade e a criatividade de cada criança.

Os pais que entendem o temperamento de seus filhos podem ser consultores capacitados para professores e outras pessoas que cuidam dessa criança. Por exemplo, se o seu filho demora a se adaptar, solicite um encontro e explique ao professor que ele se adapta lentamente, mas responde à paciência, bem como à firmeza e à gentileza. Se seu filho tiver pouco tempo de atenção, procure um programa ou um professor que aprecie a criatividade e ofereça uma variedade de experiências durante o dia. Evite professores e programas autoritários em que as crianças precisam passar muito tempo paradas e nos quais as crianças que não estão de acordo com as expectativas são punidas. Certifique-se de que é o temperamento do seu filho e não o seu próprio que lhe motiva. Você sempre deve ser o melhor advogado e defensor do seu filho.

Individualidade e criatividade

Um dos principais motivadores do estudo de temperamento de Chess e Thomas foi o desejo de parar a tendência da sociedade de culpar as mães pelas características de seus filhos. Chess e Thomas declaram: "O temperamento de uma criança pode influenciar ativamente as atitudes e o comportamento de seus pais, outros membros da família, coleguinhas e professores e, por sua vez, ajudar a moldar seus efeitos no desenvolvimento comportamental." Dessa forma, o relacionamento entre a criança e os pais é uma via de mão dupla, em que cada um influencia o outro continuamente.

Pais e professores não desencorajam a individualidade e a criatividade intencionalmente. A consciência do temperamento ressalta a diversidade e a individualidade de todas as crianças.

Ame o filho que você tem

A maioria dos pais tem sonhos para os filhos. Sem dúvida, você quer que seu filho seja saudável e feliz, mas, mais do que isso, deseja que ele cumpra todo o potencial que vê nele. Você pode valorizar as visões de seu filho como atleta ou músico importantes, cientista vencedor do Nobel ou mesmo presidente.

Michael sonhava com o dia que seu filho nasceria. Ele orgulhosamente carregou o recém-nascido para um quarto decorado com bandeirolas e alguns dos seus próprios troféus e colocou uma pequena bola de futebol azul no berço da criança. Quando o pequeno Kevin cresceu, ele foi inscrito em todos os esportes. Seu pai nunca estava muito ocupado para jogar futebol ou praticar um pouco de rebatidas. Kevin jogava beisebol para crianças com as outras crianças de 5 anos e futebol com a liga mirim. Ele tinha uma cesta de basquete em miniatura e uma luva de beisebol perfeitamente hidratada com óleo. Seu pai nunca perdeu um treino ou um jogo.

Havia apenas um problema: Kevin odiava esportes. Ele fez o seu melhor, mas tinha pouca habilidade natural e detestava a competição. Sozinho em seu quarto, ele sonhava em ser ator ou comediante, em ficar em um palco diante de uma plateia sorridente e que o aplaudia. Ele enfileirou seus bichos de pelúcia e contou suas histórias e piadas favoritas, ouvindo em sua mente uma resposta entusiasmada. Os amigos do bairro se deliciavam com suas grandes histórias.

Quando Michael falava ansiosamente com o filho sobre as principais ligas, Kevin apenas suspirava. Destruir os sonhos de seu pai exigiria mais coragem do que ele possuía. Com medo de perder o amor e a aprovação do pai, Kevin foi ficando um pouco mais desanimado a cada jogo, sentindo-se decepcionado por nunca ser o filho que o pai realmente queria.

Todos os pais têm sonhos para os filhos, e sonhar não é uma coisa ruim. Porém, se você deseja incentivar seu filho e desenvolver seu senso de autoestima e pertencimento, deve reservar um tempo para ensinar e incentivar os sonhos deles – não os seus.

Melhora, não perfeição

Mesmo com compreensão, os pais lutam ocasionalmente com o temperamento e comportamento de seus filhos, em especial quando perdem a paciência, se concentram no próprio ego ou ficam viciados em reagir ao comportamento, em vez de agir com ponderação. Você e seus filhos são humanos demais: você terá bons dias e dias em que estará irritadiço. Consciência e compreensão não significam que você se torna perfeito; erros são inevitáveis. No entanto, depois de ter tido tempo para se acalmar após cometer um erro, você precisa resolvê-lo com seu filho. As crianças geralmente estão mais do que dispostas a abraçar e oferecer perdão, sobretudo quando sabem que você fará o mesmo por elas. É importante ajudar seu filho a buscar melhora e não a perfeição; você também pode dar esse presente a si mesmo.

PERGUNTAS PARA REFLETIR

1. Veja a lista de nove temperamentos e escolha um. Determine onde você se encaixa em termos de cada uma dessas características de temperamento usando uma escala de 1 a 10, em que 10 significa que você expressa fortemente essa característica e 1 significa que você não expressa essa característica. Agora faça o mesmo para o seu filho. Seus números são os mesmos? Muito diferentes? Em algum lugar no meio? Pense em uma situação em que você e seu filho entrem em conflito. Você pode encontrar pelo menos três maneiras respeitosas de melhorar sua "qualidade de ajuste"?

2. O que "necessidades da situação" significa para você e para seu filho? Ao ir ao zoológico, fazer uma refeição em um restaurante ou visitar a casa de um amigo, quais são as expectativas e orientações? Como o temperamento do seu filho pode afetar sua capacidade de seguir as regras?
Dica: *evite "dizer o que fazer". Em vez disso, pergunte, buscando conexão e encorajamento.*

3. Quais aspectos do seu próprio temperamento são os mais diferentes dos do seu filho? Como você pode praticar a autoconsciência e cuidar de si mesmo para minimizar desacordos e conflitos?

10

"POR QUE MEU FILHO *FAZ* ISSO?": AS MENSAGENS DO MAU COMPORTAMENTO

Compreender o desenvolvimento de seu filho e encher sua caixa com as ferramentas parentais da Disciplina Positiva lhe ajudará a resolver conflitos com seu filho pequeno. Também ajuda saber que temperamento, ordem de nascimento, desenvolvimento cerebral, habilidades físicas e intelectuais, bem como aquisição de habilidades são subjacentes a grande parte do comportamento de seu filho nesses primeiros anos. Mesmo assim, até a criança mais agradável não é perfeita, e o mau comportamento pode ser frustrante. Por que as crianças se comportam mal? E o que os pais devem fazer sobre isso?

Carly está brincando alegremente no chão enquanto a mãe paga as contas. O telefone toca, a mãe de Carly atende – e de repente Carly fica colada na perna da mãe, choramingando por suco. Nem todos os pedidos feitos bem baixinho conseguem fazer com que Carly volte a brincar. Por quê?

Alberto sabe que escovar os dentes faz parte de sua rotina de dormir. Ele também sabe que esse procedimento é extremamente importante para o pai. Quando o pai de Alberto se aproxima com a escova de dentes, Alberto cruza os braços, franze a testa e fecha a boca com força. O pai de Alberto ameaça, implora e até tenta passar a escova de dentes pelos lábios de Alberto, mas Alberto mantém a boca selada. Por quê?

Essas crianças estão se comportando mal? Bem, certamente parece que sim. A maioria dos pais passou por momentos como esses e se esforçou para encontrar uma solução. Como você aprenderá, antes de poder ajudar seu filho a se comportar de maneira diferente, você deve entender as crenças *por trás* do comportamento de seu filho e por que o comportamento dele faz sentido para ele.

Além de comportamentos adequados ou típicos da idade, o comportamento também pode ser uma mensagem codificada que revela as crenças subjacentes da criança sobre si mesma e sobre a vida. Quando seu filho se comporta mal, ele pode estar lhe dizendo, da única maneira que sabe, que está se sentindo desencorajado ou que sente que não é aceito. Ao aprender a decifrar esse código, você descobrirá que suas respostas (e eventualmente o comportamento de seu filho) mudarão.

Há uma parábola que nos exorta a caminhar um quilômetro no lugar de outra pessoa antes de condenar ou criticar suas ações. Quando você consegue entrar no mundo do seu filho (e se colocar em seu lugar), o comportamento dele pode começar a fazer sentido.

O que é mau comportamento?

Os pais às vezes veem qualquer comportamento atípico como mau comportamento. Por um momento, coloque-se no lugar do seu filho; faça um esforço para entrar no mundo dele.

Randy, de 4 anos, estava em casa com a mãe, se recuperando da catapora. A mãe teve que tirar alguns dias de folga do trabalho e precisava passar algum tempo ao telefone acompanhando os negócios. Uma tarde, depois de um telefonema particularmente longo, ela entrou no quarto de Randy e o encontrou absorto usando as canetas permanentes. O criativo menino havia examinado suas manchas de catapora e se lembrou de seu livro de ligar pontos. Randy tinha tirado a roupa e estava ocupado desenhando linhas de um ponto a outro do corpo com as canetas. Ele estava coberto de linhas coloridas que conectavam seus pontos vermelhos.

A mãe de Randy foi sábia o suficiente para perceber que isso não era um mau comportamento. Ele não estava tentando chamar atenção ou fazer uma bagunça; ele havia decidido que seu corpo era um grande desenho de ligar pontos! O que a mãe dele fez? Ela deixou seu senso de humor assumir o controle. Pegou os marcadores laváveis e terminou de conectar os pontos com ele.

Teria sido fácil para a mãe repreender e humilhar Randy. Todo o evento poderia ter se desintegrado em lágrimas e tristeza. Em vez disso, a mãe criou espaço para um dos momentos preciosos da infância. Quando Randy for pai, sentado com seus filhos em volta da mesa da vovó, contando histórias "Lembra de quando...", Randy e sua mãe cairão na risada ao se lembrarem do ligue pontos da catapora de Randy!

Quando o pai de Elsie, de 3 anos e meio de idade, a pegou na escola em um final de tarde, ele imediatamente notou que o cabelo de Elsie estava significativamente mais curto na frente do que estava pela manhã. "Alguém cortou o cabelo de Elsie hoje?", ele perguntou à professora de Elsie.

"Não, ela mesma fez isso" – respondeu a professora. "Elsie tem praticado bastante com a tesoura de segurança ultimamente."

Elsie estava se comportando mal? Quando o pai entrou no mundo de Elsie, percebeu que ela estava explorando ativamente as maravilhas do uso de tesouras. Hoje ela descobriu que podia cortar o cabelo. O pai pode não gostar do novo corte de sua filha, e ele certamente explicará a Elsie que prefere que ela não corte o próprio cabelo (ou de qualquer outra pessoa). Ele também pode dizer à filha destemida: "Vamos encontrar algumas coisas que você pode cortar." Esse pai sabe que o experimento de Elsie foi uma experiência de aprendizado. O cabelo voltará a crescer. Elsie cometeu um erro, e seu pai a ajudará a aprender com isso.

Ambas as crianças estavam se comportando de maneiras que são adequadas ao desenvolvimento – e sendo bastante criativas. No entanto, teria sido fácil interpretar as duas situações como mau comportamento.

Então, como você sabe quando um comportamento é mau comportamento? A chave é a necessidade de pertencimento (aceitação) da criança e seu sentimento de desencorajamento. As crianças que se sentem desencorajadas sobre sua capacidade de serem aceitas têm mais probabilidade de se comportar mal. Nem Randy nem Elsie estavam desencorajados; em vez disso, as duas crianças estavam explorando o mundo à sua volta (e seus pais e professores podem decidir ficar mais atentos ao supervisionar canetas permanentes e tesouras).

O comportamento de Randy poderia ter sido um mau comportamento se ele estivesse tentando convencer sua mãe a brincar com ele, mas ele estava tão envolvido com a arte corporal que nem sabia que sua mãe estava ao telefone.

Se Randy estivesse tentando fazer sua mãe perceber ou responder a ele, seu comportamento poderia ter sido planejado como uma maneira equivocada de sentir uma sensação de pertencimento. Quando uma criança acredita que não é aceita (mesmo momentaneamente), ela se sente desencorajada. Por causa do desencorajamento, ela escolhe o que Rudolf Dreikurs, autor de *Children: The Challenge*, chamou de "objetivo equivocado do mau comportamento".[1] Eles são considerados objetivos "equivocados" porque a criança acredita erroneamente que o comportamento a ajudará a recuperar o sentimento de pertencimento. Como Rudolf Dreikurs disse, uma criança que se comporta mal é simplesmente uma criança desencorajada que quer ser aceita e tem uma ideia equivocada sobre como alcançar esse objetivo.

Mau comportamento ou mensagem codificada?

Mary, de 4 anos, está visitando a casa dos avós no dia de Ação de Graças, com todas as outras tias, primos e membros de sua família. Quando a avó vai ver por que Mary está demorando tanto tempo no banheiro, ela encontra Mary rasgando um rolo de papel higiênico em pedaços.

Mary está se comportando mal? Seria compreensível que a primeira resposta da avó fosse sentir-se magoada e decepcionada. Como um adulto se sente é a primeira pista para identificar o comportamento de objetivo equivocado.

Entrar no mundo das crianças é como olhar através de um caleidoscópio. Finja que você é a avó de Mary. O que você vê quando olha através do caleidoscópio? Você pode ver pilhas de papel picado por toda parte, embotadas pela sombra de sua própria decepção. Agora gire o caleidoscópio levemente e olhe de novo. Olhe para Mary, que acabou de ser expulsa da cozinha porque foi "rebaixada". Olhe para Mary, que acabou de ser informada por sua irmã mais velha, Joan, que ela era muito pequena para jogar Monopólio com Joan e seus primos mais velhos. Olhe para Mary, que queria mostrar ao vovô como fazer a mímica da música da "Dona aranha", mas foi abandonada quando ele teve que ir ajudar a mover as cadeiras para a sala de jantar. O que Mary realmente pode estar dizendo com seu papel higiênico? O que ela está pensando e sentindo?

Compreender o mundo de Mary não significa que fazer uma bagunça de propósito seja bom. Mas entender um pouco do que Mary está experimentando provavelmente afetará a reação de sua avó. Mary ainda terá que pegar todos os pedacinhos de papel. Munida de amor e compreensão, é mais provável que a avó ajude Mary a pegar os pedaços e talvez a convide para ajudar a esticar a massa de torta depois.

Crianças que se comportam mal são crianças desencorajadas, e o encorajamento é como chuva para as almas sedentas. É importante criar oportunidades para ajudar as crianças a se sentirem encorajadas e apreciadas, para que sintam que são aceitas.

Vamos girar o caleidoscópio e dar uma olhada nas quatro mensagens codificadas de crianças desencorajadas.

Lembre-se, sua atitude importa. Novas ferramentas não serão eficazes, a menos que sua atitude comunique conexão, encorajamento, gentileza e firmeza.

Decifrando o código

Se você aprender a decifrar o código por trás do comportamento do seu filho em diferentes situações, poderá lidar efetivamente com as *crenças* dele, em vez de apenas lidar com o comportamento.

Existem três pistas específicas que ajudarão você a decifrar o código. Vamos examinar as pistas que ajudam você a decodificar a mensagem por trás do mau comportamento da criança – e, finalmente, o que fazer para encorajar seu filho e ajudá-lo a mudar seu comportamento.

Seus próprios sentimentos em resposta ao comportamento

Como *você* se sente em relação ao mau comportamento de uma criança é a primeira pista importante para entender o objetivo equivocado da criança. Por exemplo, quando o objetivo da criança é atenção indevida, suas ações convidam o adulto a se sentir:

- Aborrecido
- Preocupado
- Irritado
- Culpado

Disciplina Positiva para crianças de 3 a 6 anos

QUADRO DOS OBJETIVOS EQUIVOCADOS PARA CRIANÇAS PEQUENAS

O objetivo da criança é:	Se o pai ou a mãe se sente (pensa):	E tende a reagir:	E se a resposta da criança é:	A crença por trás do comportamento da criança é:	
Atenção indevida (para manter os adultos ocupados ou conseguir uma vantagem especial).	Aborrecido, irritado ("Estou sobrecarregado pelo tanto que você demanda de mim"). Preocupado, culpado ("E se eu não estiver fazendo o suficiente por você?").	Relembrando. Convencendo. Fazendo coisas que a criança poderia fazer por si mesma.	Parar momentaneamente, mas voltar ao mesmo (ou outro) comportamento desafiador. Parar quando recebe atenção individualizada ou algo especial lhe é dado.	"Sinto que sou aceito somente quando estou sendo percebido ou consigo alguma vantagem especial." "Sinto-me importante apenas quando te mantenho ocupado comigo."	
Poder mal direcionado (estar no comando ou assegurar-se de que o adulto não está).	Desafiado, ameaçado ("Você não vai se safar dessa! Eu vou te obrigar a fazer o que eu digo"). Derrotado ("Nem adianta tentar brigar com você").	Recuando. Estabelecendo limites rigídos. Desistindo para evitar uma briga.	Ficando brava e defensiva. Querendo brigar ainda mais. Tendo um ataque de birra.	"Sinto que sou aceito e sou capaz apenas quando me sinto poderoso nos meus termos." "Você não pode me obrigar a fazer qualquer coisa nem pode me fazer parar."	

"Por que meu filho *faz* isso?": As mensagens do mau comportamento

Como os pais e educadores podem contribuir:	Mensagens decodificadas:	Respostas proativas e encorajadoras dos pais e educadores incluem:
"Temo te magoar se eu não te der atenção suficiente." "Sinto-me culpado quando você não está feliz." "Você não se sentirá apoiado se eu não bater palmas e me alegrar por você." "É doloroso ver o quanto você luta para que eu faça as coisas por você."	Perceba-me e envolva-me de maneira útil.	Redirecione o comportamento da criança para uma tarefa útil ("Eu realmente preciso da sua ajuda.") Permita que a criança lide com sentimentos, inclusive desapontamento. Ajude a criança a criar um quadro de rotinas. Encoraje mais e evite elogiar.
"Essa é uma disputa por poder e eu tenho que vencê-la!" "Se eu ceder um pouquinho, essa criança nunca entenderá que quem manda é o adulto." "Eu não suporto te ouvir gritando. Faça o que quiser."	Permita-me ajudar. Ofereça-me escolhas.	Faça perguntas em vez de dizer o que ela tem que fazer. Busque cooperação e contribuição em vez de obediência. Dê o exemplo, afaste-se do conflito para se acalmar. Ofereça escolhas limitadas (encontre maneiras de desenvolvimento apropriadas para que a criança se sinta empoderada). Mantenha o foco na busca de soluções em conjunto (em vez de brigar ou ceder).

(continua)

Disciplina Positiva para crianças de 3 a 6 anos

QUADRO DOS OBJETIVOS EQUIVOCADOS PARA CRIANÇAS PEQUENAS (CONTINUAÇÃO)

O objetivo da criança é:	Se o pai ou a mãe se sente (pensa):	E tende a reagir:	E se a resposta da criança é:	A crença por trás do comportamento da criança é:	
Vingança (pagar na mesma moeda).	Desacreditado, magoado, desapontado, envergonhado ("Eu não acredito que você fez isso comigo"). Enraivecido ("Eu vou te magoar e você vai ver como é").	Retaliando e punindo com muita raiva. Sentindo-se magoado pessoalmente. Preocupado com o que os outros vão pensar.	Pagando na mesma moeda. Magoando os outros. Destruindo. Intensificando e, talvez, encontrando uma maneira de magoar ainda mais o outro.	"Eu não sou aceito. Isso me magoa profundamente, eu quero te machucar e os outros para mostrar o quanto me sinto não amado e desvalorizado."	
Inadequação assumida (desistir e simplesmente não ser incomodado).	Desesperado, desesperançoso ("Eu não tenho a mínima ideia sobre o que fazer"). Impotente, inadequado ("Nada está ajudando e nada ajudará").	Cedendo e não incomodando a criança, deixando-a sozinha. Desistindo. Ajudando em excesso. Demonstrando falta de confiança na criança.	Tornando-se ainda mais introvertida. Não mostrando nenhuma melhoria ou resposta. Recusando-se a tentar.	"Eu não sou aceito e não sou capaz. Eu não consigo atender às suas expectativas, então por que tentar?" "Nem adianta tentar, pois eu não farei do jeito certo mesmo."	

"Por que meu filho *faz* isso?": As mensagens do mau comportamento

Como os pais e educadores podem contribuir:	Mensagens decodificadas:	Respostas proativas e encorajadoras dos pais e educadores incluem:
"Essa criança é malvada mesmo!" "Se eu não for muito duro, ela nunca vai aprender." "Se eu não for duro, os outros vão achar que sou fraco."	Estou magoado. Valide meus sentimentos.	Valide os sentimentos da criança primeiro, mesmo que pareça difícil. Ajude-a a lidar com as emoções até que consiga fazer isso sem sua ajuda. Use a proximidade física como encorajamento silencioso. Ajude-a a reparar o que foi feito e a pedir desculpas.
"Qual é o problema? Isso não é tão difícil." "Eu espero que você viva de acordo com as minhas expectativas." "Eu sei que você não pode fazer isso. Deixe-me apenas tomar conta."	Não desista de mim. Mostre-me um pequeno passo ou etapa.	Ensine habilidades em etapas. Faça "com" e não "pela" criança. Use a proximidade física como encorajamento silencioso. Trabalhe em seus pontos fortes e interesses.

Quando a criança busca o poder mal direcionado, o adulto geralmente se sente:

- Desafiado
- Derrotado
- Ameaçado

Quando o objetivo equivocado da criança é a vingança, suas ações convidam o adulto a se sentir:

- Incrédulo
- Envergonhado
- Magoado
- Desapontado
- Enfurecido

Quando uma criança fica tão desanimada que desiste completamente (o objetivo equivocado da inadequação assumida), o adulto se sente:

- Incapaz
- Desesperado
- Sem esperança
- Desamparado

Ao examinar o quadro dos objetivos equivocados na p. 160, geralmente você encontra na segunda coluna um conjunto de sentimentos que melhor descrevem seus sentimentos quando se depara com uma criança que se comporta mal. Observe que você não precisa *fazer* nada sobre seus sentimentos; simplesmente observe e use-os para ajudá-lo a entender seu filho. Observe também que o comportamento do seu filho não "faz" você se sentir de uma certa maneira. Seus sentimentos fluem da sua interpretação do comportamento do seu filho. Quando sua compreensão muda (e você reconhece a mensagem codificada), seus sentimentos também mudam.

Suas tentativas usuais (ineficazes) para cessar o comportamento

Outra pista é a sua resposta habitual ao comportamento do seu filho. Os adultos geralmente respondem ao comportamento de cada objetivo equivocado de maneiras previsíveis. Por exemplo, Ryan e seu pai estão constantemente brigando por algo, seja o que vestir, quanto comer ou quanto tempo Ryan pode jogar no computador. Suas lutas revelam uma disputa contínua por poder: o pai dá um comando, Ryan resiste, e o pai reage ao lutar com Ryan, pensando: "Você não pode se safar disso; Eu *obrigarei* você a fazer isso." Alguns adultos simplesmente desistem. Em ambos os casos, há uma disputa por poder com um vencedor, um perdedor, ou uma pequena pausa enquanto cada um reúne forças e munição para continuar a batalha. A terceira coluna do quadro dos objetivos equivocados lista as reações comuns dos adultos a cada um dos quatro comportamentos dos objetivos equivocados.

A resposta do seu filho à sua ação ineficaz

A terceira pista para decifrar o objetivo equivocado da criança é como ela responde quando o adulto tenta interromper o mau comportamento com métodos punitivos ou permissivos (em vez dos métodos da Disciplina Positiva).

Quando o professor em sua escola diz a Matthew, de 5 anos, "Comporte-se", Matthew geralmente responde danificando os brinquedos ou derrubando os blocos de outras crianças. Às vezes ele até grita: "Eu te odeio!" O objetivo equivocado de Matthew é a vingança. O objetivo é a vingança quando a criança reage às ações de um adulto ferindo outras pessoas, danificando coisas ou retaliando de alguma outra maneira, como o uso de palavras ofensivas.

A quarta coluna do quadro dos objetivos equivocados lista as respostas típicas de uma criança à intervenção ineficaz de adultos para cada comportamento de objetivo equivocado.

Atenha-se à essência do princípio

Às vezes, é difícil determinar o objetivo equivocado de uma criança. Não se preocupe demais em obter a resposta "certa" e não fique paralisado na "paralisia da análise". O quadro dos objetivos equivocados é uma ferramenta entre as muitas da caixa de ferramentas da Disciplina Positiva. Observe com cuidado e faça o melhor que puder. Aprenda a ver seus erros como oportunidades para aprender e crescer.

O mau comportamento nunca acontece no vácuo (seja você uma criança ou um adulto); há uma mensagem por trás do comportamento, e a mensagem envolve alguma forma de desencorajamento. Não importa qual seja o objetivo, é sempre aconselhável usar o encorajamento por meio de amor incondicional, abraços, paciência e deixar as crianças saberem que você tem fé nelas.

Enxergando as possibilidades

Não importa o quanto tente, você nunca pode forçar alguém a mudar seu comportamento, pelo menos não mais do que superficialmente. E quando o comportamento está ligado a crenças profundamente arraigadas, essas crenças terão que mudar antes que o comportamento mude. Você pode fazer uma criança parar de bater com a colher no copo ao retirar o copo, mas se ela acreditar que é importante apenas quando está recebendo atenção, certamente estará batendo a perna na cadeira nos próximos cinco minutos.

Parar um sintoma fornece apenas alívio temporário da condição. Quando a profunda necessidade da criança de se sentir aceita é satisfeita, seu método equivocado de alcançar esse objetivo não é mais necessário. Uma das maneiras mais poderosas de criar um sentimento de pertencimento é passar um tempo especial juntos.

Tempo especial

Como uma criança que se comporta mal é uma criança desencorajada, a solução óbvia para o mau comportamento é o encorajamento. Muitas vezes, não é necessário lidar diretamente com o mau comportamento. Em vez disso, ajude a criança a se sentir encorajada e o mau comportamento desaparecerá.

Cada um de nós precisa de tempo com aqueles que amamos. Tempo de qualidade juntos afeta a saúde dos relacionamentos familiares.[2] O que queremos dizer com "tempo especial" e o que torna o tempo juntos especial? Os três A do tempo especial ajudarão você a criar momentos especiais significativos com seu filho.

Os três A do tempo especial são:

- Atitude
- Atenção
- Autocentrado (a sós)*

O primeiro A é *atitude*. Quando você começa com uma atitude de que o tempo especial é precioso e vale a pena dedicar tempo para realmente se conectar com seu filho, o tempo que passam juntos assume uma qualidade verdadeiramente especial. É essa qualidade especial que lhe ajudará a criar memórias que serão lembradas e apreciadas por muito tempo. A atitude (sua e de seu filho) faz do tempo especial uma ferramenta poderosa para fortalecer o sentimento de pertencimento de cada criança, o tipo de sentimento que advém da conexão significativa com outras pessoas.

O segundo A, *atenção*, significa que o tempo especial será mais eficaz quando você se concentrar em estar totalmente presente com seu filho. Momento especial é o momento de se envolver em uma atividade sem nenhuma competição externa por sua atenção: nenhum outro membro da família, telefone tocando ou compromissos agendados. Imagine preencher o coração e o espírito do seu filho, assim como o seu, com esse compartilhamento especial de atenção e amor. Mesmo uma ida ao supermercado pode se tornar especial quando você dedica toda a sua atenção a estarem juntos.

O A final, *autocentrado (a sós)*, ressalta a ideia de que tempo especial é o tempo gasto longe de outros membros da família, um tempo compartilhado entre uma criança e um adulto. Não importa quão grande ou pequena possa ser uma família, o tempo gasto sozinho com um dos pais (ou tia, tio ou avô/avó) é um prazer. Um pouco de criatividade ajuda.

A mãe de Jenny, Rose, é uma defensora pública cujos dias são longos, com o trabalho muitas vezes se estendendo até o fim de semana. Mas Jenny e sua mãe têm um tempo especial juntas todos os dias – a ida de carro até a

---

* N. T.: No original em inglês, o terceiro A é *alone* que significa sozinho. Traduzimos por autocentrado para dar esse sentido de foco em si mesmo e para manter os 3 A.

escola da Jenny. Rose decidiu transformar esse tempo em seu tempo especial. Todas as manhãs, ela e Jenny param em um café nas proximidades. Enquanto Jenny toma seu chocolate quente e Rose toma um café com leite, elas conversam sobre o dia que têm pela frente. Jenny espera ficar sozinha com sua mãe todas as manhãs, e Rose gosta de reviver esses momentos ao longo de seu dia agitado.

Elaine também precisava ser criativa. Quando o marido fica no mar por meses, ela fica sozinha com os dois filhos. Então, primeiro, ela pediu à filha de 5 anos, Maria, que fosse sua companheira especial de supermercado, uma tarefa que Maria ama. Toda semana, enquanto seu irmão mais novo, Johnny, está na escola, Maria ajuda a encontrar os itens da lista, enquanto explica novas jogadas do futebol ou escolhe cereais para a próxima visita de um primo. Elaine realiza uma tarefa necessária e desfruta de um tempo ininterrupto com Maria.

Depois Elaine fez de Johnny, de 3 anos, seu companheiro de biblioteca. Enquanto Maria pratica futebol, Elaine e Johnny caminham até uma biblioteca próxima. Mas, na verdade, é a caminhada que se tornou seu verdadeiro tempo especial. Eles descobrem cogumelos ou novos brotos de flores, recolhem folhas ou param para assistir a uma fileira de formigas que marcham pela calçada. Johnny gosta de fazer perguntas; mais do que isso, ele adora ter toda a atenção de sua mãe em suas caminhadas semanais.

A outra parte do tempo especial é o *tempo*. Para pais ocupados, essa pode ser a parte mais difícil. Ainda assim, uma pessoa sábia disse uma vez que "amor" é soletrado T-E-M-P-O. Se algo é importante para você, é bem provável que você encontre tempo para isso. Mesmo nas vidas mais movimentadas, há tempo para o que importa.

Uma mãe de cinco filhos lê para cada filho por dez minutos todas as noites – menos de uma hora gasta lendo. Ela se aconchega com cada criança na cadeira de balanço no canto do quarto, enquanto as outras crianças ajudam nas tarefas após o jantar. Cada criança sabe quando seus dez minutos estão chegando e está disposta a honrar o tempo que a mãe passa com os outros. As interrupções são raras – e a mãe passa as noites amorosamente conectada com os filhos, em vez de sozinha na pia da cozinha.

Planeje e nomeie

Você pode informar ao seu filho que está ansioso pelo seu tempo especial, tanto quanto ele: "Estou feliz por podermos passar esse tempo especial juntos" ou "É um presente especial para mim ir nadar com você." Você pode validar as habilidades únicas de seu filho: "Não é ótimo que você seja mais velho e possa fazer tantas coisas agora que não podia fazer quando era bebê?" (Para um filho mais velho, que ainda está se adaptando à chegada de um novo bebê, essas palavras serão um bálsamo, de fato.)

Quando seu filho quer alguma atenção e você está realmente muito ocupado, pode ser reconfortante para ele quando você diz: "Não posso agora, mas estou ansioso pelo nosso tempo especial depois do jantar."

Satisfação

O mau comportamento requer muita energia de crianças e adultos e gera alguns sentimentos bastante intensos. Ser perseguido pelo playground ou ser levado para a cama enquanto chuta e berra pode parecer melhor para uma criança desencorajada do que se sentir sem importância, despercebida e impotente. Existem várias maneiras de convidar uma criança a formar uma nova crença, dependendo do objetivo de seu comportamento. As soluções possíveis para cada objetivo equivocado são mostradas na última coluna do quadro dos objetivos equivocados. (Você pode colocar esse quadro como um lembrete útil na porta da geladeira.) Existem muitas outras ferramentas de Disciplina Positiva para encorajamento – apenas algumas cabem na última coluna.

Entrar no mundo da criança lhe ajudará a interpretar o significado do comportamento de seu filho, especialmente se você se lembrar de que um comportamento indesejável nem sempre é *mau* comportamento. Quando uma criança desencorajada se comporta mal, você pode praticar a compaixão e descobrir maneiras mais eficazes de responder. Nos Capítulos 11 e 12 examinaremos como é cada um dos quatro objetivos equivocados em casa e nas escolas. Quando você entender a mensagem por trás do mau comportamento de uma criança, poderá lidar melhor com ela de maneira amorosa e verdadeiramente eficaz.

PERGUNTAS PARA REFLETIR

1. Planeje um tempo especial com seu filho. (Pode ser tão simples como caminhar ao ar livre ou visitar a biblioteca.) Desligue todos os dispositivos e concentre-se nesse tempo juntos. O que você percebe?

2. Pense em uma lembrança favorita de sua infância de tempo passado com seus pais, avós, parentes ou amigos. Do que você se lembra? O que fez você se sentir especial? (Se você não consegue se lembrar de uma memória como essa, do que você gostaria de se lembrar?) Agora pense nas coisas que você e seu filho podem fazer juntos para criar uma memória especial e duradoura.

3. Pense na semana passada. Houve um momento em que você pode ter transformado um evento desagradável em positivo usando o humor? Como ver a situação pela perspectiva do seu filho (entrando no mundo dele) transformou sua resposta?

11

OBJETIVOS EQUIVOCADOS EM CASA

Para entender as mensagens codificadas por trás das ações de seu filho e para trabalhar com ele de maneira eficaz, é útil aprender a reconhecer os objetivos equivocados na vida real. Vamos ver o que acontece quando o comportamento é visto a partir da perspectiva dos objetivos equivocados. (Consultar o quadro dos objetivos equivocados na p. 160 à medida que aprende.)

Atenção indevida ou "manterei você ocupado comigo!"

A mãe, Catherine (7 anos) e Ann (5 anos) estão no consultório médico porque Catherine está com febre e tosse. A mãe coloca Catherine na sala de espera e gentilmente ajeita o casaco dela. Ela coloca a mão na testa de Catherine para verificar se está com febre e tenta ajudá-la a se sentir o mais confortável possível. A mãe então se senta e começa a ver uma revista. Ann vem com um livro infantil que encontrou e pede à mãe que o leia para ela. A mãe diz: "Agora não." Ela lembra a Ann que ficou acordada a maior parte da noite com Catherine e agora só quer ler a revista.

Ann se afasta, mas alguns minutos depois ela começa a pular em cima do sofá. "Pare de pular e sente-se em silêncio, Ann," a mãe pede. Ann para de pular, mas em questão de minutos ela pergunta se pode sentar no colo da mãe. A mãe diz: "Não, claro que não. Você é uma garota muito grande para isso!" A mãe se levanta e vai até Catherine para checar sua febre novamente. Então, elas são chamadas para a sala de exames. Enquanto as três estão esperando o médico, Ann reclama de dor de estômago. A mãe olha para ela ansiosamente e coloca sua mão na testa dela. Quando o médico chega para examinar Catherine, Ann começa a puxar a manga da mãe, dizendo que tem que ir ao banheiro. A mãe suspira alto, levanta-se e leva Ann pelo corredor até o banheiro.

As crianças não estão conscientes de seus objetivos equivocados. Elas nem estão cientes de suas crenças. É por isso que é útil tornar-se um "detetive de objetivos equivocados". Qual pode ser a crença de Ann que a leva a agir dessa maneira? Bem, Ann notou que Catherine estava recebendo muita atenção. Ann pode ter decidido que a mãe ama mais a Catherine. Certamente é o que parece pela perspectiva dela. O comportamento de Ann está dizendo: "Eu também quero atenção. Quero ser notada e fazer parte do que está acontecendo." Ann acredita que é aceita ou importante apenas quando está sendo notada ou quando a mãe está ocupada com ela. Essa é a primeira das quatro mensagens codificadas (ou objetivos equivocados): atenção indevida.

Coloque seu chapéu de detetive e faça algumas suposições. Como você acha que a mãe está se sentindo agora? Aborrecida? Irritada? Culpada? Ela provavelmente desejaria ter deixado Ann em casa. Como a mãe se sentiria se entrasse no mundo de Ann? O que ela poderia fazer de diferente?

Identificando o objetivo de atenção indevida

Os sentimentos listados na segunda coluna do Quadro dos objetivos equivocados são a primeira pista para ajudá-lo a identificar um objetivo equivocado. A segunda pista é como o adulto reage ao mau comportamento. Quando a mãe e suas filhas estavam no consultório médico, que tipos de coisas estavam acontecendo e como a mãe reagiu (terceira coluna do quadro)? A mãe pediu para Ann sentar-se em silêncio e parar de pular no sofá. A mãe persuadiu Ann a não se sentar no colo, lembrando-a de que ela é uma "menina grande" agora. Finalmente, ela a acompanhou pelo corredor até o banheiro, o que Ann teria sido capaz de fazer sozinha. Todas essas foram reações ao comportamento de Ann. As crianças cujo objetivo equivocado é atenção indevida mantêm com sucesso os adultos ocupados com elas a maior parte do tempo. Todas as crianças precisam da atenção de seus pais, mas elas podem não estar buscando essa atenção de uma maneira positiva e encorajadora.

Veja a próxima coluna no quadro. Qual foi a resposta de Ann às ações de sua mãe? Ann interrompeu cada comportamento quando sua mãe pediu, mas rapidamente descobriu outro comportamento em busca de atenção. Os sentimentos e reações da mãe de Ann e as respostas de Ann à mãe são pistas importantes que revelam o objetivo equivocado de atenção indevida.

A criança que envia uma mensagem codificada em busca de atenção indevida está disposta a aceitar qualquer atenção, mesmo negativa, para atingir esse objetivo. Espie através do seu caleidoscópio e imagine essa criança usando uma grande touca de banho coberta de penas, frutas, flores ou dinossauros voadores. Há uma faixa colorida que diz: "Preste atenção em mim. Envolva-me em algo útil."

"Mas espere um minuto", os pais costumam dizer quando aprendem que o comportamento de seus filhos está focado em obter atenção, "Damos muita atenção aos nossos filhos. Passamos todo o nosso tempo livre com eles; nós lemos para eles e brincamos com eles. Como eles poderiam precisar de *mais* atenção?" Na verdade, dar atenção excessiva às crianças (mesmo em nome do amor) pode ser parte do problema. Crianças com necessidades especiais ou crianças que simplesmente são muito amadas podem receber grandes quantidades de atenção de adultos. As crianças adoram isso, desde que essa atenção seja mantida. Quando algo acontece para desviar a atenção do adulto, mesmo momentaneamente (uma ligação telefônica, uma consulta médica, uma conversa com um amigo), as crianças percebem isso como uma perda e fazem o possível para recuperar a quantidade de atenção habitual. Em outras palavras, não é necessariamente verdade que crianças cujo objetivo equivocado é atenção indevida não estejam recebendo atenção suficiente; elas podem na verdade estar recebendo tanto que isso cria uma necessidade de serviço/atenção especial – o tempo todo.

Respondendo à mensagem

Como você pode dar ao seu filho a atenção e o sentimento de pertencimento (aceitação) que ele precisa sem ceder a um fluxo interminável de pequenos aborrecimentos? Agora que você entende a crença que leva ao objetivo equivocado de atenção indevida de seu filho, pode responder de uma maneira que incentive seu filho em vez de reforçar a crença equivocada de que "Amor significa que eu devo ser o centro das atenções o tempo todo". Aqui estão algumas coisas que você pode fazer.

Encorajamento aos que buscam por atenção indevida

- Use a escuta ativa para lidar com a crença em vez do comportamento.
- Observe e busque um acordo.
- Envolva a criança para obter atenção adequada por meio de contribuição.
- Dê um abraço tranquilizador.
- Incentive a capacidade da criança de se divertir e se acalmar.

Utilize a escuta ativa para lidar com a crença em vez do comportamento

Vamos voltar ao consultório médico. A mãe poderia ter escolhido lidar com a *crença* de Ann de que ela ama mais sua irmã do que tentar controlar o comportamento de Ann. Uma possibilidade poderia ser a prática de "escuta ativa" com Ann.

A mãe poderia dizer: "Deve ser difícil para você me ver dando tanta atenção a Catherine. Você pode achar que não sinto mais amor por você." Se a mãe tiver adivinhado corretamente, Ann se sentirá validada. Ela pode até chorar de alívio ao reconhecer a verdade do palpite de sua mãe. Ela pode, então, desistir de acreditar que não é importante – e da necessidade de se comportar mal.

Observe e busque um acordo

A mãe pode dizer a Ann que ela lerá seu livro quando Ann concordar em ler outro livro em silêncio depois e deixar sua mãe ver uma revista. Essa forma de tempo especial limitado oferece atenção adequada ao definir um limite para a atenção indevida. Ao pedir a Ann para honrar sua necessidade por um tempo em silêncio, sua mãe não apenas "cedeu" às demandas de atenção de Ann, mas também entendeu as necessidades de Ann, declarou respeitosamente suas próprias necessidades e chegou a um acordo.

Envolva a criança para obter atenção adequada por meio de contribuição

A mãe poderia convidar Ann para ajudar a cuidar de sua irmã doente. (Você se lembra da faixa que dizia: "Envolva-me em algo útil"?) Ela poderia perguntar a Ann como elas poderiam ajudar Catherine a se sentir mais confortável, envolvendo-a no processo de cuidar de Catherine. A mãe pode pedir o apoio de Ann ao explicar como está cansada, e Ann pode oferecer-lhe uma massagem no pescoço ou até ler uma história para a mãe. Quando os adultos pedem ajuda às crianças, elas podem ser muito atenciosas. Essas escolhas podem criar um sentimento de carinho e conexão, em vez de provocar outros comportamentos inadequados.

Dê um abraço tranquilizador

Outra opção pode ser abraçar Ann e dizer a ela que a mamãe a ama muito. Pode ser muito poderoso esquecer o comportamento e dar um abraço tranquilizador que diz: "Você pertence (é aceita) e importante na minha vida". Isso costuma ser suficiente para interromper o mau comportamento. Um abraço é muito melhor para todos do que reclamar e dar sermões.

Incentive a capacidade da criança de se divertir e se acalmar

Nenhum de nós nasce sabendo divertir-se; leva tempo e encorajamento dos pais e cuidadores para que as crianças aprendam essa habilidade. As crianças geralmente esperam que os adultos ofereçam entretenimento e diversão constantes, mas, se os adultos obedecerem, elas nunca poderão aprender a aproveitar momentos de silêncio ou superar o tédio por si mesmas.

Encoraje seu filho a aprender a se divertir. Quando Ann exigiu atenção indevida, sua mãe poderia ter sugerido que Ann observasse onde cada peixe no aquário do consultório passa a maior parte do tempo. "O laranja só vai para um canto? O listrado fica perto do fundo?" Ajudar uma criança a aprender a observar detalhes, dando-lhe uma dica para fazer isso é uma maneira maravilhosa de desenvolver habilidades valiosas para a vida. Habilidades aguçadas de observação abrem um mundo de descobertas. Quando uma criança busca atenção indevida, dizer "eu te amo e confio na sua capacidade de se divertir agora" oferece uma mensagem de encorajamento.

Poder mal direcionado, ou "você não manda em mim!"

Beverly, de 4 anos, está em pé ao lado do computador, olhando curiosamente para o teclado. Imagens e padrões interessantes se movem pela tela colorida; Beverly viu a mãe e o pai fazerem isso e está determinada a tentar. Ela foi avisada para não mexer no computador, por isso olha cuidadosamente ao seu redor e, vendo que a mãe não está por perto, dá vários toques no teclado.

A mãe aparece bem a tempo de ver isso. Ela corre pela sala, agarrando Beverly com firmeza pelo cotovelo, totalmente focada no mau comportamento de sua filha pequena. "Eu disse para você não mexer no computador! Agora você estragou o meu trabalho" – ela diz com raiva, e bate levemente na mão de Beverly. Beverly responde se soltando do aperto da mãe e batendo com o punho no teclado.

A mãe, chocada e incrédula, pega Beverly e a coloca de castigo em seu quarto. Beverly faz aquela birra; a mãe sai para recuperar seus arquivos danificados. Agora, a mãe está com raiva – ela foi derrotada por uma criança de 4 anos.

O comportamento de Beverly pode ter começado como uma falta de controle de seu cientista interno. Ela sabia que não deveria mexer no computador – mas essa regra não podia anular seu impulso de explorar, mexer e aprender. A reação rápida da mãe mudou as coisas de uma só vez, desencadeando uma intensa disputa por poder. A mensagem desanimada de Beverly se torna seu mau comportamento: Beverly está dizendo "Não acredito que sou importante a menos que tenha poder – ou pelo menos não deixo que você mande em mim".

Identificando o objetivo do poder mal direcionado

É importante lembrar que são necessárias duas pessoas para começar uma disputa por poder. Quando Beverly e sua mãe estavam brigando por causa do computador, primeiro a mãe se sentiu provocada e depois derrotada. A mãe de Beverly reagiu com frases cheias de poder: "Eu te disse..." e "Você estragou meu trabalho!" A resposta de Beverly às intervenções ineficazes da mãe foi intensificar seu comportamento. E a disputa ficou ainda pior.

O problema das disputas por poder é que, se houver um vencedor, também haverá um perdedor. Quando o perdedor é um filho que você ama, a vitória pode não valer o preço.

Há outra coisa interessante acontecendo aqui. As disputas por poder geram muita energia e, quanto mais o adulto tenta vencer, mais óbvia se torna a quantidade de poder que a criança tem. Essa é uma descoberta emocionante para crianças que começam a experimentar sua própria iniciativa.

Se você ouviu um grito "Você não manda em mim!", de uma criança, você pode suspeitar que o objetivo envolvido é o poder mal direcionado. Pode-se imaginar a criança usando um capacete laranja brilhante com o comando impresso em negrito "Deixe-me ajudar; me dê escolhas".

Respondendo à mensagem

Quando Beverly e sua mãe brigaram pelo computador, elas se envolveram em uma de uma série de disputas por poder que poderiam definir o tom de seu futuro relacionamento. Felizmente, a mãe de Beverly aprendeu sobre sua própria responsabilidade em alimentar a disputa por poder. Ela mudou *seu próprio* comportamento primeiro e, assim, abriu o caminho para Beverly mudar seu sistema de crenças e seu comportamento.

Encorajamento aos que buscam por poder mal direcionado

- Ofereça escolhas limitadas.
- Transforme o poder mal direcionado em poder útil, pedindo ajuda.
- Pare de falar e aja – com gentileza e firmeza.
- Pergunte se uma pausa positiva ajudaria.
- Marque uma data para a resolução de problemas.

Ofereça escolhas limitadas

A mãe de Beverly procurou um curso de pais e acabou aprendendo a empoderar Beverly, dando-lhe poder de maneira apropriada. Ela aprendeu a dar escolhas limitadas a Beverly e a fazer perguntas curiosas em vez de exigir obediência: "A mamãe tem que fazer este trabalho. Você gostaria de ler um livro ou brincar com seus Legos? " Ou "O que você gostaria de fazer enquanto eu trabalho?"

Transforme o poder mal direcionado em poder útil, pedindo ajuda

Uma disputa por poder, muitas vezes, pode ser resolvida pedindo ajuda à criança. A mãe poderia deixar Beverly saber o quanto ela precisa da ajuda dela. "Querida, somos uma família e você é muito importante para mim. Sei que você realmente quer mexer no computador, mas é fácil danificá-lo. A mamãe preccisa ser a única que pode mexer no computador. Mas aposto que existem maneiras de você me ajudar no meu trabalho. Vamos ver como você pode ajudar!" Pedir ajuda ou envolver a criança na solução afasta tanto a criança como os pais da disputa por poder e direciona-os para o poder positivo da cooperação. As exigências provocam a resistência. Perguntas curiosas convidam à cooperação.

Pare de falar e aja – com gentileza e firmeza

Outra maneira de se livrar de uma disputa por poder é ser firme e gentil *ao mesmo tempo*. Quando Beverly bateu no teclado do computador, ela estava jogando a luva, desafiando sua mãe a lutar. Em vez de pegar a luva, a mãe pode parar de falar e agir. Ela pode gentilmente, mas com firmeza, pegar Beverly e levá-la para outro cômodo (desta vez a energia da mãe é gentil e firme, em vez de combativa). Não é necessário mencionar mais o computador até depois de um período de reflexão/autorregulação, o que geralmente é necessário antes que se ofereça uma escolha limitada à criança ou se faça um pedido de ajuda.

Ao não dar sermões ou envergonhar a filha, a mãe não provoca mais resistência. Mesmo que Beverly opte por fazer birra, a mãe interrompeu a disputa por poder, recusando-se a se envolver (ou também ter um ataque de birra como mãe). As birras das crianças são menos prováveis quando elas sentem a energia da gentileza e da firmeza. Isso não significa que as birras possam ser totalmente evitadas, mas evitar a birra não é o objetivo. O objetivo é agir com gentileza e firmeza de acordo com o que você disse. Você também pode ajudar seu filho a encontrar maneiras de se acalmar quando fortes emoções surgirem.

Pergunte se uma pausa positiva ajudaria

Quando adultos e crianças se envolvem em disputas por poder, ambos param de pensar racionalmente e estão reagindo de forma irracional. As conexões neuronais necessárias para o pensamento lógico e a objetividade tornam-se indisponíveis quando o cérebro é inundado por fortes emoções. Até que todo mundo possa se acalmar, a solução eficaz de problemas precisará ser adiada; pode ser necessária uma pausa positiva antes que soluções "ganha-ganha" possam ser encontradas. Convide seu filho para ajudá-lo a criar um espaço para a pausa positiva (consultar o Capítulo 6). Então, quando ocorrerem disputas por poder, você pode perguntar: "Ajudaria se você fosse para o seu canto da pausa positiva até se acalmar?" Se o seu filho ajudou a criar um local para se acalmar e compreende que esse tipo de pausa não é punitivo, ele geralmente escolhe essa opção. Se seu filho disser não, você pode dizer: "Bem, acho que *eu* vou para o meu quarto até me sentir melhor." Que exemplo de comportamento poderoso isso seria! *Lembre-se, são necessários dois para haver uma disputa por poder. Quando você escolhe se acalmar, seu filho também pode fazer o mesmo.*

É apropriado buscarem uma solução em conjunto depois da pausa positiva. Beverly e sua mãe podem concordar que Beverly pode brincar com seus jogos de computador quando a mãe estiver lá para ajudar, que a mãe precisa de tempo sem interrupções para trabalhar (e ajudará Beverly a encontrar uma atividade apropriada para esses momentos) e que Beverly deve perguntar à mãe quando ela quiser um tempo no computador.

Marque uma data para a resolução de problemas

A resolução de problemas com crianças pode ser realizada com o uso de perguntas curiosas para ajudá-las a explorar o que aconteceu, o que causou isso e quais ideias elas têm para resolver o problema. As crianças de 4 e 5 anos também são muito boas em participar de reuniões de família (ver Capítulo 17). Depois de um período de reflexão (ou mesmo na hora do conflito), perguntar isto pode acabar com a disputa por poder: "Você gostaria de colocar esse problema na pauta da reunião de família ou gostaria que eu fizesse isso?" Colocar o problema na pauta da reunião de família proporciona a todos um período de reflexão/calma, e vocês também poderão buscar juntos soluções na reunião. Uma das soluções mais óbvias que eles podem pensar é que a mãe deve deixar seu computador fora de alcance, para que Beverly não precise lidar com essa tentação.

Vingança, ou "eu vou fazer você se sentir tão mal quanto eu!"

É hora de dormir e o pai está ajudando Alice, de 3 anos, a se arrumar. O pai diz que é hora de colocar o pijama, mas Alice está se divertindo muito brincando com bolhas na pia e não quer parar. O pai pega o braço de Alice, talvez um pouco mais firme do que ele pretendia, e diz em um tom de voz ameaçador: "Alice, vista seu pijama agora!" Alice começa a chorar: o pai está machucando seus sentimentos e seu braço. À medida que o pai fica mais impaciente, Alice diz: "Você é mau. Se você não fosse um pai tão ruim, a mamãe não teria ido embora." E Alice se solta, corre para o quarto e bate a porta.

O pai se sente péssimo; ele não pode acreditar que sua doce filhinha diria uma coisa dessas. Ele está magoado e incrédulo.

A mensagem codificada de Alice pode ser: "Papai feriu meus sentimentos, então eu também vou magoá-lo", e ela faz isso da única maneira que sabe. Este é o terceiro dos quatro objetivos equivocados: vingança.

Identificando a vingança

O pai ficou chocado que Alice resistisse a ele e depois dissesse algo cruel. Ele não se sentiu bem por agarrar o braço dela, mas estava exausto pelo divórcio em andamento e não sabia mais como lidar com o comportamento dela. Alice e seu pai acabaram se sentindo profundamente magoados.

Sempre que um adulto se sente magoado pelo comportamento de uma criança, é provável que a criança também esteja se sentindo magoada. Ao examinar os sentimentos e reações do pai e a resposta de Alice, você verá as pistas que indicam o objetivo equivocado da vingança. Quando você imaginar a criança cujo objetivo é a vingança, imagine um boné de beisebol preto virado para trás e no verso está escrito o apelo "Estou sofrendo; valide meus sentimentos".

Respondendo à mensagem

Quando os adultos conseguem ver como a criança está magoada, eles se sentem motivados a responder de uma maneira diferente. Em vez de sucumbir ao desejo instintivo de retaliação e punição, eles conseguem oferecer carinho e apoio. Se a criança se sente magoada, faz sentido fazer com que ela se sinta pior?

Encorajamento aos que buscam por vingança

- Lide com os sentimentos de mágoa, dê um tempo para se acalmarem e trabalhem juntos em uma solução.
- Peça desculpas se você causou a dor.
- Ouça os sentimentos do seu filho.
- Certifique-se de que a mensagem de amor seja transmitida.
- Faça as pazes, não dê desculpas.

Lide com os sentimentos de mágoa

Primeiro de tudo, o pai pode passar ao cerne da questão, lidando com os sentimentos feridos de Alice. O pai poderia dizer: "Parece que você está se sentindo muito magoada agora. Aposto que isso machucou seus sentimentos tanto quanto seu braço quando a agarrei." Quando o adulto entra no mundo da criança e reconhece e valida os sentimentos dela, ela se sente compreendida, aceita e importante. Quando os dois se acalmarem, poderão trabalhar juntos a fim de encontrar soluções para lidar com o problema (ou impedir que isso aconteça no futuro).

Peça desculpas se você causou a dor

O pai de Alice realmente ama sua filha, e ele de imediato se arrependeu de suas ações. Quando ele assume a responsabilidade por seu próprio comportamento, desculpando-se, sua atitude pode convidar Alice a mudar suas crenças. O pai pode explicar para ela que é errado as pessoas se magoarem, mesmo quando estão com raiva ou se sentem magoadas.

Responder à crença por trás do comportamento da criança (em vez de reagir ao comportamento com punição ou sermões) exigirá que você desista da noção de que pode ou deve controlar seu filho. Você também deve decidir por si mesmo que ensinar e encorajar são respostas mais eficazes que o castigo. Fazer essa mudança – especialmente se você foi criado com ideias antiquadas – levará algum tempo. Seja paciente consigo mesmo, reconheça seus erros e esteja disposto a aprender com eles.

Se você nunca teve a experiência de se desculpar para uma criança, engula seu orgulho, admita que os adultos nem sempre estão certos e peça desculpas na próxima vez que cometer um erro com seu filho. As crianças perdoam magnanimamente e você pode descobrir que os abraços que se seguem às desculpas os aproximam ainda mais. E você modelou uma habilidade de vida que melhorará todos os relacionamentos futuros.

Ouça os sentimentos do seu filho

O pai pode demorar um pouco para observar sua filha pequena de perto. Ele pode notar o lábio saliente de Alice, o queixo trêmulo e as lágrimas começando a encher seus olhos. E ele pode perguntar a Alice – com interesse genuíno – o que ela está sentindo. Se ela for demais para expressar seus sentimentos, ele pode perguntar se ela acha que o papai não a ama ou se está sentindo falta da mãe. Alice provavelmente responderá com um sinal verbal (ou não verbal) que informa ao pai que ele a entendeu de forma correta. Quando o pai e Alice têm esse tipo de conversa, eles estão desenvolvendo um novo senso de conexão e confiança.

Quando uma criança está se sentindo magoada, é difícil para ela ir além de suas emoções e encontrar soluções. Portanto, é importante abordar os sentimentos primeiro.

Certifique-se de que a mensagem de amor seja transmitida

O pai tem a chance de dizer a Alice o quanto ele a ama e o quanto ela é importante para ele. Quando uma criança está se sentindo magoada, essa mensagem pode fazer muito para curar a dor. O pai também pode compartilhar como se sentiu. Quando ele puder ouvir e respeitar os sentimentos de Alice e depois explicar os seus, cada um aprenderá muito sobre o outro. A conexão de amor é reacendida. As crianças sempre precisam de "conexão antes da correção". Quando as crianças se sentem amadas e conectadas, geralmente interrompem o mau comportamento ou, pelo menos, desejam trabalhar com você para encontrar soluções.

Se o pai experimentar essas novas ideias, ele poderá se aconchegar perto de sua querida filha enquanto eles leem uma história de ninar juntos. Mesmo uma experiência dolorosa e prejudicial pode ser curada quando a mensagem de amor e carinho é transmitida.

Faça as pazes, não dê desculpas

Depois que Alice e seu pai lidarem com seus sentimentos, eles ainda precisarão completar sua rotina de dormir. O pai pode oferecer ajuda para colocar seus pijamas com uma música especial. Se Alice começar a chorar ou recuar novamente com mágoa, seu pai pode tornar esse encontro uma oportunidade de ensinar (em vez de continuar o ciclo de vingança), continuando com gentileza e firmeza sua rotina da hora de dormir.

"Ajude-me a corrigir as coisas"

PERGUNTA: *Meu filho de 4 anos jogou o copo de suco no chão quando lhe disse que era hora de tirar uma soneca. O copo rachou e quebrou. Acho que seus sentimentos estavam feridos porque ele não foi ao parque esta manhã. Quero responder aos sentimentos feridos dele, mas não acho que o comportamento dele deva ficar impune.*

RESPOSTA: Às vezes, os adultos adotam a abordagem de que, se uma criança se comporta mal "de propósito", ela não é mais responsável por suas ações. *Ignorar o mau comportamento não ensina habilidades de vida. Tampouco o castigo, que, traduzido, geralmente significa "Você deve sofrer para aprender". O que ajuda é dar às crianças a oportunidade de fazer as pazes.*

Se um item estiver danificado, primeiro ajude as crianças a entenderem que erros são oportunidades para aprender. Então, é apropriado encontrar uma maneira de a criança substituí-lo ou repará-lo. Isso pode significar realizar algumas tarefas produtivas para ganhar o dinheiro – até crianças de 4 anos podem fazer um pequeno trabalho – ou tirar o dinheiro do seu cofrinho. Ou pode significar ajudar a elaborar um plano para reparar o dano, como remendar uma página rasgada de um livro.

Todas essas soluções se concentram no ensino de responsabilidade. Bater, humilhar, gritar ou tirar a televisão por uma semana não têm o poder de uma lição de vida. Com essas punições, a criança pode aprender a ter medo de retaliação, escalar para um comportamento mais ofensivo ou decidir que é uma pessoa "má". Nenhum desses resultados inclui aprender a assumir a responsabilidade por suas ações.

As crianças se sentem muito melhor consigo mesmas quando acreditam profundamente que erros são oportunidades de aprender e, então, têm a chance de corrigir as coisas. Se isso for feito com espírito de amor, em vez de raiva, a criança pode recuperar uma certa autoestima no processo. Poucas crianças se sentem satisfeitas quando perdem o controle de seu comportamento. Elas precisam de encorajamento para aprender com seus erros e de ferramentas para reparar o dano, enquanto os pais precisam mudar sua atitude de vergonha e culpa para uma de apoio e verdadeira disciplina.

Inadequação assumida: "eu desisto"

Jean mora com os avós e hoje é seu quinto aniversário. Quando ela entra na cozinha, seus avós aguardam ansiosos sua reação à bicicleta novíssima, orgulhosamente exibida no centro da cozinha. Jean olha ansiosamente ao redor e não comenta sobre a bicicleta. A avó pergunta, impaciente: "Bem, o que você acha? Você gostou?" Jean não responde. A avó então diz com uma voz persuasiva: "Jean, olhe para sua maravilhosa bicicleta nova." Jean balança a cabeça e murmura: "Eu não sei andar de bicicleta." O avô corre para tranquilizar Jean. "Isso não é problema, querida, você aprenderá em pouco tempo."

Jean não diz nada e não chega perto da bicicleta. Os avós se olham surpresos e encolhem os ombros. "De que adianta?", eles pensam, e o avô começa a preparar o cereal com leite de Jean.

Os avós de Jean foram convencidos a desistir dela. Eles se sentem desesperançosos consigo mesmos e com Jean. De alguma forma, Jean passou a acreditar que ela não é "boa o suficiente", que é realmente inútil. Ela age de acordo com essa crença, convencendo os outros de sua inadequação. Os avós de Jean a amam, mas eles acreditam erroneamente que a melhor maneira de mostrar esse amor é fazer coisas por ela, como preparar o cereal com leite, que ela poderia fazer sozinha.

De todos os quatro objetivos ou mensagens, as crianças que demonstram inadequação assumida são geralmente as mais negligenciadas – e as mais desencorajadas. Elas geralmente não criam o caos como as crianças que agem de acordo com os outros três objetivos. As crianças que comunicam essa mensagem podem ficar quase invisíveis.

Esse objetivo raramente é encontrado em crianças menores de 5 anos, a menos que tenham pouca ou nenhuma oportunidade de desenvolver um senso de autonomia. Pode ser especialmente desconcertante quando pais com alta produtividade e determinados veem esse comportamento em seus filhos. O que os pais valorizam como motivação e determinação pessoal pode sobrecarregar seus filhos e convencê-los de que são verdadeiramente incapazes – de que nunca podem corresponder às expectativas. Isso cria o quarto objetivo equivocado: inadequação assumida, ou desistência.

Identificando a inadequação assumida

Os avós de Jean tentam não se sentir desesperados, mas Jean parece muito desanimada. Eles fazem o possível para protegê-la e compensar o fato de seus pais não estarem por perto. A avó e o avô reagem ao comportamento desamparado de Jean fazendo coisas por ela. O avô prepara seu cereal com leite; a avó a veste todas as manhãs. Eles suprem todas as necessidades de Jean. Eles compram suas coisas e fazem planos e escolhas sem a participação dela. A resposta de Jean é recuar ainda mais, agir passivamente e recusar-se a tentar algo novo. Todos os sentimentos, reações e respostas dão pistas de que o comportamento é de inadequação assumida.

As críticas também podem causar sentimentos de inadequação. É fácil entender como uma criança que é constantemente criticada pode desenvolver a crença de que ela não consegue fazer nada certo. Ser criticada pelo comportamento normal da infância, como fazer bagunça, pode ser profundamente desanimador. Quando as crianças entendem que os erros fazem parte do processo de aprendizagem, elas podem quebrar o poder do mito da perfeição. Imagine a criança que persegue esse objetivo equivocado usando um gorro de esqui cor de canela cobrindo o rosto e (se você olhar com bastante atenção) aí está bordada a seguinte frase: "Mostre-me pequenos passos; comemore meus sucessos."

Respondendo à mensagem

Sentir-se inadequado e desistir é um lugar solitário para se estar. Como seu objetivo é serem deixadas em paz, essas crianças raramente causam muitos problemas para os outros e em geral são negligenciadas. Os pais podem fazer muitas coisas para atender às necessidades dessa criança.

> **Encorajamento aos que buscam por inadequação assumida**
> - Confie em seu filho e deixe que ele faça as coisas por si mesmo.
> - Reserve um tempo para o treinamento e encoraje até os pequenos passos.
> - Ensine que erros são oportunidades maravilhosas de aprendizagem.

Confie em seu filho e deixe que ele faça as coisas por si mesmo

Os pais podem não perceber que fazer demais pelos filhos (provavelmente em nome do amor) é desencorajador. A criança pode adotar a crença de que "eu não sou capaz" quando os adultos insistem em fazer coisas por ela que ela mesma poderia fazer. Outra crença possível é "Eu sou amado apenas quando os outros estão fazendo coisas por mim".

Pode ser útil lembrar que a autoestima vem do fato de ter habilidades e que mimar uma criança realmente a desencoraja. Abra espaço para seu filho aprender e praticar novas habilidades – mesmo quando ele faz as coisas de maneira imperfeita.

Quando ele diz "não consigo", tenha paciência; diga a ele: "Acredito que você consegue fazer isso". Encorajar uma criança que acredita que ela é inadequada requer muita paciência, perseverança gentil e confiança nas habilidades da criança.

Reserve um tempo para o treinamento e encoraje até os pequenos passos

Não é de surpreender que Jean não saiba andar de bicicleta; ninguém aprende sem ensino e prática. Em vez de se sentir frustrada, a avó poderia contar uma história sobre suas próprias experiências ao aprender a andar de bicicleta. Talvez ela pudesse dizer a Jean como se sentiu na primeira vez que caiu e seus irmãos e irmã riram. Quando a avó conta sua própria história, ela também diz a Jean que não há problema em se sentir envergonhada e que todos precisam aprender a fazer coisas novas. Ficar em um pedestal pode ser bom para sua imagem, mas pode prejudicar o crescimento da proximidade e da confiança.

Como você reage às suas próprias disputas é importante. Seu filho está assistindo e pode acreditar que você sempre obtém sucesso com facilidade (e se sente inadequado porque ele não consegue). Ou ele pode ver você tentar algo e falhar repetidamente. *Como você reage – se você consegue rir de si mesmo e continuar tentando ou se desiste com desânimo – dará a ele pistas sobre suas próprias experiências. Nunca subestime o poder de modelar comportamentos.*

Crianças que já desenvolveram a crença de "Eu sou inadequado" podem resistir a tentativas de treinamento. É por isso que pequenos passos são importantes. O avô pode começar deixando Jean sentar na bicicleta dentro de casa. Ele pode assegurar-se de que a bicicleta tenha rodinhas e mostrar a Jean como elas funcionam. Antes de iniciá-la no quarteirão, ele pode garantir que não a deixará ir até que ela esteja pronta. Ensiná-la como servir seu próprio leite (de uma jarra pequena) também seria útil.

Ensine que erros são oportunidades maravilhosas de aprendizagem

Qual é a sua atitude em relação aos seus próprios erros? A maioria das pessoas aprende muito mais com o que vê do que com o que ouve. Uma das melhores maneiras de ajudar uma criança desencorajada é parar todas as críticas e se concentrar em aprender com os erros inevitáveis. Se Jean sujar seu vestido com tinta ou lama, a avó pode considerar vesti-la com roupas mais resistentes. Que grande mensagem seria enviada se a avó pudesse aprender a dizer: "Uau, você está coberta de tinta! Você deve ter se divertido pintando hoje."

Os membros da família também podem compartilhar erros regularmente. Durante o jantar, cada pessoa pode se revezar, compartilhando um erro que cometeu e o que aprendeu com ele. Isso pode criar uma sensação de diversão e aprendizado – e uma atitude mais positiva sobre erros.

Esteja ciente da mensagem oculta

"Nossa", você pode estar dizendo, "eu não fazia ideia de que havia tanta coisa acontecendo na cabeça do meu filho quando ele age daquela maneira." É importante entender que as crianças não decidem *de forma consciente* buscar um dos objetivos equivocados; elas raramente têm consciência de suas próprias crenças e não querem confundir seus pais com um jogo de "adivinhem meu objetivo". Também leva tempo para traduzir a conscientização sobre o objetivo equivocado de seu filho em ações gentis, firmes e encorajadoras.

E, às vezes, acertamos sem nem perceber.

Mellie e Ali odiavam a hora das refeições. Um pouco de comida fora do prato se transformaria em um projeto de arte do tamanho de uma mesa em um nanossegundo. As duas filhas pareciam disputar quem poderia fazer a maior bagunça – até Melli e Ali mudarem sua rotina noturna.

Depois de buscar as meninas na escola, os pais deixaram de correr para suas atividades na cozinha e de limpeza. Em vez disso, eles passaram a começar a noite reunidos no sofá, lendo histórias juntos e simplesmente se reconectando por um curto período de tempo. Depois de algumas semanas, Ali comentou que os jantares não eram tão confusos. Era verdade. Ao atender às necessidades de conexão de suas filhas com atenção concentrada e adequada, as refeições não eram mais uma tentativa constante de manter os pais ocupados. Quando a necessidade real foi atendida, o problema foi resolvido.

O poder da contribuição

Encontrar maneiras para as crianças contribuírem com a família e aprenderem novas habilidades é outra maneira de criar um senso de pertencimento e importância – e evitar pelo menos algum mau comportamento. Com o ensino e a prática paciente, as crianças podem aprender a fazer muitas coisas úteis, desenvolvendo um senso de autoestima e confiança no processo. Aqui estão algumas sugestões.

TAREFAS ADEQUADAS À IDADE

Idade	Cuidados pessoais	Comida	Tarefas domésticas
3	Despir-se Lavar as mãos Tirar os sapatos Colocar o casaco (com alguma ajuda)	Alimentar-se (com as mãos e a colher) Servir o leite de uma jarra pequena Servir-se de frutas Passar óleo nas batatas que serão assadas Descascar bananas Mexer a massa (panqueca etc.) Lavar a alface e outros produtos Fatiar ovos cozidos (com um cortador especial)	Guardar brinquedos Colocar suas roupas no cesto Cavar no jardim Colher frutas e outros produtos Colocar a mesa (guardanapos e talheres, exceto facas)
4	Escolher roupas Vestir-se e despir-se (com alguma ajuda) Calçar sapatos	Espremer frutas para suco Ralar queijo Passar manteiga nas torradas Limpar cogumelos Fatiar bananas, picles etc. (com faca de manteiga) Amassar massa Medir a água para fazer o suco Confeitar *cupcakes* (bolinhos)	Endireitar a roupa de cama Arrumar flores em um vaso Empilhar jornais Amassar latas para reciclagem Colocar a mesa Lavar carro (com ajuda) Separar roupa para lavar

(continua)

TAREFAS ADEQUADAS À IDADE *(continuação)*

Idade	Cuidados pessoais	Comida	Tarefas domésticas
5	Ajudar a embrulhar o lanche Ajudar a pentear e escovar os cabelos Lavar o cabelo Amarrar os sapatos (com alguma ajuda)	Fatiar frutas ou legumes macios (com faca afiada, sob supervisão) Enrolar a massa Misturar a massa de bolo pré-pronta Espalhar manteiga de amendoim e geleia em biscoitos ou pão Ajudar a planejar menus Amassar batatas cozidas com espremedor	Dobrar panos de limpeza Cuidar de animais de estimação Separar a roupa para lavar (com alguma ajuda) Lavar janelas Ajudar nas compras Polir sapatos

(Você pode encontrar mais ideias em *Chores Without Wars*, de Lynn Lott e Riki Intner.)[1]

Quando os pais estão cientes da mensagem oculta no comportamento de seus filhos e quando podem observar seus próprios sentimentos e reações, eles podem tomar medidas para incentivar a criança desencorajada e celebrar a disposição dela de correr riscos e cometer erros. Ao fazer isso, os pais criam filhos que acreditam que são capazes, amáveis e valorosos.

PERGUNTAS PARA REFLETIR

1. Pense em um momento em que você acredita que seu filho se comportou mal. O que você estava sentindo? Agora olhe para o quadro na p. 160 e determine qual conjunto de sentimentos na segunda coluna corresponde melhor ao seu. Leia e decida se alguma das outras descrições dessa linha parece corresponder. Qual pode ser o objetivo equivocado do seu filho? Qual é a crença equivocada do seu filho?
2. Usando o exemplo apresentado na etapa 1, observe a lista de comportamentos alternativos na coluna final do objetivo equivocado que você identificou. Escolha uma ou duas alternativas que você deseja experimentar se esse comportamento acontecer novamente. (Lembre-se de que sua atitude é um ingrediente importante na mudança de comportamento.)
3. Pense em um erro que você cometeu recentemente. Qual foi o seu diálogo interno sobre esse erro? Você se repreendeu? Você tentou descobrir o que deu errado para que você pudesse fazer de maneira diferente? Seu diálogo interno foi útil para você? Se não, como você gostaria de mudar?

12

OBJETIVOS EQUIVOCADOS NA ESCOLA

Mau comportamento – as mensagens codificadas que as crianças nos enviam sobre suas crenças – não acontecem apenas em casa com os pais. O mau comportamento ocorre em todos os lugares aonde as crianças vão. Professores e cuidadores também podem aprender a decifrar objetivos equivocados das crianças e responder de maneiras que ensinam e encorajam.[1]

Atenção indevida na escola de educação infantil

Não é de surpreender que, onde há grupos de crianças, o desejo por atenção indevida apareça.

Há 12 crianças de 5 anos na sala de Marcia, no Tiny Treasures Childcare Center, nessa manhã. Por volta das dez horas, Johnny encontra Marcia; seu sapato está desamarrado e ele pede que ela o amarre. Marcia faz isso e Johnny sai para brincar. Menos de cinco minutos depois, ele precisa de ajuda para apontar um lápis. Marcia também o ajuda a fazer isso, mas não passam mais de dois minutos antes de perceber que Johnny começou a mexer nos blocos de Ben. Marcia lembra que esses são os blocos de Ben e Johnny precisa escolher outra coisa para fazer. Às dez e quinze, o sapato de Johnny está desamarrado novamente...

Agora, Marcia está ansiosa por seu intervalo. Além de se sentir irritada pelas constantes demandas de Johnny, ela também está se sentindo culpada por não gostar muito de estar perto dessa criança. Esses sentimentos, como você verá na segunda coluna do quadro dos objetivos equivocados (p. 160), são a primeira pista de que o comportamento de Johnny é motivado pelo objetivo equivocado de atenção indevida.

As reações de Marcia ao comportamento de Johnny são típicas e outra pista para decodificar sua crença equivocada. Ela faz coisas por Johnny que ele poderia razoavelmente fazer por si mesmo – ou que ele poderia aprender a fazer sozinho. Ela também passa boa parte do tempo lembrando Johnny de interromper certos comportamentos. Uma terceira pista de que o objetivo equivocado é atenção indevida é que Johnny interrompe seu comportamento por um curto período de tempo, mas logo encontra outras maneiras de manter Marcia ocupada com ele. Todo professor conhece uma criança como Johnny.

O que Johnny e outras crianças como ele estão realmente dizendo por meio do comportamento deles? Quando uma criança busca atenção indevida, está agindo com a crença de que pode ser aceita ou ser importante apenas quando é notada ou mantém os adultos ocupados com ela. Quando você aprender a decodificar as mensagens de objetivo equivocado, entenderá que o que as crianças que se comportam mal estão realmente dizendo a você é "Sou uma criança e só quero pertencer (ser aceita)".

Respondendo à mensagem

Mesmo quando sua professora é capaz de entender que o comportamento de Johnny é um pedido por aceitação, nem sempre é possível dar atenção individual em ambientes de grupo. Ainda assim, várias coisas podem ser feitas rotineiramente com todas as crianças, o que diminuirá bastante as competições constantes por atenção, como as de Johnny.

Encorajamento para os que buscam por atenção indevida na escola
- Ajude as crianças a obter atenção de maneira útil por meio de envolvimento significativo.
- Ensine sinais não verbais.
- Dê atenção especial antes que a criança busque atenção indevida.
- Reserve um tempo para o treinamento.

Ajude as crianças a obter atenção de maneira útil por meio de envolvimento significativo

Como você aprendeu no Capítulo 10, a mensagem para o objetivo equivocado de atenção indevida é "Preste atenção em mim. Envolva-me em algo útil!" *Pode ser muito eficaz ignorar o mau comportamento enquanto redireciona a criança para obter atenção de maneira útil.* Marcia pode envolver Johnny, pedindo-lhe que a ajude com algo – lavar pincéis, apagar o quadro ou tocar uma campainha para que todos saibam que é hora de voltar do almoço.

Ensine sinais não verbais

Considere ensinar sinais não verbais às crianças para que você saiba que elas precisam do seu tempo ou atenção. Marcia poderia ter ensinado às crianças da classe a colocar delicadamente a mão no braço dela para que ela soubesse que precisavam dela. O sinal de Marcia de que ela percebe o pedido de ajuda é fazer contato visual com a criança, levantar o dedo indicador, acenar com a cabeça e depois retomar o que estava fazendo. Isso dá atenção de maneira razoável, enquanto ainda permite que a criança se sinta reconhecida.

Dê atenção especial antes que a criança busque atenção indevida

Marcia poderia comentar sobre algo que faz cada criança se sentir especial. Ela pode cumprimentar Johnny e dizer que encontrou um saco de ovos de aranha e o trouxe para a mesa de ciências. Ela sabe que as aranhas fascinam Johnny. Sua atenção especial e o reconhecimento de seus interesses o ajudarão a se sentir incluído e cuidado.

Outra maneira de dizer "eu te vejo" é cumprimentar as crianças individualmente. Alguns professores dedicam um tempo para oferecer a cada criança um abraço ou um aperto de mão ao entrar na escola ou na sala. Esse gesto diz "Eu me preocupo com você e fico feliz por você estar aqui". Você pode encontrar maneiras de injetar doses efetivas de tempo especial em uma classe cheia de crianças. Grandes instituições podem querer designar um professor como o responsável pelos cumprimentos da manhã.

Reserve um tempo para o treinamento

E os sapatos de Johnny, que ficam desamarrados a cada dez minutos? Marcia poderia criar um plano para ajudar Johnny a aprender a amarrar seus próprios sapatos. Depois de um tempo para treinar, Marcia pode dizer a Johnny que ela adoraria vê-lo amarrar seus próprios sapatos. Finalmente, Johnny seria capaz de amarrar seus sapatos e voltaria para mostrar a Marcia que ele conseguiu.

Assim como as crianças geralmente cometem o erro de tentar obter atenção indevida, os adultos costumam cometer o erro de dar atenção indevida, em vez de encontrar uma maneira de redirecionar as crianças para que sintam uma sensação de pertencimento (aceitação) e importância de uma maneira útil. Lembre-se de que as crianças desencorajadas não precisam encontrar maneiras equivocadas de obter aceitação e importância – pelo menos, não com tanta frequência.

Disputas por poder na escola

É um dia lindo e ensolarado na pré-escola de Silverport. Ao lado da macieira, Sarah, de 3 anos de idade, e sua professora, Julie, estão se encarando. Julie diz que é hora de entrar. Sarah se recusa a ir. Julie enfatiza que a brincadeira acabou: todo mundo já entrou e Sarah deve entrar agora. Sarah envolve os braços com força ao redor do tronco da árvore. O rosto de Julie está ficando rosa e ela começa a ameaçar sua aluninha: "Se você não vier neste minuto, não poderá sair no resto do dia."

Sarah mostra a língua para fora. "Você não pode me obrigar!", Ela provoca. Julie está brava (e um pouco envergonhada – afinal, ela tem 3 anos) e sente que sua autoridade foi contestada. Julie e Sarah continuam se encarando, mas Julie percebe que Sarah está certa: ela não pode obrigar Sarah a entrar. Ela se sente totalmente derrotada.

Qual é a mensagem por trás do comportamento de Sarah? Ela pode estar dizendo: "Quero ser a chefe e ter algum poder na minha vida!" A maneira de Sarah alcançar o poder é provar que "você não pode me obrigar!"

Identificando o poder mal direcionado

Julie sentiu raiva; ela também sentiu que sua autoridade legítima havia sido contestada. Esses são os sentimentos típicos que os adultos têm quando estão envolvidos em uma disputa por poder – e esses sentimentos fornecem a primeira pista para identificar o poder mal direcionado.

Como mencionamos antes, uma disputa por poder precisa de duas pessoas. Sarah precisava das reações de Julie para se envolver na batalha. Julie foi fisgada e usou sua força para dominar Sarah e carregá-la para dentro. Mas Sarah desistiu da disputa?

A criança que age com o objetivo equivocado de poder mal direcionado gastará uma grande quantidade de energia resistindo à cooperação. Sarah teve que agarrar o tronco da árvore ferozmente para que sua professora não conseguisse soltá-la. No calor da batalha, essa ferocidade pode ser descrita como "teimosia". (Porém, quando a mesma criança está aprendendo a resolver um problema matemático complicado, ou percorrendo os últimos quilômetros da maratona, essa mesma característica pode ser vista positivamente como "tenacidade".) A crença subjacente ao objetivo equivocado do poder mal direcionado é "Eu sou aceita apenas quando estou no controle. Ninguém pode me obrigar a fazer as coisas".

Respondendo à mensagem

Como a professora de Sarah pode oferecer seu poder de uma maneira apropriada? Existem várias possibilidades.

> **Encorajamento para os que buscam por poder mal direcionado na escola**
>
> - Peça ajuda à criança.
> - Ofereça escolhas limitadas.
> - Faça o inesperado.
> - Retire-se do conflito.
> - Procure soluções "ganha-ganha".

Peça ajuda à criança

Se houver um padrão nas disputas por poder entre Julie e Sarah, Julie poderá interromper o ciclo pedindo a ajuda de Sarah – o que convida Sarah a usar seu poder de maneira produtiva. Julie pode dizer: "Sarah, preciso da sua ajuda. Você poderia dizer aos meninos do outro lado que é hora de entrar?" Uma oportunidade de ajudar frequentemente atrai a criança que está buscando poder mal direcionado, proporcionando-lhe a oportunidade de ter poder de uma maneira útil.

Lembre-se de que poucas pessoas – inclusive as pequenas – gostam de se sentir impotentes ou vitimizadas. Todo mundo precisa de oportunidades para experimentar o autocontrole e aprender que o poder pessoal pode ser usado de maneira produtiva. *Não é a necessidade de poder que está equivocada; é o uso mal direcionado do poder que cria problemas.*

Ofereça escolhas limitadas

Uma das melhores maneiras de empoderar uma criança é dar-lhe escolhas limitadas nas quais todas as alternativas são aceitáveis. Perguntar a uma criança se ela está pronta para entrar agora implica que ela não precisa entrar se não estiver pronta. Se essa não é uma alternativa aceitável, não a inclua em suas escolhas, declaradas ou implícitas.

A professora de Sarah poderia perguntar à aluna se ela gostaria de liderar a turma no final do horário do recreio ou segurar a mão da professora e seguir as outras. Essas são escolhas limitadas, ambas aceitáveis. Ficar fora não é uma opção. Se uma criança responder nomeando uma alternativa que não foi dada, como ficar de fora, simplesmente responda: "Essa não é uma opção."

Outra ideia pode ser deixar Sarah escolher qual brinquedo usar antes de entrar na sala e dizer que a campainha tocará em dois minutos. Isso requer planejamento antecipado, o que é uma coisa sábia a ser feita quando as disputas por poder se tornarem um padrão.

As escolhas empoderam a criança, atendendo à necessidade de poder e pertencimento de maneiras aceitáveis. (Lembre-se de que sua atitude influencia a maneira como a criança percebe suas ações.)

Faça o inesperado

Às vezes, adultos e crianças acham que seu comportamento se tornou bastante previsível. Julie e Sarah provavelmente encenaram essa pequena cena muitas vezes. Em vez de responder ao desafio de Sarah da maneira usual, Julie poderia fazer o inesperado. Quando Sarah se recusou a entrar, Julie poderia ter dito: "Aposto que você não consegue me pegar" e depois fugir de Sarah. Que surpresa seria para alguém que se agarra ferozmente a um tronco de árvore. Sarah poderia ir atrás de sua professora e, quando Sarah a pegasse, Julie poderia lhe dar um forte abraço e entrar na sala em paz com ela. O impasse acaba; ambas vencem.

Retire-se do conflito

As disputas por poder exigem pelo menos dois participantes. Quando um adulto se recusa a participar, concentrando-se no que ele fará (em vez do que ele está tentando obrigar a criança a fazer), ele se retira da disputa por poder. Julie poderia dizer a Sarah: "Não posso obrigar você a entrar, e realmente apreciaria sua ajuda na sala de aula. Espero que você entre em breve. Eu de fato conto com sua ajuda quando estiver pronta." Julie poderia esperar, sem maior envolvimento. É nosso palpite que, sem ninguém com quem lutar, Sarah logo desistirá de sua disputa por poder e entrará na sala de aula para ver como ela pode ajudar.

Procure soluções "ganha-ganha"

Outro segredo para lidar com as disputas por poder é buscar soluções em que todos saem ganhando. Nenhuma criança (ou adulto) quer perder. Quando você convida crianças para ajudá-lo a resolver um problema, elas têm a oportunidade de usar sua energia e criatividade de maneira positiva.

Se Sarah continuasse se recusando a entrar, Julie poderia oferecer-se para segurar a mão dela enquanto entrassem e ajudá-la a colocar esse problema na pauta da reunião de classe. Julie também poderia convidar Sarah a pensar em possíveis soluções.

Vingança na escola

É uma manhã de terça-feira, e Eric, de 4 anos, está jogando os dinossauros pela sala. Seu professor, John, vem e remove os dinossauros, dizendo a Eric que ele não pode ficar com eles pelo resto do dia. Eric está furioso. Eric lembra que quando Zachary jogou os blocos para o canto, no dia anterior, nada aconteceu com ele. Isso não é justo! Eric bate os pés no chão com força.

Pouco tempo depois, John faz a descoberta encantadora de que Eric encheu o vaso sanitário de papel higiênico. John mostra a Eric a bagunça que ele fez e pergunta: "Como você pôde fazer uma coisa dessas em nossa escola?" Eric não hesita. "Eu odeio esse lugar", diz ele, "e fico feliz que o vaso entupiu". John diz ao garotinho que ele escreverá uma nota para os pais de Eric sobre isso e que Eric ficará na sala durante o recreio. Antes de o dia terminar, Eric também conseguiu arrancar as páginas de vários livros.

John não aguenta mais um dia com essa criança e já está decidido a faltar e ligar dizendo que ficou doente. A mensagem de Eric é: "Eu me magoei, então vou magoar os outros. A vida é injusta!" John está indubitavelmente se sentindo muito desencorajado e magoado também.. Ele se sente desgostoso e descrente e fica desconcertado com o desdém de Eric pelas coisas da escola. Chamamos isso de "ciclo de vingança".

Identificando a vingança

Adultos (e crianças) costumam encobrir seus sentimentos de mágoa com raiva. A reação de John ao comportamento de Eric foi magoar de volta por meio de repreensões e punições.

Uma criança que escolheu o objetivo equivocado da vingança acredita que, se não puder ser aceita (o que dói muito), pelo menos poderá se vingar. Infelizmente, é difícil para a maioria dos adultos amar e apreciar uma criança que está magoando outras pessoas e destruindo coisas. Ao agir de acordo com sua crença de que ela não é aceita, essa criança se comporta de maneiras que provam seu argumento.

Respondendo à mensagem

Pode ser difícil lidar com uma criança como Eric, mas uma vez que seu professor percebe que Eric sente que foi tratado injustamente e está magoado, ele pode responder à real necessidade do menino. Eric quer se sentir aceito, ser uma parte real do grupo. Como isso pode ser alcançado?

Encorajamento para os que buscam vingança na escola

- Busque a conexão antes da correção ao validar sentimentos.
- Ensine a diferença entre sentir e fazer.
- Pergunte se uma pausa positiva ajudaria.
- Programe um horário (após o conflito) para trabalhar em soluções.
- Repare os danos; faça as pazes.
- Trabalhe para ajudar a criança a sentir-se aceita.

Busque a conexão antes da correção ao validar sentimentos

As crianças pequenas não têm consciência de que seu mau comportamento é motivado por sentimentos de mágoa. No entanto, quando um adulto adivinha corretamente o que elas estão sentindo, as crianças se sentem compreendidas e validadas. John poderia dizer: "Eric, quando você se comporta dessa maneira, eu me sinto magoado. Meu palpite é que você também pode estar se sentindo assim. Você pode me avisar quando estiver pronto para falar sobre nossos sentimentos feridos?" Eric pode precisar de tempo para se acalmar antes de estar pronto para discutir seus sentimentos. Se Eric ainda não quiser dizer nada, o professor pode contar uma história sobre um momento em que ele se sentiu realmente magoado. Ao passar esse tipo de tempo com Eric, o professor pode ganhar sua confiança, mostrando que ele o aceita, mesmo quando Eric não está se sentindo bem. Quando os sentimentos de Eric são reconhecidos, ele pode começar a se sentir (e agir) melhor.

Ensine a diferença entre sentir e fazer

Aprender a nomear seus sentimentos dá às crianças uma nova ferramenta de autorregulação. John disse a Eric: "O que você sente é sempre aceitável, mas o que você faz nem sempre é aceitável. Mais tarde, vamos conversar sobre algumas coisas que podemos fazer quando nos sentimos magoados que não magoam os outros ou prejudicam a nossa escola." John sabe que Eric provavelmente precisa de tempo para se acalmar antes de iniciar uma discussão produtiva, então acrescenta: "Avise-me quando você se sentir calmo o suficiente para conversarmos sobre alternativas. Aposto que podemos ter várias ideias."

Quando uma criança magoada magoa outra criança

Entender que o objetivo equivocado de uma criança pode ser vingança não torna aceitável que ela prejudique outras pessoas. Reparar a agressão física envolve três etapas:

1. *Cuide da segurança dos envolvidos.* Separe as crianças envolvidas ou coloque as crianças fora do alcance da criança que agrediu até que todos estejam calmos o suficiente para fazer melhores escolhas.
2. *Aborde sentimentos feridos.* Reserve um tempo para descobrir o motivo pelo qual a criança se sente magoada e permita que os sentimentos venham à tona. Ao aceitar e validar os sentimentos de uma criança, você incentiva o sentimento de aceitação dela, enviando a mensagem de que é seguro que ela tenha todos os tipos de sentimentos. Às vezes, as crianças chegam à escola com sentimentos reprimidos. Você não pode fazer nada para apagar a causa da dor de uma criança. Pais que brigam entre si, doenças na família ou outros eventos da vida estão além do seu controle. Mas simplesmente permitir que a criança tenha um lugar seguro para expressar seus sentimentos e sentir-se apoiada e ouvida pode ajudá-la a se curar.
3. *Faça as pazes.* Reparar é parte de aprender a tomar responsabilidade pelas suas ações – uma habilidade que todos nós precisamos cultivar e praticar. Você pode perguntar ao agressor se ele pode pensar em maneiras de ajudar a criança magoada a se sentir melhor. Você e ele podem encontrar ideias, como oferecer um serviço (limpar o lugar da mesa da outra criança para ela, ler uma história ou desenhar algo para ela). A criança também pode optar por pedir desculpas, mas não é produtivo forçá-la a dizer "desculpe". Ao fazer isso, a criança é ensinada a pronunciar palavras sem dar valor ao real significado delas. Se uma criança iniciar um pedido de desculpas sincero, isso terá um significado real.

Pergunte se uma pausa positiva ajudaria

Se John já ensinou à sua turma sobre pausa positiva, ele pode perguntar a Eric se isso o ajudaria a relaxar um pouco até que ele se sinta melhor. Se Eric quiser companhia e John tiver alguns minutos, ele poderia oferecer: "Gostaria que eu fosse com você ou gostaria que um amigo fosse com você?" As crianças que sentem que não são aceitas costumam agarrar a chance de ter alguém que vá com elas – elas podem se acalmar e ter uma sensação de pertencimento ao mesmo tempo.

Programe um horário (após o conflito) para trabalhar em soluções

Eric pode ser convidado a conversar sobre o que fazer quando surgirem sentimentos difíceis. John pode começar sugerindo que, da próxima vez que Eric se sentir magoado, ele pode ir até John e praticar a nomeação daquele sentimento. John pode dizer a Eric gentilmente que ele tentará ser um bom ouvinte. Como Eric aprendeu sobre "usar suas palavras", ele poderia dizer: "Eu poderia dizer a alguém que não gosto quando eles magoam meus sentimentos." John também pode sugerir: "Que tal colocar o problema na pauta da reunião de classe?"

É importante lembrar que esse processo pode precisar ser repetido várias vezes antes que Eric aprenda a nomear seus sentimentos, aceitar que não há problema em tê-los e encontrar maneiras aceitáveis de lidar com eles.

Repare os danos; faça as pazes

E as ações destrutivas de Eric? Lembre-se de que fazer uma criança se sentir pior é improvável que a encoraje a agir melhor. Retaliação e punição são reações típicas de adultos a comportamentos destrutivos, mas geralmente provocam na criança a vontade de responder com mais vingança. Em vez disso, quando uma criança destrói algo, é razoável pedir que ela assuma a responsabilidade pela substituição do item danificado.

Quando Eric enche o vaso com papel e o faz transbordar, ele pode ser encorajado a ajudar a limpar a bagunça. Eric terá maior probabilidade de cooperar nos esforços de limpeza quando seus sentimentos e a crença por trás de seu comportamento forem tratados. *Observe que o foco está na bagunça no banheiro, e não na bagunça que Eric fez. Este não é um momento para culpar, mas para trabalhar juntos a fim de encontrar uma solução para o problema.* Leva tempo, mas esse tipo de abordagem respeitosa e atenciosa tem muito mais chances de levar a melhorias no comportamento de Eric.

Trabalhe para ajudar a criança a sentir-se aceita

Para fazer uma mudança duradoura na forma como Eric se vê, John deve se concentrar em maneiras de dar a Eric uma sensação de pertencimento na turma. Durante uma reunião de classe ou roda de convera, John pode começar uma discussão sobre como nos sentimos bem quando os outros querem realizar coisas conosco. John poderia então dizer que escolheu Eric para distribuir o lanche da manhã. Ele poderia perguntar quem gostaria de compartilhar essa tarefa com Eric. Várias mãos se levantariam e um ajudante seria escolhido. Ao focar em "compartilhar a tarefa com Eric", John enviou uma mensagem diferente de simplesmente perguntar: "Quem mais quer servir o lanche?"

Depois, John poderia reservar um momento com Eric e comentar quantas crianças levantaram as mãos para fazer algo com ele. Como Eric se sentiu quando tantas crianças levantaram as mãos para distirbuir o lanche com ele? Dessa maneira, John ajudaria Eric a se tornar um membro contribuinte de sua turma, além de ajudar Eric a se perceber como uma pessoa agradável. Esse tipo de processamento é uma parte crucial de ajudar Eric a formar crenças diferentes sobre suas experiências e ir além de sua necessidade de vingança.

Inadequação assumida na escola

Paul tem 5 anos, mas ainda está no grupo de 3 anos de idade em sua aula de natação. O instrutor, Tom, está tentando fazer com que todos façam bolhas na água. Paul odeia molhar o rosto e sopra pequenos sopros bem acima da superfície. Tom se aproxima e sugere que Paul finja soprar uma vela de aniversário. Paul apenas cruza os braços, coloca o queixo no peito e balança a cabeça minúscula. Depois de um ou dois minutos, Tom desiste e segue para a próxima criança.

Pouco tempo depois, as outras crianças estão segurando a borda da piscina e praticando chutes na água. Paul senta-se ao lado, recusando-se a entrar na piscina. Tom se oferece para segurar Paul enquanto ele chuta, mas Paul se recusa e vira o corpo para longe da piscina. Finalmente, Tom desiste.

Paul convenceu com sucesso seu instrutor de natação a deixá-lo em paz. Paul acredita que ele não é "bom o suficiente" e age segundo essa crença, convencendo os outros a desistirem dele, demonstrando com perfeição o objetivo equivocado de inadequação assumida ou desistência.

Identificando a inadequação assumida na escola

Tom deve ficar atento às necessidades de todas as crianças em sua aula de natação – ele não pode passar o tempo todo com Paul. Ele se sente desesperançoso quando não consegue convencer Paul nem mesmo a tentar as várias atividades. Tom não pode forçar Paul a entrar na água ou fazê-lo soprar bolhas. Sua única opção parece ser deixar Paul em paz, desistir dele. A resposta de Paul é recuar ainda mais. Ele não está brigando ou sendo agressivo. Na verdade, é mais fácil ignorá-lo e deixá-lo em paz.

Onde ele adquiriu essa crença em sua própria inadequação? Por acaso, Paul tem pais atléticos que se destacam na maioria dos esportes. Eles andam de bicicleta, esquiam e correm maratonas. Quando Paul está com eles, é difícil para seus pais esconderem sua impaciência e o quanto ele os atrasa. Eles amam muito Paul, mas simplesmente não sabem como ajustar suas atividades ao nível de Paul.

Respondendo à mensagem

Paul acredita que, por não ser tão bom em esportes quanto seus pais, ele pode muito bem nem tentar. Ele não parece fazer nada bem o suficiente. Eles são "perfeitos" e Paul, obviamente, não é. Se Paul conseguir convencer os outros de que não podem esperar muito dele, eles o deixarão em paz. O que Tom pode fazer além de ignorar Paul?

Encorajamento aos que sentem inadequação assumida na escola

- Encoraje até mesmo os pequenos passos.
- Concentre-se no que a criança consegue fazer.
- Divida as tarefas em pequenos passos e comemore o sucesso.

Encoraje até mesmo os pequenos passos

Quando Paul está se afastando da piscina, Tom pode dizer: "Paul, eu sei que foi preciso muita coragem para você entrar na piscina conosco. Eu realmente reconheço isso."

Tom não presumiu que aprender a nadar fosse fácil; de fato, ele reconheceu o quanto é difícil para Paul. Tom demorou um pouco para perceber o pequeno passo que Paul estava disposto a dar. Com o tempo, esse tipo de encorajamento gentil pode ajudar Paul a assumir outros riscos.

Concentre-se no que a criança consegue fazer

Os adultos podem aprender a se concentrar no que a criança consegue fazer, para ajudá-la a ver suas próprias habilidades primeiro pelos olhos dos outros e, finalmente, pelos seus. Tom balança as pernas de Paul pelo movimento da água enquanto Paul permanece empoleirado na borda, e quando Paul tenta alguns chutes por conta própria Tom comenta sobre o quão fortes são suas pernas. Com demasiada frequência, os professores ficam ocupados com as crianças que pedem atenção ou ficam travando disputas por poder com crianças desafiadoras. No entanto, a criança cujo objetivo equivocado é a inadequação assumida ou desistência é a que menos pode ser ignorada.

Divida as tarefas em pequenos passos e comemore o sucesso

Os adultos que vivem e trabalham com crianças pequenas podem aprender a reconhecer e encorajar os pequenos passos em direção ao sucesso e a ter expectativas realistas. Rudolf Dreikurs disse: "Trabalhe para melhorar, não para atingir a perfeição." Uma parte importante do encorajamento de pequenos passos é dividir uma tarefa em pequenas etapas que não pareçam tão desafiadoras para a criança desencorajada. O professor de Paul percebe e o parabeniza por molhar os braços e a barriga hoje (os dois grandes passos para Paul). As palavras-chave para uma criança com esse objetivo equivocado são "Acredite em mim!" E "Encoraje, encoraje, encoraje!" Por mais difícil que isso possa parecer às vezes, tente confiar na criança desencorajada. A energia da sua crença nela pode ser contagiante.

Será que vai fazer a diferença?

Professores e cuidadores às vezes se sentem frustrados com a enormidade da tarefa que enfrentam todos os dias. Não é fácil ensinar e gerenciar dezenas de pessoinhas ativas – especialmente quando muito do que elas acreditam sobre si mesmas e seu mundo é moldado em casa, fora do controle do professor.

Ainda assim, cada pessoa só pode fazer o seu melhor. As horas que uma criança passa com seus cuidadores todos os dias podem oferecer uma oportunidade importante de sentir aceitação e importância – e relacionamentos fortes e afetivos formados com professores e cuidadores da educação infantil afetarão essa criança nos próximos anos. Melhor ainda, quando pais e professores trabalham juntos para entender verdadeiramente o comportamento da criança e lidar com ela de maneira eficaz, os resultados para todos podem ser milagrosos.

PERGUNTAS PARA REFLETIR

1. Imagine uma escolha limitada que você pode oferecer a uma criança na hora de passar de uma atividade para outra. Pense em duas coisas que você poderia dizer se a criança responder que deseja uma escolha diferente da oferecida.

2. Peça a um bibliotecário local que recomende livros que tratem de sentimentos com que uma criança pode se deparar em um dia típico na escola ou com colegas. Crie uma biblioteca com uma seleção desses livros como recursos. Quando uma criança estiver com os sentimentos feridos (ou outras emoções intensas), vocês podem ler um livro apropriado juntos. Reserve um tempo para conversar sobre o que o personagem pode estar sentindo e procure maneiras de se sentir (e se comportar) melhor.

3. Pense em uma experiência frustrante recente com uma criança sob seus cuidados. Veja o quadro dos objetivos equivocados na p. 160. Combine seus próprios sentimentos com os da segunda coluna do quadro. Leia o quadro para determinar se suas reações ou a resposta da criança também correspondem. (Não precisa ser uma combinação perfeita.) Qual é o objetivo equivocado que você identificou? Que crença a criança com esse objetivo tem? Que soluções possíveis o quadro oferece? Considere tentar essa nova alternativa na próxima vez que surgir a situação.

13

ACABE COM AS BATALHAS NA HORA DE DORMIR: CRIANÇAS DE 3 A 6 ANOS E O SONO

É hora da soneca na escola, e todas as crianças da turminha estão dormindo, exceto Margaret. A professora leu uma história e ofereceu massagens nas costas, mas Margaret ainda está acordada.

Mary é diferente. A mãe de Mary teme que ela durma muito tempo na soneca, o que dificulta levá-la para a cama à noite. A professora promete manter Mary acordada por mais tempo ou acordá-la mais cedo, mas, apesar de seus esforços, Mary é geralmente a primeira a adormecer e a última a acordar.

O ponto principal é que você não pode fazer uma criança dormir e não pode controlar quando ela acordará. Durante os anos escolares, a maioria das crianças desiste de tirar uma soneca longa e regular – se é que alguma vez o fez. Os pais muitas vezes sentem falta daquelas horas pacíficas da tarde, durante as quais podiam realizar algo ou descansar um pouco. Torna-se muito tentador tentar coagir uma criança a tirar cochilos – mas, infelizmente, fazê-la adormecer (seja à noite ou durante a hora da soneca) está simplesmente fora do controle do adulto.

A maioria dos pais experimentou a frustração de uma criança que fica bem acordada por muito tempo depois da hora de dormir, ou sai da cama em momentos embaraçosos, ou ainda se recusa a acordar mesmo quando a mãe e o pai têm assuntos urgentes para tratar. Existe algo que os pais possam fazer para ajudar as crianças a se acomodarem em um ciclo de sono que funcione para todos?

Rotinas: magia diária

Uma rotina familiar de manhã, na hora das refeições e na hora de dormir pode eliminar a necessidade que as crianças geralmente sentem de testar seus limites. Expectativas claras e atividades previsíveis podem amenizar as dificuldades do dia de uma criança (e de seus pais e professores). À medida que as crianças crescem e começam a ir à escola, rotinas familiares podem eliminar muitos dos problemas que envolvem as atividades domésticas ou tarefas de casa.

Dar comandos geralmente provoca a resistência, mas quando você e seu filho criam rotinas juntos, essa rotina se torna "o chefe". Crianças de apenas 2 anos e meio podem participar da criação de rotinas (e quadros de rotina), com uma pequena ajuda sua, e elas podem desenvolver um forte senso pessoal e vontade de contribuir. Você precisa apenas perguntar: "O que vem a seguir em nosso quadro de rotina?", e seu filho lhe dirá.

Rotina e consistência (embora ocasionalmente chatas para adultos) funcionam bem para o desenvolvimento cerebral da criança pequena e incentivam a cooperação e o aprendizado. As crianças prosperam quando suas vidas são claras e previsíveis e desfrutam da segurança de repetições confortáveis. Neste e nos capítulos a seguir, você descobrirá diretrizes básicas úteis ao planejar qualquer tipo de rotina.

BENEFÍCIOS INESPERADOS DAS ROTINAS

As rotinas criam uma rede de segurança única quando crianças e famílias experimentam eventos traumáticos. O restabelecimento de uma rotina familiar em meio a mudanças ou caos ajudará as crianças a se sentirem seguras e protegidas. Se uma criança foi afastada de seus familiares por um desastre natural, um motivo político ou uma mudança de família (divórcio, morte ou mudança para um novo lar), quanto mais cedo voltar a ter uma rotina, mais cedo ela se sentirá protegida e segura.

Segundo pesquisas, as crianças que vivem em famílias nas quais a vida diária é previsível se saem melhor na escola e adquirem níveis mais altos de autocontrole.[1] Essa consistência e autocontrole contribuem para a capacidade da criança de ser resiliente, mesmo diante do estresse. Participar de rotinas diárias regulares também pode levar a menor risco de abuso de substâncias, bem como a menor número de suspensões escolares durante a adolescência.

Mapeamento de tarefas: o quadro de rotinas

O primeiro passo na criação de um quadro de rotinas é convidar seu filho a pensar em uma lista de tarefas para a hora de dormir. Tente manter a lista com três ou quatro (mas não mais que seis) tarefas. Lembre-se, um quadro de rotinas não é para recompensas ou adesivos; é simplesmente um "mapa" para ajudar seu filho a se lembrar do que vem a seguir. As crianças adoram quando você tira fotos delas realizando cada tarefa, para que as imagens possam ser coladas no quadro. Alguns preferem fazer desenhos de si mesmos realizando a tarefa ou criar símbolos simples. O quadro pode ser colocado onde é fácil para o seu filho ver e seguir. Lembre-se das palavras mágicas "O que vem a seguir na sua rotina da hora de dormir?", para que ele possa lhe dizer em vez de que você lhe diga.

Possibilidades de rotina para a hora de dormir

Ter uma rotina familiar pode evitar a luta da hora de dormir. As ideias a seguir para as atividades rotineiras na hora de dormir podem ajudá-lo a criar uma rotina para seu filho que o auxilie (e a você) a ter bons sonhos.

Hora da brincadeira

Um momento de brincadeira em família é uma boa maneira de começar sua rotina noturna. Uma família gosta de jogar jogos de tabuleiro, enquanto outra gosta de um empolgante pega-pega ou uma luta de almofadas. É melhor colocar jogos mais ativos no início de sua rotina. A ideia é avançar constantemente em direção a atividades silenciosas e calmas.

Hora das escolhas

Planejar com antecedência pode eliminar muitas disputas por poder. Por exemplo, permita que seu filho escolha entre dois pijamas *antes* de entrar na banheira. Ele pode colocar o pijama escolhido em cima da cama para que esteja lá assim que a hora do banho terminar.

Disputas por poder e brigas ocorrem frequentemente pela manhã, quando seu filho não consegue decidir o que vestir, quer usar algo que não consegue encontrar ou coloca algo que considera inapropriado (como *shorts* no meio do inverno). Considere escolher roupas na noite anterior para eliminar pelo menos uma provável disputa por poder matinal. (Isso pode parecer óbvio, mas outra solução simples é guardar as roupas de inverno no verão e as roupas de verão no inverno. Opções inadequadas de roupas serão menos prováveis.)

Hora do banho

Um banho na banheira pode ser maravilhosamente reconfortante – e também pode ser um momento de proximidade e diversão. Existem muitos brinquedos de banho maravilhosos disponíveis (embora suas xícaras e colheres de medida da cozinha provavelmente funcionem muito bem), e o som e a sensação da água quente ajudam a relaxar a maioria das crianças. Um banho noturno provavelmente deve seguir todos os jogos ativos e começar o momento de "acalmar" da sua rotina.

Escovar os dentes

Você sabia que escovar os dentes pode ser divertido? Algumas famílias colocam pasta de dente nas escovas uns dos outros e todos escovam os dentes alegremente juntos, não apenas ensinando a boa higiene bucal, mas criando conexão sem disputas diárias por poder.

Hora da história

Contar ou ler histórias é uma parte comum da hora de dormir, por um bom motivo. As crianças menores gostam de ouvir histórias. Na verdade, algumas nunca se cansam de ouvir a mesma história repetidamente – e ai dos pais preguiçosos que tentam deixar alguma coisa de fora. E a hora da história realmente ajuda as crianças a aprender: a primeira experiência de "leitura" de uma criança pode consistir em recitar um livro para você e até virar as páginas no lugar certo. A poesia infantil e as rimas simples também são maravilhosas e ajudam seu filho a aprender a língua.

À medida que seu filho cresce (ou se muitas vezes tem dificuldade em adormecer), você pode deixá-lo ver os livros enquanto ele fica quieto na cama. É melhor escolher livros impressos, pois a iluminação da tela pode afetar o sono, bem como a capacidade do cérebro de consolidar o aprendizado do dia. Cuidado com a manipulação: algumas crianças pedem "só mais uma história" e depois "só mais uma, por favoooooor".

Isso pode ser evitado ao concordarem juntos com o número de histórias em sua rotina de dormir. Então, quando o pedido começar, você pode perguntar: "O que o quadro de rotina diz?" Outra possibilidade é dar um abraço no seu filho e dizer "Boa tentativa" (com um sorriso caloroso) ao sair do quarto ou passar para a próxima parte da sua rotina. Simplesmente refletir esse pedido ("Eu posso ver que você realmente quer ouvir outra história"), seguido de tranquilidade ("Vamos colocar este livro ao lado da sua cama, para que lembremos de lê-lo amanhã à noite") demonstra bondade sem permitir manipulação. As crianças sabem quando você fala sério e elas sabem quando não. Ser gentil e firme ao mesmo tempo permitirá que elas saibam que você está falando sério.

Atividades especiais

Como as crianças geralmente se sentem à vontade e dispostas a conversar pouco antes de dormir, a hora de dormir pode ser uma das melhores partes do seu dia juntos – se você deixar. Vocês podem orar juntos ou cantar uma música especial. Um pai carrega seu filho pequeno pelo quarto para dar boa noite a cada bicho de pelúcia e foto. Canções de ninar calmantes, *white noise** ou música suave podem criar uma atmosfera relaxante.

Alguns pais gostam de pedir aos filhos que compartilhem os momentos mais felizes e tristes do dia e depois deixam que eles façam as mesmas perguntas. (Como a compreensão do tempo das crianças é um pouco confusa, você pode ouvir coisas que aconteceram esta tarde, na semana passada ou até no mês passado.) Esses momentos vão muito além de ajudar a criança a dormir; eles compartilham amor, confiança e proximidade.

Abraços e beijos

A hora de dormir é o momento perfeito para abraços, beijos e reafirmações de amor. Em algumas famílias, abraçar, beijar e dizer "eu te amo" são ações que

---

*   N. T.: *White noise* (ruído branco) – o ruído branco é ideal para disfarçar ou abafar outros sons do ambiente, como o barulho de carros, obras ou cachorros latindo.

acontecem diariamente. Em outras famílias, essas coisas raramente acontecem. Não surpreende que os pesquisadores descobriram que uma dose diária de abraços incentiva a saúde emocional e, se você não tem tido abraços e beijos regulares, considere experimentar.

Toda noite, a tia de Cissy, Elaine, gosta de sentar na beira da cama de Cissy de 3 anos e dizer: "Se alinhássemos todas as meninas de 3 anos do mundo, adivinhe qual delas eu escolheria? Eu diria: 'Quero esta!'" Tia Elaine então aponta para Cissy, que ri alegremente e se lança nos braços da tia para um abraço.

Defina uma hora de dormir e seja consistente

As noites de muitas famílias são caóticas, cheias de trabalho, recados, práticas esportivas, recitais de dança e uma lista interminável de outras atividades. Não é de surpreender que passar a noite correndo de um lugar para outro não contribua para uma hora de dormir consistente e pacífica. Embora a vida nunca seja totalmente previsível quando você mora com uma criança pequena, faça o possível para começar sua rotina de dormir na mesma hora todas as noites. Pesquisadores do sono descobriram que uma das melhores maneiras de encorajar o sono saudável – para crianças e adultos – é simplesmente ir para a cama no mesmo horário todas as noites.

Pratique sua rotina

Uma rotina para dormir não garante que seu filho nunca tenha dificuldade em adormecer. Se uma criança diz que "não consegue dormir", diga que está tudo bem. Ela só precisa deitar na cama e ler um livro ou ter pensamentos calmos. Lembre-se de que adormecer é trabalho do seu filho. Você só pode dar a ele a oportunidade. A parte mais difícil do seu trabalho pode ser ignorar (com gentileza e firmeza) as demandas por mais bebidas e histórias depois de concluir uma rotina amorosa na hora de dormir.

Uma rotina para dormir pode permitir que você e seu filho pequeno compartilhem um momento especial do dia juntos, em vez de repetir a mesma batalha noturna. As possibilidades são infinitas. Escolha algumas ideias que agradem a você – ou use sua própria criatividade para encontrar uma rotina que funcione para você e seu filho. O que quer que você decida, pratique com frequência suficiente para que se torne uma parte familiar e previsível do seu dia – e uma maneira pacífica de ajudar e encorajar seu filho a adormecer.

Rotinas de soneca na escola

Os professores podem seguir um procedimento semelhante para criar rotinas de sono na escola. Inclua música calma, iluminação suave ou massagens nas costas. Envolva as crianças, permitindo-lhes ajudar a arrumar objetos para a soneca, tirar e alinhar os sapatos e usar o banheiro antes e depois de se deitar para descansar. Cuidadores calmos convidam as crianças a desfrutar de uma atmosfera repousante.

A importância do conforto

Embora enfatizemos a importância de envolver as crianças, há muitas coisas que os adultos podem fazer por conta própria para ajudá-las a dormir confortavelmente. Você pode garantir que as crianças se sintam confortáveis em pijamas adequados, em camas ou berços seguros e com o número apropriado de cobertores. Você também pode se lembrar de considerar o temperamento do seu filho. A área de dormir está quente ou fria o suficiente? Seu filho precisa de silêncio absoluto ou um zumbido constante de atividade? Uma luz noturna ou escuridão completa? Como os adultos, as crianças têm necessidades diferentes em relação à luz e à escuridão, barulho e silêncio. Não há certo ou errado; descobrir o que funciona melhor para cada criança exigirá paciência e um pouco de tentativa e erro.

Se seu filho passa o tempo em mais de uma casa, cheiros e texturas especiais podem tornar a hora de dormir muito menos estressante. Um travesseiro ou cobertor que viaja com seu filho de casa em casa ou um brinquedo fofinho especial na escola pode ser muito útil. Sabe-se que as crianças se enrolam com seus casacos enfiados sob a cabeça quando nada mais está disponível ou o item preferido foi deixado para trás, graças ao conforto da sensação e cheiro familiares.

Embora a pesquisa seja inconclusiva, evitar alimentos doces no final da noite ou antes do cochilo pode ser útil. (Não deixe de ler os rótulos; você pode se surpreender com o teor de açúcar de alguns alimentos chamados saudáveis.) Use tentativa e erro para descobrir o que funciona melhor para o seu filho.

Tempo de experimentação

Quantas vezes você já ouviu aquele grito lamentoso: "Mamãe, estou com sede"? Combine com seu filho sobre quantos copos de água ele pode tomar (e coloque o número designado no seu quadro de rotina). Seja qual for o seu acordo, siga-o com uma atitude gentil e firme. Você pode dizer: "Eu estou te ouvindo. Tenho certeza de que você pode esperar até de manhã." (As crianças geralmente param de testar quando não recebem uma resposta.)

Se as tentativas aumentarem e seu filho sair da cama, uma ação gentil e firme sem palavras será geralmente mais eficaz. Seria assim: seu filho se levanta. Você pega sua mãozinha e o leva de volta para a cama de uma maneira gentil e fica de boca fechada (os sermões nunca são úteis). Então dê um beijo nele e saia do quarto. Se ele se levantar novamente, segure-o pela mão e leve-o de volta para a cama de uma maneira gentil e com a boca fechada; dê um beijo nele e vá embora. Se ele se recusar a ir com você, pode ser necessário pegá-lo e carregá-lo no colo até o quarto. Faça isso de uma maneira calma e prática, com um toque firme, mas amoroso. Se você repetir esse processo quantas vezes for necessário, seu filho aprenderá que você está falando sério – e que ele pode contar com você para tratá-lo com dignidade e respeito, mesmo quando estiver testando você. Convoque toda a sua paciência e não desanime. Quando você é consistente, o teste geralmente não dura mais de três noites, cinco no máximo (embora possam parecer cinco noites *muito* longas).

Uma mãe compartilhou que, na primeira noite em que tentaram esse novo plano, sua filha foi colocada na cama vinte e quatro vezes. Na segunda noite, foram doze vezes. Na terceira noite, levou apenas duas vezes para que a filha soubesse que sua mãe manteria sua posição mesmo sem dizer nada. Na quarta noite, sua filha estava seguindo alegremente a rotina de dormir.

Lembre-se, o único comportamento que você pode controlar é o seu. A mágica que ocorre é que as crianças geralmente mudam seu comportamento em resposta a você.

Controle seu próprio comportamento

PERGUNTA: *Temos uma filha de 3 anos que está passando por momentos muito difíceis para dormir à noite. Temos uma rotina de dormir – damos-lhe um banho com a irmãzinha, lemos uma história, pegamos um copo de água e fazemos orações. Assim que é hora de sairmos do quarto, ela começa a se comportar mal. Dizemos a ela que, se ela continuar gritando ou chorando, teremos que fechar a porta porque ela acordará sua irmã. Ela não se importa com isso e nos chama de idiotas, mostra a língua para nós e assim por diante. Quando fechamos a porta, ela fica totalmente doida – batendo nas paredes e portas, bagunçando as cortinas, esvaziando a caixa de brinquedos ou gritando perto da janela: "Alguém me ajude – preciso da minha mãe e do meu pai." Esperamos por três minutos (um minuto para cada ano de idade) e, em seguida, abrimos a porta e perguntamos se ela parou com a loucura e está pronta para voltar para a cama e se comportar. Ela diz que* não *e repete a atitude por mais três minutos. Damos mais uma chance a ela e depois dizemos que teremos que fechar a porta dela pelo resto da noite. Na outra noite, tivemos que ficar na porta dela até a 1h30, com ela aprontando por quatro horas. Estamos exaustos, e ela é a única que tira uma soneca!*

RESPOSTA: Parece que ninguém está descansando muito, exceto sua filha. Quatro coisas ajudarão a resolver esse dilema noturno:

- Ajude-a a sentir sono.
- Respeite as necessidades dela – e as suas.
- Pare de lutar e trabalhe pela cooperação.
- Faça um acompanhamento gentil e firme.

Ajude-a a sentir sono

Sua filha é capaz de recrutar todas as suas reservas físicas e emocionais para dormir. Ela está realizando exercício físico suficiente durante o dia para fazê-la se sentir cansada à noite? Tente tornar a brincadeira ativa parte de sua rotina de dormir. Considere fazer um passeio ao parque, participar de algumas brincadeiras ou até se inscrever nas aulas noturnas de natação. Quando ela estiver cansada, você terá a natureza do seu lado. Você também pode ajudá-la a desistir das sonecas para que ela esteja pronta para dormir mais cedo. Embora você não possa controlar quando ela vai dormir ou não, ao eliminar os rituais da soneca você pelo menos torna menos conveniente para ela tirar uma soneca.

Respeite as necessidades dela e as suas

Sua filha pode estar se sentindo "destronada" por sua irmãzinha. Bebês e crianças pequenas ocupam muito tempo e energia dos adultos. O que resta para a criança mais velha? Sua filha de 3 anos descobriu uma maneira eficaz de chamar a atenção dos pais dela – e mantê-la! Você pode substituir essa atenção negativa por outra positiva em outros momentos do dia.

Arranje um momento especial a sós com ela. Enfatize que gosta de ter uma filha mais velha com quem pode fazer coisas especiais. Um momento especial pode ser tão simples como desenhar juntos ou dar uma volta no quarteirão. Quando sua necessidade de se sentir incluída, notada e especial for atendida dessa forma, ela terá menos motivos para conseguir atenção com resistência na hora de dormir.

Você tem suas necessidades também. É mais provável que seus filhos o respeitem se você demonstrar que se respeita. Reserve um tempo para relaxar e se concentrar na noite juntos. Um banho no final da tarde, uma xícara de chá ou uma rotina de exercícios curta podem fazer uma diferença real no seu nível de energia. Atender às suas próprias necessidades significa que você poderá responder melhor às necessidades dos outros membros da família.

Pare de lutar e trabalhe pela cooperação

Onde sua filha consegue sua incrível tenacidade? Dois pais que estão dispostos a esperar na porta dela por horas devem ter alguma conexão genética com a menina que berra do outro lado. É hora de começar a construir cooperação, e as únicas pessoas nessa disputa por poder que vocês podem controlar são vocês mesmos. Vocês podem não conseguir controlar os hábitos de sono de sua filha, mas podem decidir o que farão. Aqui estão algumas sugestões:

- Peçam a ajuda dela. (Vocês podem se surpreender como isso funciona bem.)
- Expliquem que vocês não gostam de ficar ao lado da porta dela na hora de dormir. Perguntem a ela se ela tem alguma ideia de como vocês podem conseguir parar de fazer isso.
- Criem uma rotina de dormir (e quadro) juntos.

- Decidam o que vocês farão em vez do que tentarão obrigá-la a fazer. (Vocês podem decidir levá-la de volta para a cama, dar-lhe um beijo e sair.) Deixem-na conhecer seu plano. Algumas possibilidades são vocês irem para a sua cama, ler um livro e manter sua porta fechada, em vez de ficar de guarda diante da porta dela.
- Procurem soluções que funcionem para todos vocês.

Faça um acompanhamento gentil e firme

Pode ser reconfortante saber que você não está sozinho em relação a desafios na hora de dormir. Se você tentou todas as opções citadas e seu filho ainda está saindo da cama, basta colocá-lo de volta na cama. Isso é eficaz quando você se lembra do seguinte:

- Não diga uma palavra. Ações falam mais alto que palavras – e são muito mais difíceis de discutir.
- Certifique-se de que suas ações sejam gentis e firmes. Isso significa que você elimina até os sermões não verbais (ou seja, sua linguagem corporal irritada).
- Seja consistente. Se você colocar seu filho de volta na cama cinco vezes e depois desistir, terá ensinado que ele só precisa ser mais persistente do que você.
- Certifique-se de passar um momento especial com seu filho em outros horários durante o dia. (Para detalhes sobre tempo especial, consultar o Capítulo 10.)

E as sonecas?

As crianças pequenas podem resistir ao sono, não porque não precisam, mas porque não querem perder nada enquanto exploram seu mundo emocionante. Nem todas as crianças precisam da mesma quantidade de sono. Um tempo em silêncio pode funcionar até melhor para algumas crianças do que a soneca.

Seja hora da soneca ou de silêncio, siga estas diretrizes:

- Não diga ao seu filho que ele está cansado. Admita que *você* está cansado e precisa de um tempo de silêncio.

- Envolva seu filho no planejamento da hora da soneca ou do descanso. Permita que seu filho escolha um bicho de pelúcia especial para dormir, ou uma cama ou cobertor diferente do que ele usa para dormir.
- Ensine seu filho a usar um dispositivo simples de reprodução de música. Deixe-o escolher entre uma coleção de músicas para dormir. Não use fones de ouvido, mas permita que a música toque suavemente nas proximidades.
- Ofereça uma escolha limitada para ele: "Você quer começar a sua soneca [ou período de silêncio] à 1h ou 1h15?"
- Evite o uso de telas para fazer seu filho dormir.

De quem é a cama?

Há muitas pessoas que acreditam na cama da família. Normalmente, esse é um período feliz para as famílias que assim decidem. No entanto, muitos pais têm filhos pequenos na cama, não por opção, mas por padrão. Eles podem ter gostado de se aconchegar com o filho por um tempo, mas agora eles querem sua privacidade de volta.

Os pais precisam decidir o que realmente querem e estar prontos para seguir com uma ação gentil e firme. A realidade é que, como em todos os hábitos, interromper isso pode ser doloroso para todos. As crianças leem nossas mensagens não ditas muito bem.

Se você é ambivalente sobre onde dormir, a criança reconhecerá suas dúvidas. Quando você tiver certeza da sua decisão de que ele deveria dormir em sua própria cama, ele sentirá isso também.

Marissa e o marido querem a cama de volta. Jonathan dormiu com eles até os 3 anos. Nos últimos seis meses, Jonathan ganhou sua própria cama, mas se recusa a usá-la, a não ser que a mamãe ou o papai se deitem com ele até ele adormecer. Como eles costumam adormecer antes dele, o resto da noite se perde. Quando eles acordam e vão para a própria cama, Jonathan geralmente acorda e chora até que o levem para a cama deles.

Esse problema é um pouco mais complexo do que parece. Como Jonathan dividiu a cama com os pais por um bom tempo, não é de surpreender que ele queira continuar. Estar com os pais à noite provavelmente tem muitos signifi-cados para Jonathan. Ele recebe atenção, segurança e muitos abraços. Por outro lado, ficar sozinho em sua cama pode fazer com que ele se sinta sozinho e, às vezes, ser um pouco assustador. Os sentimentos de Jonathan podem ser lógicos ou podem fornecer uma desculpa para ele continuar buscando atenção indevida – um hábito que seus pais reforçaram sem querer. Ele pode estar perdendo uma oportunidade de aprender a acalmar-se, uma importante habi-lidade de vida. Agora, a verdadeira questão é o que seus pais querem fazer – e o que eles estão dispostos a fazer para mudar o hábito de seu filho.

Se você decidiu que é hora de seu filho dormir na própria cama, esteja preparado para prosseguir. Lembre-se de respirar profundamente, pois esse plano requer paciência.

Aprender a dormir sozinho não criará traumas para a vida toda do seu filho; geralmente é mais traumático para os pais do que para os filhos. *Sua atitude é a chave do sucesso. Se você se sentir confiante de que está fazendo a coisa certa, seu filho sentirá a energia de sua confiança. Por outro lado, se você se sentir culpado, zangado ou ambivalente, essa energia será transmitida e provocará mani-pulação, desamparo ou disputas por poder.*

Mimado ou capaz e responsável?

Gentileza e firmeza ao mesmo tempo são as chaves para a parentalidade eficaz. Ceder às demandas contínuas de uma criança pode parecer amoroso no mo-mento, mas não é bom em longo prazo para a criança. É mais provável que as crianças se sintam seguras e confiantes quando os adultos estabelecem limites claros e respeitosos. Permitir que a criança aprenda a adormecer sozinha é um presente para toda a vida.

As sugestões deste capítulo podem ajudar os pais a usar a hora de dormir como uma oportunidade para ensinar importantes habilidades de vida, em vez de manipulação e disputas por poder. As crianças podem aprender habilidades de raciocínio, resolução de problemas, autocontrole, responsabilidade e con-fiança – que, quando os pais dizem algo, eles querem dizer aquilo e que segui-rão com dignidade e respeito. Elas também podem aprender a confiar em si mesmas e a acreditar que "são capazes e responsáveis". A hora de dormir pode realmente se tornar uma oportunidade de conexão e paz.

PERGUNTAS PARA REFLETIR

1. Faça um quadro de rotinas para um momento do dia em que você e seu filho enfrentam desafios. Diga a seu filho gentilmente que você gostaria de parar de discutir com ele e pergunte se ele estaria disposto a ajudá-lo a criar um plano. Liste três ou quatro tarefas (mas não mais que seis) necessárias. Inclua seu(ua) parceiro(a), se possível. Convide seu filho para ajudá-lo a decidir em que ordem essas tarefas devem ser realizadas. Em seguida, criem o quadro juntos, usando adesivos, fotografias, canetinhas ou outros recursos. Coloque o quadro pronto no nível dos olhos do seu filho. Quando chegar a hora, peça ao seu filho para lhe dizer o próximo passo, consultando o quadro.

2. Identifique uma disputa diária que você tem com seu filho. Em vez de obrigá-lo a fazer algo, concentre-se no que você vai fazer ("Vou ler histórias quando você estiver quieto na cama"). Conte seu plano para seu filho e prossiga com gentileza e firmeza.

3. Se estiver com desafios na hora de dormir, reserve um momento para listar as habilidades ou resultados positivos que deseja promover, como aprender hábitos de sono saudáveis e permitir que os membros da família durmam o suficiente. Liste as etapas que você deseja executar para alcançar esses objetivos. (Essa pode ser a parte mais difícil.) Após decidir o que está disposto a fazer (ou não), explique o plano ao seu filho – depois persista com confiança.

14

"EU NÃO GOSTO DISSO!": CRIANÇAS DE 3 A 6 ANOS E ALIMENTAÇÃO

Imagine que você convidou Maria e seu marido, Marcus, e seu vizinho Sam para um jantar. Ao passar a lasanha favorita e uma tigela de brócolis, a conversa é mais ou menos assim:

> VOCÊ: "Estou tão feliz que vocês todos estão aqui para jantar. Vou passar a lasanha."
> MARCUS: "Apenas uma pequena porção para mim, por favor. Não estou com muita fome esta noite."
> VOCÊ: "Que bobagem! Um homem grande como você precisa comer muito. Aqui – eu lhe darei uma porção adequada. Sam, coma um pouco de brócolis."
> SAM: "Não, obrigado. Não sou muito fã de brócolis."
> VOCÊ: "Sam, brócolis é bom para você. Você tem que experimentar um pouco ou não haverá sobremesa para você! Agora, Maria, espero ver seu prato todo limpo; ainda tem um pouco de legumes deliciosos aí."

Como você acha que Marcus, Maria e Sam se sentiriam? Isso soa um pouco como a conversa em torno da mesa de jantar na sua casa?

Com muita frequência, a mesa de jantar torna-se um campo de batalha para os pais de crianças pequenas. Os pais se preocupam com o que seus filhos comem – ou se recusam a comer. Eles já comeram o suficiente? Eles já têm vitamina C suficiente? Estão comendo muito açúcar? Cálcio e proteínas suficientes?

Comer sob vigilância não é relaxante, e as crianças não gostam disso mais do que os adultos. Ouça seus próprios comentários na hora das refeições e pergunte a si mesmo: "Eu diria isso a um convidado adulto?"

As crianças tratadas com respeito aprendem a tratar os outros da mesma maneira – finalmente. Só porque são pequenas não significa que não tenham direito a opiniões e preferências sobre comida. Pode ser útil lembrar, porém, que essas opiniões geralmente mudam à medida que crescem e amadurecem.

Em meados do século XX, os programas universitários da primeira infância realizaram estudos para ver quais alimentos as crianças pequenas comeriam quando uma seleção equilibrada de alimentos saudáveis fosse disponibilizada. As crianças foram autorizadas a comer o que quisessem. Às vezes elas comiam a sobremesa primeiro. Outras vezes elas comiam os legumes primeiro. E os resultados eram sempre semelhantes: quando as crianças eram deixadas para seguir seus próprios instintos, com o tempo elas escolhiam uma dieta equilibrada.

Como seriam esses estudos hoje se as opções fossem *fast food*: hambúrgueres, batatas fritas e refrigerantes? *Para que as crianças façam escolhas nutritivas, elas precisam ter opções saudáveis.* Alimentos processados e aditivos químicos podem alterar as preferências de sabor. O sabor de uma laranja real pode parecer menos atraente se a criança se acostumar com os aromas adocicados em excesso ou quimicamente aprimorados usados em sucos prontos e lanches de pacotinhos.

Problemas de saúde e seus filhos

A taxa de obesidade entre crianças tem sido um desafio contínuo à saúde pública há décadas, decorrente, em grande parte, do excesso de açúcar, gordura e sal nas dietas e pouco exercício. Muitas crianças passam muito tempo sentadas (e comendo) na frente das telas. De acordo com o Centers for Disease Control, em 2015-16, uma em cada cinco crianças em idade escolar nos Estados Unidos sofria de obesidade. Esse número é ainda maior para crianças latino-americanas e afro-americanas. Crianças obesas estão sendo diagnosticadas com problemas de saúde que costumavam ser observados apenas em adultos, como diabetes, pressão alta e níveis de colesterol não saudáveis – problemas que podem afetar a criança em crescimento pelo resto da vida. Também existem riscos sociais associados à obesidade, pois crianças com sobrepeso são frequentemente estigmatizadas, intimidadas e excluídas das atividades.

Às vezes, a obesidade é genética e requer conexão, empatia e cuidados médicos. A prevenção da obesidade envolve um foco no balanço energético – calorias consumidas *versus* calorias gastas –, portanto, a ação contra a obesidade infantil deve abordar a alimentação e a atividade física. As pesquisas confirmam que a pressão social pode afetar as escolhas alimentares de alguém; portanto, o que você modela com seus próprios hábitos alimentares é tão crucial quanto os alimentos que você oferece aos seus filhos.

Enjoado(a) para comer

É útil oferecer às crianças uma ampla seleção de alimentos nutritivos, lembrando que cardápios especiais apenas reforçam a ingestão mimada. Para aumentar as chances de que seu filho comerá a comida que você serve, certifique-se de que pelo menos um alimento na mesa para cada refeição seja familiar e que tenha algo que seu filho goste; só então sirva o que mais desejar. *Lembre-se, quanto mais uma criança é exposta a um alimento, mais cedo ela se familiarizará com esse alimento.* Mas não importa o quanto você tente, não poderá forçar seu filho a comer algo que ele ou ela não queira comer; isso apenas provocará uma disputa por poder, uma receita infalível para muitas refeições desagradáveis.

Nancy e Karen estavam preocupadas porque seu filho de 3 anos, Leo, não estava comendo o suficiente. Elas descobriram que, ao oferecer pequenos pedaços de alimentos diferentes, poderiam convencê-lo a comer mais. Leo logo descobriu que, levantando-se com frequência e correndo pela sala, ou apenas mordiscando a comida, ele poderia prolongar a atenção concentrada de suas mães indefinidamente. As refeições estavam ficando cada vez mais longas, e Nancy e Karen estavam ficando cada vez mais preocupadas com o fato de Leo não estar recebendo comida suficiente ou demonstrando interesse em comer sozinho.

O que você acha que Leo está aprendendo? Ele é certamente um especialista em manter as pessoas ocupadas com ele. Você acha que ele está aprendendo a fazer escolhas alimentares saudáveis? Ele está aprendendo a perceber os sinais de fome do seu corpo? Provavelmente não.

Ao dar a comida para uma criança que é capaz de se alimentar sozinha, você a priva da oportunidade de experimentar sentimentos de capacidade, sem mencionar o aumento do sentimento de frustração dos adultos que realizam essa tarefa que consome tanto tempo.

Há uma série de coisas que os pais podem ter em mente para incentivar hábitos alimentares saudáveis em seus filhos e tornar as refeições agradáveis para toda a família.

Tempo

As crianças pequenas não veem motivo para ficar com fome de acordo com a programação de ninguém, exceto a sua própria. Os bebês se nutrem sob demanda, as crianças bem pequenas querem comida quando estão com fome, e as crianças em idade escolar geralmente não conseguem passar de uma refeição para a outra sem algo entre elas. Essas são variações normais; tente ser flexível. A chave é ter certeza de que as opções disponíveis para o seu filho são saudáveis. Se seu filho não estiver comendo refeições completas, os lanches devem fornecer os nutrientes necessários. Palitos de cenoura ou mesmo uma batata cozida, por exemplo, é muito melhor do que batatas fritas ou refrigerante.

Uma criança que não come o lanche todo na escola pode comer algo a caminho de casa. *"Quando" as crianças comem não é tão importante quanto "o que" comem.* O lanche nutritivo é tão bom ao ser consumido às cinco horas como teria sido mais cedo.

Simplicidade

Seu grupo da igreja pode ter adorado seus camarões com molho Cajun,* mas é improvável que seu filho pequeno fique igualmente impressionado. As crianças costumam suspeitar de alimentos desconhecidos ou misturas incomuns. Um sanduíche de queijo com alface e tomate pode ser rejeitado, enquanto um pedaço de queijo, algumas fatias de tomate e algumas bolachas serão consumidos com alegria. Se o seu filho olha com desconfiança para a salada de macarrão e legumes, tente servir os ingredientes separadamente. Você certa-

---

*   N. T.: Refere-se à culinária *cajun*, marcada por influências francesas, africanas e caribenhas.

mente não precisa fornecer um cardápio diferente, nem deveria, mas estar ciente das preferências naturais do seu filho lhe ajudará a encontrar maneiras de incentivar a cooperação e a experimentação.

Escolhas

Permitir que as crianças desenvolvam seus próprios hábitos alimentares requer confiança mútua. As crianças comem os alimentos de que seus corpos precisam e, se você fornecer uma variedade de alimentos saudáveis e apetitosos, além de ter acesso a água potável, é mais provável que elas escolham alimentos e bebidas nutritivas.

Lembre-se, porém, que mesmo os adultos precisam de folga de vez em quando; milhares de crianças foram criadas com doses ocasionais de *fast food*, pizza e cachorro-quente sem sofrer danos permanentes. A chave, como sempre, é o equilíbrio. Fornecer uma dieta regular de alimentos nutritivos ajudará você a se sentir melhor com as jujubas da Páscoa, o Papai Noel de chocolate e as dores de barriga por causa do Halloween que parecem ser uma parte inevitável da infância. No entanto, se você oferece jujubas, batatas fritas, biscoitos, bolinhos e refrigerantes em casa o tempo todo, está encorajando maus hábitos e batalhas alimentares.

Tente não se tornar a polícia dos alimentos. Famílias comprometidas com dietas especiais geralmente se derrotam ao criar uma atmosfera de vigilância em torno dos alimentos. Se você deseja que seu filho evite alimentos com açúcar, não fique frenético quando ele comer um biscoito. Sua reação exagerada provavelmente provocará disputas por poder relacionadas à comida, agora e mais tarde.

Tamanho da porção e fome

Quando as crianças são servidas com porções exageradas de alimentos, estudos mostram que elas dão mordidas maiores e acumulam mais comida do que se as porções fossem menores. Crianças são capazes de servir sua própria comida (com treinamento). Uma parte importante desse treinamento é ensiná-las a servir porções de tamanho adequado. (Elas sempre podem pegar mais se quiserem.) Não é útil fazer seu filho comer tudo o que está no prato quando ele cometeu o erro de pegar muita comida. É útil ajudá-lo a explorar, por meio de perguntas curiosas, o que acontece quando ele pega muita comida e como pode resolver o problema.

Quando você insiste que uma criança coma tudo no prato ou coma apenas em horários especificados, você a ensina a ignorar os sinais do corpo. É por isso que os lanches desempenham um papel importante nesses anos escolares. Barriguinhas precisam ser abastecidas com frequência, portanto, as opções de lanches são importantes.

Escolha suas batalhas

Pode parecer absolutamente imperativo para você que sua filha de 4 anos coma feijão. Ou você pode se sentir confortável ao ver seu filho comer uma dieta constante de fatias de salame, passas e bolachas. Mas lembre-se de que, se você *in*sistir, seu filho pode se sentir compelido a *re*sistir – e é duvidoso que olhar para um prato de feijão frio depois que todo mundo saiu da mesa tenha convencido uma criança a amar feijão.

Alguns pais afirmam que fazer seus filhos ficarem à mesa até que terminem o jantar "funciona". Se você conversar com as crianças, terá uma história diferente. Elas descobrem como dar a maior parte da comida ao cachorro ou escondê-la no guardanapo. (Os pais não suspeitam quando os filhos se oferecem para limpar a mesa?) Ou desenvolvem problemas alimentares quando adultos. *Alguém sempre perde em batalhas por comida, seja no curto ou no longo prazo.*

DICAS PARA OS "ENJOADOS" PARA COMER

- *Evite se tornar um cozinheiro que atende a pedidos rápidos.* Ensine as crianças com mais de 4 anos a fazer seus próprios sanduíches de pasta de amendoim ou a preparar uma tigela de cereal integral.
- *Ofereça escolhas.* Quando a criança reclama de um alimento, diga: "Você pode comer o que está sobre a mesa ou fazer um sanduíche (ou porção de cereal). Qual é a sua escolha?"
- *Incentive a busca por soluções.* Se uma criança se queixar da comida servida, pergunte: "O que você precisa fazer sobre isso?" Isso convi-

da as crianças a usarem suas habilidades de raciocínio e resolução de problemas e a se sentirem capazes.

- **Convide seu filho para ajudar a planejar o cardápio durante as reuniões de família.** As crianças são mais cooperativas quando são incluídas. Envolva seu filho na criação da lista de compras.
- **Divida tarefas.** Deixe seu filho ajudar com as compras. Muitos supermercados agora têm carrinhos pequenos que podem ser empurrados pelas crianças menores. Deixe seu filho encontrar itens na lista de compras para colocar no carrinho. Quando ele quiser algo que não está na lista, diga com gentileza e firmeza "Isso não está na nossa lista".
- **Convide seu filho para ajudar na cozinha.** Mesmo as crianças pequenas podem ajudar a enxaguar a alface, mexer a massa do bolo ou colocar fatias de queijo nos pães de hambúrguer. Mais uma vez, é mais provável que as crianças comam o que ajudam a cozinhar e sejam mais cooperativas se estiverem envolvidas na preparação da refeição.
- **Responda sem resgatar.** Simplesmente evite as faíscas (pedidos por atenção indevida) que se tornam fogueiras quando você adiciona combustível a elas. Use a escuta ativa ("Acho que você não gosta disso") e evite participar de discussões. E tenha confiança em seu filho para lidar com o problema ("Você não precisa comê-lo. Tenho certeza de que poderá fazê-lo na próxima refeição").
- **Alivie sua própria ansiedade sobre nutrição.** Dê ao seu filho uma boa vitamina múltipla. Uma regra simples é servir comida em muitas cores diferentes, o que geralmente indica uma mistura saudável de frutas, legumes e proteínas. Então relaxe. Ele comerá quando estiver com fome.

Rotinas de refeições

Sim, as rotinas também funcionam para comer. As refeições nas famílias ocupadas geralmente se tornam ocasiões agitadas, apressadas e estressantes, das quais ninguém realmente gosta. Os pais chegam em casa cansados após um longo dia de trabalho; as crianças costumam ter fome e irritabilidade. Rotinas confortáveis podem fazer com que as refeições avancem muito mais suavemente. Aqui estão algumas sugestões que podem ajudá-lo a criar rotinas para sua própria família.

Tire um tempo para relaxar

Se o horário do jantar costuma ser apressado em sua casa, tente iniciar o processo de maneira diferente.

Tom sempre faz um lanche extragrande para sua filha de 4 anos, Katie. Durante o caminho de casa, depois do trabalho e da escola, Katie abre sua lancheira e come tudo o que resta do lanche. Quando eles chegam em casa, Katie não está com muita fome e seu pai não se sente pressionado a servir o jantar imediatamente. Em vez disso, eles geralmente conseguem tempo para um abraço e uma história antes de Tom começar os preparativos do jantar.

Dedicar um tempo para relaxar no final do dia vale o investimento. Você pode passar alguns minutos no sofá com seu filho, reconectando e compartilhando momentos do seu dia. Um banho quente ou uma ducha podem refrescar você para a noite que se inicia, ou você pode querer reservar um tempo para uma caminhada ou um jogo rápido juntos. Fatias de frutas ou um pacote de biscoitos enganam a fome por tempo suficiente até que toda a família esteja pronta. "Mas eu não tenho tempo", você pode estar dizendo. "Eu tenho muita coisa pra fazer!" Independentemente de quão ocupada seja sua vida, dedicar um tempo para relaxar e entrar novamente no mundo de sua família eliminará os aborrecimentos e os pedidos por atenção indevida que geralmente consomem ainda mais tempo.

Preparem a refeição juntos

Nada melhor do que ajudar a planejar e preparar a refeição para conquistar uma criança enjoada para comer. E a maioria dos pais falha em reconhecer os maravilhosos ajudantes que têm ao lado deles. Pegue um avental grande, puxe um banquinho para perto da pia e convide seu filho a raspar legumes ou lavar alface.

James, um professor de educação infantil, convidou um grupo de crianças para ajudar a preparar um *smoothie* feito com couve e abacaxi. Sabemos que a maioria dos adultos recusaria essa combinação de sabores em particular, mas todas as crianças que ajudaram a lavar e a rasgar a couve, bem como participaram do processo de preparação, não só provaram essa mistura como também disseram que estava deliciosa e voltaram para pegar mais. Então, James encheu uma bandeja com amostras do *smoothie* e levou para compartilhar com as crianças em outra sala de aula. Adivinha? Nenhuma delas quis experimentar. Seria difícil encontrar evidências mais convincentes do valor de incluir crianças na preparação de alimentos.

Dar ao seu filho uma maneira de contribuir incentiva o crescimento de seu senso de iniciativa, ensina habilidades para a vida, convida-o a ver-se como um membro contribuinte da família ou da comunidade e desenvolve seu senso de pertencimento (aceitação).

Crie momentos que os aproximem

O almoço no Roundtree Childcare Center é um momento especial. As crianças dão as mãos ao redor da mesa, uma criança é convidada a compartilhar algo pelo qual se sente grata e, em seguida, revezam-se apertando a mão da pessoa à direita, de modo que o "aperto" percorre todo o círculo antes de as crianças começarem a refeição. Aaron é de uma família judaica tradicional e, antes de cada refeição em sua casa, ele recita orações especiais em hebraico. Na família de Jenny, cada pessoa fica em seu lugar à mesa e, quando todas se reúnem, dão graças juntas. Na casa de Emmy, toda a família medita em silêncio por vários minutos antes de iniciar cada refeição.

Em nossas famílias ocupadas, as refeições acontecem em meio à correria. Todo mundo tem que ir para algum lugar, e os momentos de comunicação e união podem ser perdidos se não tomarmos cuidado. Os rituais – religiosos ou não – podem ser maneiras maravilhosas de preservar um senso de família e ensinar seus filhos a valorizá-lo, além de criar momentos calorosos e amorosos com seus filhos. O National Center on Addiction and Substance Abuse da Universidade de Columbia vinculou o horário regular do jantar da família a questões tão diversas como redução do risco de abuso de álcool e drogas, menores taxas de suicídio e melhor desempenho escolar. Essas são razões bastante convincentes para reservar um tempo para as refeições em família – e para tornar agradáveis as refeições com nossas famílias. Esses momentos passados em torno da mesa oferecem oportunidades inestimáveis de conexão e proximidade, momentos para criar memórias que alimentam nossas almas tanto quanto o pão caseiro da vovó alimenta nossos corpos.

Definir diretrizes para finalização

As crianças devem sentar-se em silêncio até que todos terminem de comer? Ou elas têm permissão para deixar a mesa e brincar sem fazer barulho? Não existe uma resposta "certa", mas pode ser prudente decidir o assunto antecipadamente, em vez de discutir sobre o purê de batatas frio.

Mesmo crianças pequenas podem se envolver em algum aspecto da limpeza após uma refeição. Se o seu filho puder andar bem sozinho, provavelmente ele pode limpar o prato, raspar alimentos não consumidos ou colocar os utensílios na máquina de lavar louça. Muitos programas de assistência à infância estabelecem pequenas bacias para as sobras das refeições e fornecem diferentes caixas onde as crianças podem organizar seus pratos, talheres e xícaras. Alguns centros vão um pouco além e permitem que as crianças se revezem ao levar os restos de comida para uma lixeira ou para o contêiner de compostagem do centro, adicionando, assim, um novo nível de aprendizado à medida que as crianças apreciam a relação entre comida e o meio ambiente.

Alergias, remédios e dietas especiais

Muitas batalhas estão sendo travadas para fazer as crianças tomarem seus remédios ou para evitar alimentos que podem criar sérios problemas. É incrível o que as crianças estão dispostas a sofrer para evitar serem controladas. Queremos enfatizar a importância de envolver as crianças no processo de resolução de problemas, para que elas desenvolvam habilidades de raciocínio e se sintam empoderadas e capazes. Aqui estão algumas sugestões.

- *Evite sermões.* Em vez disso, envolva as crianças na autoexploração, perguntando "o que", "por que" e "como": "O que acontece quando você não toma seu remédio (ou quando você come esta comida)?" "Como você se sente quando isso acontece?" "Que ideias você tem para resolver esse problema?" Isso não será eficaz se as crianças sentirem apenas um tom de sermão, em vez de uma verdadeira curiosidade sobre suas ideias e capacidade de aprender e resolver problemas.

- *Envolva as crianças na criação de uma rotina para remédios.* Decidam juntos em um horário do dia que funcione melhor para vocês dois. Trabalhem juntos na criação de um quadro de lembretes e em estratégias para lembrar (como um alarme que dispara no mesmo horário todos os dias).
- *Leve seu filho à biblioteca para pesquisar sobre alergias alimentares.* Encontre livros que expliquem esses problemas em termos simples. (Certifique-se de que seu objetivo é a educação, e não provocar medo.)
- *Decida o que você fará.* Isso pode significar que você está disposto a assumir a responsabilidade de lembrar gentilmente seu filho todos os dias na hora da medicação, ou permitir que ele o lembre quando o alarme de medicação disparar.
- *Reconheça que você nem sempre pode estar por perto para supervisionar a dieta de seu filho.* Dê maneira apropriada à idade (e com supervisão firme e gentil), permita que seu filho assuma a responsabilidade de selecionar lanches especiais, preparar refeições apropriadas ou ajudar a medir as doses dos remédios. Lembre-se de que a confiança e a competência vêm da prática.

CRIANÇAS, *MARKETING* E ALIMENTOS

Em 2006, o Institute of Medicine divulgou um resumo de 120 estudos sobre *marketing* de alimentos e infância.[1] Eles descobriram que a publicidade espalhada por toda a programação comercial da televisão voltada ao público infantil estava saturada de propagandas para guloseimas com gordura, sal ou açúcar com pouco valor nutricional. Essa publicidade influencia fortemente o que as crianças menores de 12 anos insistem para seus pais comprarem. O instituto constatou que crianças menores de 4 anos não conseguem distinguir entre uma programação de propaganda e de entretenimento, assim como não entendem que a propaganda se destina a vender produtos – mais um motivo para prestar muita atenção ao que seu filho assiste na televisão.

Exercícios

Crescimento e peso saudável envolvem calorias consumidas e calorias gastas. Atividades sedentárias, como ver televisão e jogar videogame, não são saudáveis para o desenvolvimento do cérebro, nem fortalecem o resto do corpo. É fácil desfrutar da paz e tranquilidade enquanto seu filho assiste à TV ou brinca com o iPad®, mas será mais saudável para todos se saírem e jogarem bola.

Torne a sua casa propícia aos movimentos. Designe espaços onde é permitido correr ou brincar com bolas macias, como um longo corredor ou uma sala de jogos com poucos móveis (e inquebráveis). Tente fazer com que seu condomínio designe uma área para brincadeiras ativas (supervisionadas).

Faça caminhadas, que sejam divertidas e práticas, principalmente se o animal de estimação da família também precisar de exercícios. Feche a noite com uma ida à piscina em família uma vez por semana. Transforme a tecnologia em parte da solução com programas de dança ou exercício em família que podem ser realizados juntos. Toque algum instrumento musical e dance em casa, ou tenha uma cesta com sinos, pandeiros e outros objetos que fazem ruído para criar sua própria música. Divirta-se e todos colherão os benefícios.

Se a escola que seu filho frequenta está eliminando o recreio e a educação física (e muitas estão), torne-se um defensor da reintegração disso. Pesquisas mostraram que a adição de recreio e tempo ao ar livre no dia a dia escolar melhora o desempenho acadêmico e o comportamento.[2] Compartilhe as estatísticas sobre a obesidade infantil e a importância do exercício regular para o corpo e cérebro da criança.

Bom apetite!

Lembre-se de que permitir que as crianças se envolvam, encorajando a confiança e o respeito mútuos, e tendo expectativas realistas, eliminará grande parte da luta para comer e pode tornar as refeições juntas um evento pelo qual toda a família espera.

Por mais tentadores que sejam os alimentos, seu filho deve optar por comê-los. Lembre-se: você não pode obrigá-lo a fazer isso!

PERGUNTAS PARA REFLETIR

1. Se você estiver preocupado que seu filho não esteja recebendo nutrição adequada, primeiro colete informações. Faça uma lista de tudo o que ele come diariamente por três a cinco dias. Inclua todas as bebidas e lanches. Agora, pergunte-se se ele comeu legumes, grãos, frutas e proteínas durante esse período. Se algo estiver faltando, pergunte-se por quê. Esses alimentos foram oferecidos? Quando? Se não, por que não? Use essas informações para entender os hábitos e preferências alimentares de seu filho. Você precisa fornecer lanches ou itens alimentares mais saudáveis? Como você pode incentivar a ajuda de seu filho nesse processo?

2. Se fornecer refeições saudáveis é um desafio para você, considere uma das seguintes ideias:
   - Use uma panela elétrica. Junte e prepare os ingredientes na noite anterior, depois arranje-os na panela antes de sair para o trabalho. Você vai gostar de voltar para casa para uma refeição quente que está pronta para ser servida.
   - Faça mais do que o necessário para uma refeição. Ao preparar sopa, ensopado ou bolinhos, faça o suficiente para congelar para outra refeição.
   - Considere fazer uma aula de culinária se você não é habilidoso em cozinhar (ou nunca aprendeu). Peça a amigos e familiares receitas simples e rápidas ou pesquise em *sites* receitas que sua família possa gostar. Não tenha medo de experimentar; seu filho vai gostar de fazer bagunça na cozinha com você.
   - Crie variedade instantaneamente. Sempre que você fizer um molho (como molho de amendoim picante, pesto ou molho de carne), congele porções extras em bandejinhas de cubos de gelo. A mesma tigela de macarrão ou arroz terá um sabor diferente com a adição desses molhos descongelados. Adicione legumes, feijões ou carnes diferentes e você terá uma refeição rápida e saborosa.

3. Faça uma lista de alimentos nutritivos que seu filho gosta. Inclua um desses em cada refeição, juntamente com os outros alimentos que você prepara. Continue oferecendo novos alimentos até que eles também se tornem familiares.

15

CRIANÇAS DE 3 A 6 ANOS: A SAGA DO DESFRALDE

Você pode estar pensando: "As crianças de 3 a 6 anos, certamente, já dominam o treinamento no banheiro. Essas crianças não estão desfraldadas aos 3 anos?" Não necessariamente. Os hábitos e a higiene no banheiro continuam sendo assuntos importantes para as crianças pequenas e seus pais após os 3 anos de idade – ou até aos 4. E poucos tópicos despertam emoções tão fortes (e tanta frustração dos pais) quanto o treino de uso do banheiro.

Digamos que seu filho ainda esteja usando fraldas, enquanto os filhos dos vizinhos já não as usam mais. O que você deveria fazer? Você ama seu filho como ele é? Você evita disputas por poder? Você envolve seu filho na solução conjunta de problemas para descobrir o que funcionará para ele – e como limpar a bagunça quando ele cometer erros? Ou você se sente envergonhado e competitivo e tenta obrigá-lo a fazer o que ele "deveria" fazer?

Se você respondeu sim à última pergunta, é provável que esteja envolvido em uma disputa por poder. (Pode ser útil revisar a seção sobre disputas por poder na p.176.) O uso do banheiro é uma das áreas em que uma criança pode tornar-se mais teimosa para provar que "você não pode me obrigar".

PERGUNTA: *Eu tenho um filho que precisa ser treinado a usar o banheiro. Ele fez 3 anos alguns meses atrás. Ele não gosta de usar a privadinha. Ele não sinaliza quando precisa ir ao banheiro, mas me avisa quando eu preciso trocá-lo. Eu me sinto muito desencorajada. Por favor, preciso de alguns conselhos!*

RESPOSTA: Os pais geralmente ficam desesperados quando se veem trocando fraldas à medida que os filhos crescem, principalmente com a chegada de irmãos mais novos. A demora do seu filho em usar o banheiro fica ampliada pelo seu próprio desânimo. Ele conseguirá eventualmente, mas pode ser necessário ter mais paciência do que você imaginava. As crianças desenvolvem seu próprio ritmo quanto ao uso do banheiro.

Por mais difícil que seja, tente não enfatizar toda a questão. Seu filho pode ler suas mensagens não verbais e entender que conseguir usar o banheiro é extremamente importante para você – o que é um convite para uma disputa por poder. Se você investir menos energia nessa questão, ele pode tornar-se mais disposto a tentar algo novo. Enquanto isso, quando ele precisar ser trocado, mostre a ele maneiras de ajudar. Ele pode se lavar ou se limpar, ajudar a esvaziar a privadinha no vaso sanitário e lavar as mãos depois. Enquanto isso, aprecie seu filho e seus outros sucessos na vida. Expresse sua confiança de que, um dia, ele usará a privadinha com êxito. Ele também precisa ser encorajado.

Você ficará surpreso com a rapidez com que o tempo passa quando você se afasta emocionalmente da questão do treino de uso do banheiro. *É bem provável que as crianças se interessem pelo treino, quando lhes é permitido que o façam dentro do seu ritmo – e quando não há nada contra o que se rebelar.* Uma grande parte do desapego e do relaxamento é saber que várias dificuldades são temporárias.

QUAL É O MOMENTO CERTO?

As crianças adquirem habilidades de uso do banheiro mais rapidamente quando seus pais escolhem o momento certo para iniciar o treino. Em um estudo, no qual as crianças começaram o treino antes de 27 meses, o processo levou um ano ou mais; quando as crianças começaram a treinar entre 27 e 36 meses, o treino levou de 5 a 10 meses. De acordo com esse estudo, o momento ideal para o rápido treinamento do banheiro é quando a criança está com vergonha de completar 3 anos. O treino dura aproximadamente 5 meses quando a criança começa a ser treinada entre os 33 e 36 meses de idade. Se seu filho quiser experimentar usar o banheiro mais cedo, ajude-o a fazê-lo, mas não force se ele se desinteressar.

Como você pode preparar seu filho para o sucesso?

Existem seis fatores importantes que podem ajudar os pais a preparar o terreno para esse importante marco do desenvolvimento: prontidão física, facilidade para acordar, compreensão da perspectiva do seu filho, lógica *versus* disputas por poder, cooperação e desapego.

> ### FATORES IMPORTANTES E ATITUDES PARA TERMINAR AS BATALHAS DURANTE O TREINO PARA O DESFRALDE
>
> - Prontidão física
> - Facilidade para acordar
> - Compreensão da perspectiva do seu filho
> - Lógica *versus* disputas por poder
> - Incentivo à cooperação
> - Desapego, relaxamento e prazer

Prontidão física

Muitas crianças passam pelo desfralde antes dos 3 anos. Esse fato aumenta a frustração dos pais cujos filhos de 3 anos ainda não atingiram esse objetivo. Algumas crianças ainda não estão fisicamente prontas para perceber e responder aos sinais enviados por seus corpos. A criança deve ter uma bexiga grande o suficiente para permitir que ela espere períodos cada vez mais longos antes de urinar, especialmente para o controle noturno. A realidade é que algumas crianças simplesmente não desenvolvem o controle da bexiga tão rápido quanto outras.

Mariana estava bastante familiarizada com o nível de controle da bexiga de seus três filhos. Esse conhecimento ajudou-a a saber com que rapidez eles precisavam parar o carro quando seus filhos pediam uma parada para o banheiro em viagens longas. Em resposta ao pedido de Kenny, de 7 anos, Mariana lembrava ao marido: "Podemos continuar dirigindo por cerca de vinte minutos." Quando Lori, de 3 anos, pedia para ir ao banheiro, Mariana dizia: "Bem, nós temos cerca de dez minutos para encontrar uma parada." No entanto, quando Jacob, de 5 anos, dizia: "Eu tenho que ir", Mariana dizia: "Pare imediatamente. Se não conseguirmos encontrar um matinho, Jacob terá que se contentar com o acostamento."

Facilidade para acordar

Outro fator importante no treinamento do banheiro é a facilidade para acordar. Muitas crianças que fazem xixi na cama além da fase entre 3 e 6 anos são as mesmas que têm dificuldade para acordar. Mesmo os alarmes que disparam quando a criança faz xixi na cama, às vezes não acordam essas crianças. Quando os pais tentam acordar crianças que dormem pesado para levá-las ao banheiro, as crianças não conseguem ficar em pé ou sentadas. Elas simplesmente não conseguem acordar. Crianças com sono mais leve podem se agitar e reclamar quando acordadas para ir ao banheiro, mas os meninos ainda conseguem ficar em pé, apesar de aparentemente meio adormecidos, e as meninas conseguem sentar no vaso sanitário sem cair. Algumas crianças não conseguem estar acordadas o suficiente para fazer isso.

As crianças devem sempre ser tratadas com dignidade e respeito, mas é especialmente desencorajador usar punição com crianças que não têm capacidade física para fazer o que você está pedindo a elas. A compreensão inspira paciência.

Compreensão da perspectiva do seu filho

Imagine por um momento que você tem entre 3 e 6 anos. Você sabe que a mãe e o pai estão ansiosos para que você aprenda a usar a privadinha, a ser um "menino grande" e a usar "calças de menino grande". De repente, você sente aquela sensação estranha de formigamento que está começando a reconhecer como significado de que precisa ir. Então, você vai em direção ao banheiro, percebendo, enquanto caminha pelo corredor, que pode não dar tempo. Você sabe que precisa abaixar as calças, mas as fivelas do macacão são difíceis e seus dedos são pequenos. Então, você olha para o vaso sanitário, que parece muito alto a partir da sua perspectiva. Talvez, você pensa, seja necessário um pouco de ajuda. Mas quando você alerta seus pais ou o professor, é tarde demais.

Não é de admirar que as crianças muitas vezes decidam que é mais fácil ficar com as fraldas. Compreender a natureza momentaneamente desafiadora da tarefa pode ajudar os pais a preparar o terreno para o sucesso de seus filhos. Lembre-se de que treinar é de vital importância para adultos cansados de fraldas – mas isso raramente é importante para uma criança. *Assim como comer e dormir, criar um ambiente favorável ao uso do banheiro, com roupas fáceis de usar e instalações acessíveis, é um trabalho dos pais; decidir quando (e aonde) ir é trabalho da criança.*

Lógica *versus* disputas por poder

Os pais geralmente confiam na lógica em suas tentativas de resolver problemas, mas problemas como o desfralde em geral são baseados em disputas por poder ilógicas. Quanto mais os pais decidem que a criança precisa fazer as necessidades no banheiro, mais as crianças ficam determinadas a fazer isso em qualquer outro lugar – frequentemente nas calças.

Lembre-se de que seu filho ainda está desenvolvendo um senso de autonomia e iniciativa e, provavelmente, tem uma atitude de "eu consigo". Quando os pais tentam controlar as funções corporais da criança, geralmente encontram resistência. Pode ser que a criança esteja decidindo (no nível subconsciente): "Prefiro andar de calça encharcada de xixi do que desistir do meu senso de poder."

Em outras palavras, quando os pais insistem em vencer as disputas por poder, a única opção para a criança é se tornar a perdedora – e as crianças lutam diligentemente para evitar serem as perdedoras. Como os pais são os "maduros", cabe a você acabar com as disputas por poder e encontrar maneiras de incentivar a cooperação.

PERGUNTA: *Estou no meu limite. Eu tenho um menino de 4 anos que, depois de um encontro com um primo mais velho, aprendeu as alegrias de fazer xixi de uma ponte. Agora ele está fazendo xixi em todos os lugares: o tapete, a lata de lixo, da varanda, e assim por diante. Parece ser um ato de rebeldia, que ocorre, geralmente, depois que eu digo a ele para fazer algo que ele não quer (como se vestir). Tentamos usar a pausa (que apenas precipita uma birra) e tiramos privilégios (TV, horário do computador ou sobremesa). Eu tenho que admitir que já bati nele por frustração quando o peguei no ato da última vez. Tentei conversar com ele sobre esse problema, mas não chego a lugar algum. Estou perdida. Socorro!*

RESPOSTA: A melhor coisa a fazer é tentar redirecionar essas disputas por poder para algo útil. As crianças de 4 anos estão prontas para usar seu poder pessoal de maneiras que contribuem para a família. Quando os pais usam métodos de controle e punição, os filhos recorrem ao poder destrutivo.

Nossa bola de cristal sugere que, quando você diz "eu tentei conversar com ele", o que você realmente quer dizer é "eu conversei, conversei, dei vários sermões". "Conversar" geralmente significa "dizer" – de forma repetida. Uma sugestão é que você pare de dizer e comece a perguntar, usando perguntas curiosas. Você pode perguntar: "O que aconteceu? Como você se sente sobre o que aconteceu? Como isso cria um problema para você ou para os outros? Que ideias você tem para resolver esse problema?" Você também pode compartilhar seus próprios sentimentos, com gentileza e respeito: "É frustrante para mim ter que limpar essa sujeira. Como podemos resolver este problema?"

É essencial que essas perguntas sejam feitas em um tom de voz calmo e amigável e com sincera curiosidade sobre o ponto de vista de seu filho. Pode ser que você tenha que esperar um pouco ao encontrar uma poça de xixi e conversar com seu filho a fim de se acalmar primeiro. Incentivar uma conversa (em vez de dar sermões) ajudará seu filho a desenvolver habilidades de pensamento, conscientização das consequências de suas escolhas e habilidades de resolução de problemas. "Dizer" convida seu filho a ficar na defensiva ou até mais rebelde.

Outra possibilidade é envolvê-lo, ensinando-o a usar seu poder para resolver problemas em todas as áreas de sua vida, não apenas nos hábitos de higiene. Isso pode assumir várias formas:

- Pergunte-lhe o que ele precisa fazer em uma determinada situação. Se é de manhã e hora de se vestir, pergunte o que ele precisa fazer quando terminar de comer.
- Trabalhem juntos para criar quadros de rotina. Você pode se surpreender com o quanto isso o incentiva à cooperação, e não à rebelião.
- Pare de usar qualquer forma de punição, incluindo castigos ou pausas punitivas (tempo para pensar).
- Comece a fazer reuniões de família regulares para que seu filho aprenda respeito e habilidades para resolver problemas. Se seu filho tem muitas oportunidades de usar seu poder de maneiras úteis, é menos provável que ele se torne rebelde.

- Ensine-o a ajudar a limpar qualquer sujeira que ele faça, não como punição, mas como parte da responsabilidade de aprender. (Seja paciente e gentil com as bagunças no banheiro; é improvável que seu filho as aprecie mais do que você.) Com um tom de voz gentil e firme, diga: "Você precisará limpar isso. Você gostaria da minha ajuda ou deseja fazer isso sozinho?" Se ele resistir, diga: "Um abraço ajudaria você a se sentir melhor? Eu sei que você vai querer resolver esse problema quando se sentir melhor." (Ao fazer isso, sempre ajude a criança a lavar as mãos com água e sabão depois.)

Todos esses métodos criam resultados positivos em longo prazo. Pergunte a si mesmo: "Quero fazer meu filho pagar pelo que fez ou quero ajudá-lo a aprender a fazer melhor no futuro?"

> Certifique-se de treinar seu filho a lavar bem as mãos. Tenha um banquinho disponível para que ele possa chegar à pia e tenha sabão e uma toalha para secar ao alcance fácil. Ensine as crianças a cantar "Parabéns a você" ou uma música que gostem enquanto lavam as mãos (por cerca de vinte segundos, o tempo necessário para matar as bactérias *E. coli*).

Incentivo à cooperação

Não surpreende que o treino para usar o banheiro seja apenas isto: treino. E há muitas coisas que os pais podem fazer para facilitá-lo. A primeira envolve sua atitude. Conhecer o temperamento e as habilidades de seu filho lhe ajudará a manter expectativas razoáveis. Se você estiver relaxado e confortável, é provável que seu filho se sinta da mesma maneira.

A pressão para ter sucesso apenas frustrará ambos. Se acidentes acontecerem – e eles vão acontecer – seja paciente. Se seu filho estiver molhado, troque-o. Se ele tiver idade suficiente, compre fraldas tipo shortinho para que ele mesmo possa se trocar (o que geralmente incentiva a criança a ficar mais atenta aos sinais do corpo). Certifique-se, no entanto, de nunca humilhar ou envergonhar uma criança por causa de acidentes no banheiro. Sempre esteja disponível para ajudar. Roupas secas não valem a sensação de baixa autoestima.

Faça o possível para facilitar o processo para o seu filho. Forneça roupas que sejam facilmente puxadas para baixo e para cima; as que têm elástico são perfeitas. Se o tempo estiver quente, usar apenas calcinha ou cueca (ou nada) pode simplificar o processo.

Ter horários previsíveis no banheiro pode incentivar as crianças a desenvolverem o hábito de usar o banheiro regularmente. Ao sair de casa, mesmo por um breve período, é aconselhável incentivar a criança a usar o banheiro com antecedência. (A maioria dos pais aprende rapidamente onde estão localizados os banheiros do supermercado local.)

Elaine decidiu levar sua turma de educação infantil para colher mirtilos. Eles foram juntos e alegremente para um campo próximo da escola. Porém, logo surgiram problemas: Elaine tinha esquecido de lembrar as crianças de usar o banheiro antes de sair, e agora a única opção era uma "casinha" bem antiga. Elaine passou a maior parte da excursão ajudando uma criança após a outra na casinha e nunca mais se esqueceu dos lembretes antes de sair.

Agora, fraldas tipo shortinho estão disponíveis para crianças de até 5 anos de idade. Infelizmente, as fraldas comercializadas como extra-absorventes podem, na verdade, desencorajar o treinamento no banheiro, pois as crianças permanecem confortáveis e nunca se sentem molhadas. É sábio considerar usar fraldas menos eficazes ou aquelas próprias para o desfralde.

Desapego, relaxamento e prazer

Quando a prontidão e o treinamento tiverem sido levados em consideração, confie que o usar o uso exitoso do banheiro acontecerá no devido tempo. Talvez o melhor conselho seja o seguinte: relaxe. Afinal, as crianças raramente vão ao 1º ano escolar em fraldas. Quando seu filho estiver pronto, ele fará isso – e provavelmente nem um momento antes. Talvez você não consiga forçá-lo, mas há muito o que fazer para preparar o cenário para o sucesso.

Contratempos: "Opa!"

Quando uma criança está experimentando coisas novas – uma nova escola, uma nova casa ou a chegada de um irmãozinho – é comum que o processo de desfralde sofra um revés. Um novo ambiente ou uma atividade especialmente emocionante pode fazer com que a criança não preste atenção aos sinais do corpo; outros eventos importantes da vida, como morte, divórcio, doença ou viagem, podem interferir no uso do banheiro. Todos esses eventos representam grandes ajustes na vida de uma criança, e os problemas com o uso do banheiro geralmente ficam em segundo lugar ao lidar com as mudanças.

Sua atitude fará toda a diferença na maneira como seu filho lida com acidentes. Imagine quão confusa e desanimada uma criança pode se sentir quando ela não apenas perde o controle do corpo, mas também enfrenta a raiva e a decepção do adulto.

Ann tinha 4 anos quando foi convidada para ser a daminha de honra no casamento de sua tia. Ela usava um vestido branco feito especialmente para ela, com um véu de renda e um minúsculo colar de pérolas. As pessoas sorriram e acenaram para ela enquanto caminhava pelo corredor espalhando pétalas de rosa, e Ann brilhava com a atenção e a emoção.

A recepção foi linda e Ann ficou emocionada com a celebração. Ela havia se arrastado para debaixo de uma mesa e ouvia os adultos conversando quando se deu conta de algo que vinha ignorando a tarde toda. Antes que ela pudesse se levantar, aconteceu: ela se molhou, encharcando seu lindo vestido branco.

Quando a mãe de Ann a descobriu, ficou horrorizada. "Não consigo imaginar o que aconteceu com Ann", disse ela às tias e às avós reunidas. "Ela nunca mais fez isso." Voltando-se para a filha que chorava, ela disse friamente: "Você deveria ter vergonha de si mesma." Ann foi trocada com suas roupas de brincar e passou o resto do dia se escondendo de todos.

Quando as crianças sofrem acidentes com suas necessidades, a última coisa de que precisam e um publico desaprovador. A mãe de Ann poderia tê-la retirado em silêncio, ajudando-a a se trocar e explicando à filha que a excitação às vezes pode fazer as pessoas esquecerem de fazer o que deveriam.

É aconselhável manter uma muda de roupa por perto quando seu filho estiver aprendendo a usar o banheiro. Também é imensuravelmente útil ser paciente e oferecer amor e aceitação incondicionais ao seu filho. Depois de levar em conta o "relógio" pessoal de seu filho, fornecer roupas adequadas e instalações acessíveis, bem como dedicar tempo para treiná-lo nas habilidades necessárias, é hora de relaxar, celebrar seus sucessos e demonstrar empatia quando houver decepções.

Constipação

O controle do intestino é outro problema em que o desejo dos pais de acelerar o desfralde pode causar complicações. Algumas crianças não soltam as fezes, mesmo a ponto de sofrerem danos físicos.

A avó de Quentin tinha muito a dizer sobre a questão do desfralde, a maior parte para sua mãe. "Meus filhos foram desfraldados quando tinham 2 anos", dizia ela com desaprovação, olhando para Quentin, de 4 anos, enquanto sua fralda estava sendo trocada.

Então, a mãe de Quentin embarcou em um ataque em grande escala. Quentin era colocado no vaso sanitário várias vezes ao dia, enquanto sua mãe se ajoelhava perto dele e insistia. Quentin passou a odiar o banheiro, e sua mãe também. Ela incentivava, ameaçava e repreendia; ele respondia recusando-se a produzir o resultado desejado – em qualquer lugar ou a qualquer momento. Em pouco tempo, Quentin perdeu a capacidade de responder aos sinais de seu corpo e não sabia mais dizer quando precisava fazer uma evacuação.

Um dia, em seu *check-up* de rotina, o pediatra deu a Quentin e sua mãe a notícia de que ele tinha um intestino severamente impactado, com as fezes presas no intestino. Doses diárias de óleo mineral e enemas foram prescritas para aliviar o problema, então mãe e filho derramaram muitas lágrimas até que o problema – que nunca deveria ter existido – fosse resolvido.

Nunca é útil forçar a ida ao banheiro. Se seu filho é resistente, procure primeiro causas naturais ou ambientais. Seu filho come fibra suficiente para produzir movimentos intestinais suaves e regulares? Se não, mude para sucos que contenham fibras, como néctar de pêssego ou damasco. Uma colher de suco de ameixa misturada com outros alimentos pode ajudar. Sirva kiwi diariamente, e as fezes do seu filho devem melhorar com rapidez. As crianças podem rejeitar cereais, como farelo de aveia com passas ou outras opções com alto teor de fibras, a menos que sejam servidos na forma de bolinhos. Servir menos laticínios e suco de maçã, que tendem a constipar. Mas tenha cuidado: não crie uma nova disputa por poder, tentando fazê-lo comer esses alimentos.

Às vezes, as crianças simplesmente precisam de uma abordagem mais gradual até que consigam ter sucesso. Assim que ele começar a evacuar na fralda, acompanhe seu filho ao banheiro (mas deixe a fralda). Isso cria uma associação positiva e confortável de estar perto de um banheiro enquanto faz cocô. Crianças com outros problemas, como alguns problemas médicos, podem ter uma alta probabilidade de problemas associados ao controle intestinal. Seja qual for o motivo, a criança que está tendo dificuldade para defecar pode descontrair e relaxar os músculos com truques simples, como soprar bolhas ou tocar gaita ou flauta pequena enquanto está sentada no vaso sanitário – é difícil apertar e soprar ao mesmo tempo!

Expectativas além da capacidade emocional da criança também podem criar problemas.

A família Mackey delegava todos os tipos de decisões para sua filha de 3 anos de idade. "Onde devemos jantar?", eles perguntavam. "Mamãe e papai deveriam sair hoje à noite?" "Você quer ir para a escola esta manhã?" A lista era infinita.

Essa criança experimentou uma constipação grave porque se sentiu sobrecarregada por todas as decisões colocadas sobre seus ombros. Seus pais temiam que estabelecer limites a inibiria demais. Eles foram tão longe na outra direção que ela experimentou um enorme sofrimento.

Como você pode ver, problemas de controle de todos os tipos podem ter um papel importante nos problemas de retenção de fezes. Evitar disputas por poder, empoderar seu filho de maneiras positivas e incentivar a cooperação são tão eficazes na solução de problemas intestinais quanto em outras áreas da vida familiar.

Outros desafios

As principais mudanças na vida afetam todos os membros da família e, às vezes, os problemas para ir ao banheiro de uma criança são uma resposta ao estresse. Uma mãe, preocupada com a doença terminal do próprio pai, não fez a conexão entre a luta dela para enfrentar essa crise e os problemas com o uso do banheiro que seu filho experimentou. Embora tivesse sido treinado para usar o banheiro, ele começou a ter acidentes diários. Quando ocorrerem contratempos, considere se as circunstâncias externas podem estar influenciando.

Forçar uma criança a dominar muitas tarefas, inscrevendo-a em uma série interminável de atividades, também pode criar estresse. Da mesma forma, esperar a perfeição do seu filho pode ser um convite à ansiedade. Embora algumas crianças possam demonstrar interesse em aprender novas habilidades desde o início, *forçá-las* a fazê-lo tem um custo emocional. Se seu filho parece ansioso por causa do banheiro, ou se assusta com o barulho da descarga, ou tem medo de cair dentro do vaso, encontre oportunidades de conversar gentilmente sobre seus medos. Espere que ele saia do banheiro para dar a descarga e ajude-o a ver que seu corpo é maior que a abertura do vaso sanitário (ou forneça uma privadinha se isso parecer mais seguro). Ao se sintonizar com os sentimentos de seu filho, você pode promover e melhorar o uso da privadinha sem criar disputas por poder ou fazer com que ele sinta vergonha e desânimo. Conseguir usar o banheiro pode ser mais difícil para algumas crianças do que para outras. O simples fato de saber que seu filho não é o único a enfrentar essas dificuldades pode lhe ajudar a lidar com isso.

PERGUNTAS PARA REFLETIR

1. Observe o banheiro que seu filho vai usar. É difícil subir no assento do vaso sanitário? Um pequeno banquinho ajudaria? Ele pode alcançar a pia facilmente? Seria útil um acessório de torneira que aproximasse o fluxo da água dos braços mais curtos de uma criança? Considere ajoelhar-se para poder ver o banheiro do ponto de vista do seu filho. O que você percebe?
2. Pense em uma música ou canção de ninar que seu filho goste de cantar ou recitar. Cronometre para garantir que dure cerca de vinte segundos. Pratique cantando ou recitando juntos enquanto seu filho lava as mãos depois de ir ao banheiro.
3. Considere as maneiras pelas quais você pode estar tentando forçar seu filho a comer, dormir ou usar o banheiro. Que mudança você está disposto a fazer para abrir mão da sua parcela nessa disputa por poder?

Parte IV

O MUNDO FORA
DE SUA CASA

16

ESCOLHENDO CRECHE OU ESCOLA E CONVIVENDO COM CUIDADORES

Jim tem dois filhos. O mais velho tem 4 anos e o mais novo tem 18 meses. Seu casamento acabou em divórcio; ele tem a guarda exclusiva de seus filhos e não pode se dar ao luxo de desistir de uma carreira que lhe ofereça uma maneira de sustentar sua família.

Bethany é diretora de pesquisa, no meio de um projeto de dez anos. Se sua pesquisa produzir os resultados que ela espera, poderá fornecer tratamento para um tipo de câncer considerado sem esperança. Bethany acabou de completar 34 anos; ela e o marido decidiram que não podem mais esperar para começar sua própria família. Bethany sabe que continuar sua pesquisa e ter um bebê significa colocá-lo em uma creche ou contratar uma babá.

A filha de 3 anos de Elena, Mitra, está sozinha e quer amiguinhos para brincar, mas não há outras crianças na vizinhança. Elena não quer que sua filha assista televisão o dia todo. Uma escola foi inaugurada no próximo quarteirão, mas Elena não tem certeza se é a melhor coisa para Mitra e se preocupa que ao colocar Mitra na escola enquanto ela fica em casa pode fazer que ela pareça uma mãe negligente.

Keiko era uma mãe tão devotada que não deixou seus primeiro bebê até os 6 meses de idade. Então ela o deixou com uma babá por apenas duas horas e ligou a cada hora para garantir que tudo estava bem. O bebê dormiu profundamente o tempo todo, mas ela ainda não ficou confortável em deixá-lo.

Creche ou escola: uma necessidade moderna

Atualmente, a creche, escola ou berçário é um fato da vida da maioria das famílias. De fato, muitos pais jovens estiveram matriculados eles mesmos em uma creche ou berçário ou tinham alguma "ajudante", avó ou babá como membro da família. De fato, a educação infantil oferece às crianças oportunidades maravilhosas para experimentar seu mundo, brincar (e aprender) e desenvolver habilidades socioemocionais. Embora os pais ainda sofram por deixar seus filhos sob os cuidados de outras pessoas, a verdadeira questão para muitos pais é a seguinte: "Como saberei se uma creche ou escola é de alta qualidade?"

Roslyn conta esta história:

> Durante décadas, a escola Montessori que administramos, a Learning Tree (em português, Árvore de Aprendizagem), tem sido um refúgio seguro para as famílias. Inúmeras vezes, ao longo dos anos, os pais nos relataram o quanto era importante para eles que seu filho estivesse em um lugar seguro. Foi ótimo ouvir isso, mas porque eu ou meu marido sempre estávamos presentes quando nossos próprios filhos vinham para a escola, não acho que compreendi realmente o quanto essas declarações significavam.
>
> Então eu tive que colocar minha mãe em uma casa de repouso. Um dia, enquanto agradecia a diretora e dizia a ela o quanto significava para mim saber que minha mãe estava em um lugar seguro, uma lâmpada se acendeu. Eu finalmente entendi. Isso significa tudo.

Hoje em dia, a escola pode substituir a família extensa de tias, tios, avós e primos com os quais as gerações anteriores cresceram. Pode não haver uma irmã ou prima para comparar anotações quando Belinda puxa o cabelo de um vizinho ou Jeff acorda com febre no meio da noite.

A creche ou escola de hoje pode ser um lugar para conhecer outros pais, compartilhar preocupações e encontrar apoio.

Esse conhecimento pode ajudá-lo a se sentir confiante em sua decisão de encontrar uma creche, escola ou babá de qualidade, caso seja necessário sair à noite, um evento especial ou para trabalho em período integral. Lembre-se de que as crianças absorvem a energia de suas atitudes e reagem a elas. Se você sentir medo, seu filho também sentirá. Se você se sentir culpado, seu filho perceberá uma oportunidade para manipulá-lo. É irônico, mas os pais que

Escolhendo creche ou escola e convivendo com cuidadores

trabalham e os que ficam em casa parecem sentir algum grau de culpa e arrependimento por sua escolha, seja ela qual for. A culpa raramente faz bem a alguém. A chave é tomar a melhor decisão possível em sua própria situação e depois relaxar. Você achará isso mais fácil quando souber reconhecer um serviço de cuidadores qualificado.

Qual é a melhor maneira de preparar seu filho para aprender?

Há uma tendência crescente de os pais buscarem centros de cuidados infantis que oferecem conteúdo acadêmico, como leitura, escrita e habilidades de computador. Isso preocupa a maioria dos especialistas em primeira infância, e você precisa saber por quê.

Muitas pesquisas demonstraram que crianças que frequentam escolas de educação infantil conteudistas sabem mais números e letras do que crianças que frequentam escolas voltadas para brincadeiras. No entanto, aos 5 anos de idade, as crianças das escolas voltadas para brincadeiras conseguem se desenvolver de maneira adequada, enquanto as que frequentam as escolas que enfatizam as competências acadêmicas geralmente se sentem menos positivas em relação à escola. Além disso, como você já sabe: brincar é como as crianças em idade pré-escolar aprendem. Os adultos podem acreditar que levar as crianças a adquirir habilidades acadêmicas mais cedo irá beneficiá-las, mas as pesquisas (e o desenvolvimento da criança) dizem o contrário. Quando as crianças de 3 a 6 anos são pressionadas a se destacarem no meio acadêmico, elas podem perder maneiras mais apropriadas e eficazes de aprender.

Dedique um momento a entrar no mundo de seu filho. Como você se sentiria se fosse pressionado a aprender alguma coisa e soubesse que aprender isso deixaria seus pais orgulhosos? Como você se sentiria se aprender essas tarefas fosse difícil (mesmo que você pudesse fazê-lo)? Você poderia ter sentimentos de inadequação? Você poderia se sentir amado apenas condicionalmente? Por outro lado, como você se sentiria se seus pais lhe permitissem explorar e experimentar em um ambiente acolhedor, repleto de equipamentos atraentes que lhe permitissem se sentir capaz em todas as realizações? Como você se sentiria se estivesse aprendendo a ser criativo e a dominar habilidades sociais e de resolução de problemas, em vez de regurgitar fatos e números?

Isso significa que as habilidades acadêmicas devem ser eliminadas inteiramente durante os três primeiros anos? Não. A chave é seguir os interesses das crianças. (Maria Montessori sabia disso há mais de cem anos.) Algumas crianças de 3 anos querem ler e se sentir mais empolgadas do que pressionadas a aprender. Alguns gostam de aprender a cantar a música do alfabeto (mesmo que não tenham ideia do que ela significa). Esteja ciente do que seu filho está aprendendo e como ele se sente sobre isso. Seu filho pode não ter palavras para dizer que está se sentindo pressionado, mas se você estiver prestando atenção, você saberá.

Escolhendo cuidadores

Talvez a questão mais importante de todas seja "O que é e onde encontro um cuidado infantil de qualidade?"

É extremamente importante não barganhar quando se trata de cuidado infantil. Como a maioria dos pais descobriu, a creches, berçários e *baby-sitters* podem ser incrivelmente caros. Embora o custo deva ser considerado, ele não deve ser o fator mais importante na sua decisão. Muitas horas extremamente importantes da vida de seu filho serão gastas no ambiente ou com os cuidadores que você escolher.

Simplificando, encontre o melhor atendimento possível. Se o atendimento qualificado não estiver disponível, transforme o que você encontrar em atendimento qualificado, fornecendo informações aos cuidadores, como livros e treinamento em Disciplina Positiva.[1] Faça um esforço para levar o curso de certificação de Disciplina Positiva para profissionais da Educação Infantil à sua área, se estiver faltando.

Não tenha pressa em escolher; não deixe de visitar instituições diferentes. Faça anotações sobre o que vê.

- As crianças estão felizes?
- Elas se movimentam pelo espaço com confiança?
- Os professores ficam no nível dos olhos das crianças para conversar com elas?
- O trabalho artístico é exibido em uma altura adequada para as crianças verem, ou é apenas no nível dos olhos dos adultos?
- O prédio está limpo?
- Existem riscos de segurança visíveis?

- Os professores parecem alegres ou cansados? (Claro, lembre-se de que mesmo os melhores professores podem ter dias difíceis.)
- O equipamento fornecido permite que as crianças brinquem livremente, vistam-se, aprendam e sejam ativas?
- Espera-se que as crianças fiquem quietas e "sejam boazinhas"? (Isso pode parecer desejável, mas não se encaixa no desenvolvimento e aprendizado típicos da criança.)

Às vezes, os pais examinam listas de qualidades e requisitos para cuidar de crianças e se sentem sobrecarregados. Você pode estar se perguntando como saberá se a instituição que você está considerando atende a esses padrões. Existe uma solução relativamente simples: pergunte. A escolha da escola, creche ou berçário é uma decisão importante, e sua confiança como pai ou mãe influenciará o conforto e a resposta de seu filho ao seu novo ambiente.

Não hesite em pedir todas as informações necessárias para tomar uma decisão fundamentada. Se parecerem relutantes em responder às suas perguntas ou não permitirem que você observe a rotina do espaço, provavelmente é aconselhável procurar outro lugar. Um dos critérios mais importantes é encontrar um local que acolha os pais a qualquer momento. Esses locais não têm nada a esconder e irão tratá-lo como um parceiro respeitado nos cuidados de seu filho. Se você se sentir um intruso ao visitar a escola, berçário ou creche de seu filho, encontre outro lugar onde seja bem-vindo. As instituições que atendem crianças devem ser lugares seguros e estimulantes.

COMO ESCOLHER SERVIÇO DE QUALIDADE

Identifique serviços de qualidade usando os indicadores desta lista de verificação

1. A instituição possui:
   - Licenças atualizadas e em exposição
   - Baixa taxa de rotatividade de pessoal
   - Credenciamento local, estadual e/ou nacional
   - Ambiente amoroso, centrado na criança

2. A equipe é:
- Bem treinada em desenvolvimento e cuidados na primeira infância
- Unida e trabalha como uma equipe
- Mantém-se atualizada por meio de programas de formação
- Remunerada adequadamente

3. Disciplina é:
- Positiva e respeitosa em vez de punitiva
- Gentil e firme ao mesmo tempo
- Projetada para ajudar as crianças a aprender importantes habilidades de vida

4. A consistência é demonstrada:
- No currículo
- Na maneira como os problemas são tratados
- No gerenciamento diário da instituição

5. A segurança é demonstrada pela:
- Configuração física
- Política do programa de saúde
- Preparação para situações de emergência

6. Currículo, equipamento e atividades são:
- Variados e adequados à idade
- Bem conservados, planejados e supervisionados
- Adequados ao tamanho das crianças e acessível a todos

Escola, creche ou sua casa

A maioria dos estados ou cidades exige que as instituições cumpram uma variedade de requisitos de licenciamento. Ver licenças publicadas indica que os requisitos foram atendidos. Verifique as datas para ter certeza de que as licenças estão atualizadas (embora muitos estados estejam tão atrasados que sejam comuns longos intervalos entre licenças).

Uma baixa rotatividade de funcionários indica que os funcionários da instituição são bem tratados, recebem remuneração justa, gostam de seu trabalho e se sentem apoiados pela administração. Quando os funcionários não recebem salários decentes, eles vão para outro lugar, geralmente deixando a área de cuidados e educação infantil.

Procure credenciamento especial. O mais conhecido é a NAEYC* (National Association for the Education of Young Children – em português: Associação Nacional para a Educação de Crianças Pequenas), que adota uma abordagem multifacetada. Os centros passam vários meses fazendo autoavaliações e corrigindo pontos fracos; eles são visitados por credenciadores independentes, geralmente em várias ocasiões. Esse credenciamento é válido apenas por dois anos e deve ser repetido. Os programas que exibem esse tipo de credenciamento realmente fizeram por merecer. (Procure também o credenciamento local e estadual, se houver em sua comunidade.)

Os funcionários

A formação e a experiência tornam mais provável que os cuidadores compreendam verdadeiramente as necessidades das crianças pequenas, ofereçam atividades que atendam a essas necessidades e tenham expectativas de desenvolvimento apropriadas.

Procure os tipos de formação que a equipe recebe. Existem requisitos especiais? Montessori, Waldorf, High/Scope,** Creative Curriculum*** e muitos outros programas têm currículos de treinamento especializados para

---

* N. T.: No Brasil, a Lei n. 12.796 destaca a obrigatoriedade da Educação Infantil a partir dos 4 anos de idade. De acordo com a Lei, a *educação infantil* deve ser oferecida em creches para as crianças de 0 a 3 anos, e em pré-escolas, para as crianças até 5 anos. Porém ela não é obrigatória. Dessa forma, a implantação de Centros de Educação Infantil é facultativa e de responsabilidade dos municípios.

As crianças a partir dos 6 anos possuem direito ao ensino fundamental, nos termos do art. 32 da Lei de Diretrizes e Bases da Eucação Nacional (LDB).

** N. T.: O currículo High/Scope é uma abordagem aberta de teorias do desenvolvimento e práticas educacionais que se baseia no desenvolvimento natural das crianças. Ver: https://acervodigital.unesp.br/bitstream/123456789/285/1/01d13t02.pdf.

*** N. T.: Creative Curriculum® é uma abordagem na qual as crianças ficam imersas na aprendizagem por meio de experiências propositais baseadas em brincadeiras sobre tópicos com os quais estão familiarizadas no dia a dia. As crianças encontram oportunidades para o desenvolvimento rigoroso de habilidades, como contagem, medição e compreensão da linguagem, além de desenvolverem relacionamentos positivos, habilidades motoras básicas e habilidades para resolver problemas. Ver: https://teachingstrategies.com/solutions/teach/preschool/.

seus professores. Existem programas comunitários de graduação, graduação e mestrado em estudos sobre a primeira infância em todos os estados.

Também é útil examinar a consistência na administração da escola. As expectativas (tanto da equipe quanto dos pais) são claras? Os eventos são bem organizados? As finanças são tratadas de maneira profissional e respeitosa?

Os colaboradores da instituição costumam participar de workshops e cursos? Existem programas de formação internos ou os colaboradores são incentivados a participar de programas educacionais adicionais? Eles permanecem atualizados participando de seminários, oficinas e treinamentos sobre tópicos especiais, como Disciplina Positiva? Os professores aprendem sobre novas pesquisas, são inspirados e lembrados de conceitos básicos ou se sentem encorajados quando ouvem outras pessoas compartilharem soluções para dilemas comuns?

Procure harmonia. Quando há discórdia na instituição, as crianças sentem. Lembre-se, as crianças pequenas podem "ler" a energia dos adultos ao seu redor e respondem ao que sentem. Instituições que incentivam a cooperação, tanto entre crianças como entre colaboradores, modelam o valor do trabalho em equipe. Procure por locais onde as reuniões de equipe são programadas regularmente, usam ferramentas internas de comunicação e apresentam uma atmosfera de camaradagem.

Disciplina

Existe uma política de disciplina escrita? De que maneira os problemas são tratados? Existem textos sobre disciplina recomendados pela escola? Pergunte o que os professores fazem com relação a uma criança que bate, morde ou pega brinquedos. Descubra se os professores recebem treinamento em como lidar com os problemas que surgem. A instituição permite palmadas? A abordagem é positiva ou punitiva?

Observe como os professores interagem com as crianças. Eles falam com as crianças de maneira respeitosa? O professor se abaixa ao nível dos olhos da criança quando fala com ela ou os professores gritam instruções pela sala? A comunicação individual demonstra que os cuidados são mais apropriados e eficazes.

Os limites são claros ou uma professora ri desconfortavelmente quando as crianças correm e batem nela? Existe acompanhamento? Os professores fazem o que dizem? A professora grita para uma criança: "Abaixe o bastão!", e depois volta a conversar com uma colega de trabalho enquanto a criança agita o bastão? Ou a professora se aproxima e remove calmamente o bastão depois de dar à criança um momento ou dois para fazê-lo ela mesma? As crianças estão aprendendo o que fazer, em vez de serem repreendidas sobre o que não fazer?

Que lições as crianças aprendem sobre suas próprias habilidades? Os professores vestem os casacos, as meias e os sapatos de todos ou ajudam as crianças a fazê-lo? As crianças são incentivadas a lavar as próprias mãos antes do almoço? Procure programas em que as habilidades estejam sendo ensinadas e as crianças não sejam simplesmente objetos para serem alimentados, vestidos e transportados.

Que tipo de atmosfera você sente quando visita? Crianças felizes e pacíficas são um bom sinal. (Observe: isso não significa necessariamente crianças quietas.) O nível de atividade deve indicar que as crianças estão envolvidas e gostam do que estão fazendo.

Consistência

A consistência no currículo significa que certas atividades são fornecidas regularmente. Hora da roda de conversa, projetos de arte e música são exemplos. As crianças prosperam com rotinas na escola, bem como em casa. Consistência também significa que os objetivos de aprendizagem existem e são implementados. Compare um programa bem definido a um lugar onde as crianças recebem algumas caixas de ovos velhas para serem cortadas, jogadas na frente do mesmo recipiente de blocos todas as manhãs ou deixadas para assistir a vídeos e programas de televisão sem fim. (No contexto de um currículo claro, algumas dessas atividades podem ser boas.) Certifique-se de que a instituição valorize a aprendizagem prática, a atividade saudável e o crescimento no desenvolvimento – não apenas o silêncio e a obediência.

Instituições com programas consistentes incentivam as crianças a desenvolver confiança, autonomia e um senso saudável de iniciativa. Essas características são importantes em casa e também são importantes onde seu filho passa uma parte tão grande de seu tempo.

Segurança

A segurança inclui o ambiente físico, políticas do programa de saúde e a preparação para emergências. Uma instalação com cabos elétricos expostos, acesso fácil a um armário de lavanderia ou equipamentos quebrados no parquinho não oferecem um ambiente seguro para os pequenos.

Observe a preparação diária.

- Como são tratadas as emergências?
- Existem treinos regulares da brigada de incêndio ou outros treinamentos de preparação para emergências?
- Os professores têm treinamento em primeiros socorros?
- Como os medicamentos são armazenados e administrados?
- As refeições e lanches são saudáveis (incluindo frutas e legumes frescos, grãos integrais e alimentos não processados)?
- E as alergias? (Muitas instituições não servem ou permitem o consumo de nozes em razão de um aumento de alergias graves.)
- Qual é a política da instituição sobre doenças e exclusão?

Pergunte como as lesões ou machucados são tratados.

Se você estiver em uma área propensa a terremotos, inundações ou tornados, que providências foram tomadas para casos de emergência?

- Comida, água e roupas são estocadas?
- Os números de contato de emergência fora da área são listados caso os serviços locais se tornem indisponíveis?
- Qual local ou rota de evacuação é designada?

Certifique-se de que a equipe saiba como cuidar de seu filho sob várias circunstâncias. Quanto mais satisfeito você estiver com esses detalhes, mais confortável se sentirá ao deixar seu filho nesta instituição.

Currículo, equipamentos e atividades

Quais diretrizes curriculares este programa segue? Existem temas publicados ou uma programação diária de atividades ou objetivos de aprendizado? A maior parte do aprendizado ocorre durante brincadeiras. Disponibilizar cangurus de brinquedo e desenhos de arte aborígine enquanto aprende sobre a Austrália; incluir tecidos africanos, *batiks* e túnicas do tamanho das crianças para promover a apreciação multicultural; ou fornecer uma variedade de esponjas, pincéis e texturas para pintura melhorará o tipo e a qualidade das brincadeiras e exploração das crianças.

Acesso ao ar livre e equipamentos como trepa-trepa que incentivam o desenvolvimento de grandes músculos devem estar disponíveis. Certifique-se de que essas áreas recebam manutenção e sejam seguras e limpas. Certifique-se de que haja um horário regular ao ar livre diariamente e de que as crianças fiquem sob supervisão constante. Nos passeios, o número de adultos por criança deve ser adequado.

Qualquer equipamento ao qual as crianças tenham acesso deve ser dimensionado para seu uso, como pias baixas, prateleiras de fácil acesso e exposições no nível dos olhos das crianças. Sempre que possível, deve haver equipamento adequado para as crianças. Jarros, copos, mesas e cadeiras menores ajudam crianças pequenas. Se itens de tamanho adequado não estiverem disponíveis, algumas adaptações de equipamentos de tamanho adulto podem ser úteis. Um exemplo seria tornar as pias ou banheiros mais acessíveis, fornecendo bancos de degraus firmes.

Verifique se os quebra-cabeças têm todas as suas peças; uma oferta variada e frequentemente renovada de blocos e materiais de arte; e experiências com música, canto ou ritmo. Se tudo o que você vê são pilhas de papel, lápis e crianças sentadas em carteiras ou mesas por longos períodos, tenha cuidado. Um programa que envolve todos os sentidos e encoraja a brincadeira e o movimento ativos promete um equilíbrio de aprendizado mais apropriado.

Como conviver com sua decisão sobre a creche ou escola

Depois de tomar sua decisão, você ainda pode ter sentimentos de tristeza e ansiedade por deixar seu filho. Várias coisas podem ajudar. O primeiro passo é reconhecer que esta é uma escolha necessária para você e seu filho. *Quando um pai ou mãe pode aceitar a necessidade (ou enxergar o valor) da escola na vida da família, as preocupações começam a diminuir.*

O próximo passo é lidar com as muitas perguntas que você pode ter sobre lidar com os detalhes da vida cotidiana quando uma creche ou escola faz parte da rotina de sua família: "Como posso lidar com deixar meu filho pela manhã?"; "Como nossas rotinas domésticas mudam quando estamos longe dele durante todo o dia?"; "E os amigos dele?"; "Meu filho sentirá que é aceito?"

Muitas dessas perguntas serão resolvidas quando você se sentir confiante de ter selecionado uma escola de qualidade para seu filho.

Separação

Os pais geralmente se sentem um pouco culpados quando deixam o filho na escola. Muitas crianças choram de manhã na hora da entrada ou à noite, quando um dos pais sai com os amigos. Como os pais reagem a isso influencia a capacidade de uma criança ficar contente na escola. Os pais que, apesar de tristes, acreditam que seu filho será bem cuidado e estará seguro enquanto estiverem ausentes, comunicam essa confiança ao filho.

O outro lado da separação é a conexão. Enquanto você e seu filho estiverem separados, com quem ele se conectará? Reserve um tempo para ajudar seu filho a iniciar um relacionamento com seu(s) novo(s) cuidador(es). Ele e você precisam saber que ele pode confiar nessa pessoa para estar lá quando você não puder estar por perto.

Ofereça maneiras tangíveis para que ele se sinta conectado a você e ao seu mundo mais familiar, oferecendo um cobertor para dormir ou um brinquedo fofinho de casa. Marque encontros com as outras crianças da classe para ampliar e fortalecer a conexão que ele sente com seus novos amigos. Quanto mais conexões ele sentir, melhor ele lidará com seu tempo longe de você.[2]

O dia na creche ou escola

Suas rotinas diárias serão influenciadas e alteradas pela programação, locomoção e detalhes da creche ou escola de seu filho. Algumas famílias precisam incluir o tempo de preparação dos alimentos, caso tragam toda ou parte da comida do filho. Vestir-se e sair de casa, lidar com a soneca, estabelecer rotinas de partida e acompanhar as amizades e a troca de amizades de seu filho são questões comuns que podem afetar toda a família.

Pode ser difícil se lembrar dessas coisas no meio da correria para sair de casa, mas quando Nick, de 2 anos de idade, insiste em usar uma meia roxa e uma meia laranja, e Susan, de 5 anos, deixa cair o pote de mel no chão da cozinha, aproveite esse momento para se alegrar pelo fato de Nick se vestir sozinho e Susan está ajudando a preparar o café da manhã sem que tenha sido solicitada. Sempre haverá imperfeições. Use sua energia para se concentrar nas vitórias diárias – não importa quão pequenas elas possam parecer.

Conflitos da manhã

As rotinas são críticas para sair de casa pela manhã. Exploramos as diferentes percepções das crianças sobre o tempo e o pensamento "processo *versus* resultado" que prevalece na primeira infância (ver Capítulos 2 e 3). Essas características às vezes atrapalham que a manhã flua suavemente. Lembre-se de que as crianças pequenas prosperam com rotinas e previsibilidade. Estabelecer rotinas claras para levar o seu filho pequeno para a escola pode fazer a diferença entre uma manhã calma e uma caótica.

Há quatro pessoas ocupadas na família Jasper. O pai precisa estar no trabalho às 8h30, a mãe começa a trabalhar às nove e as filhas gêmeas de quatro anos, Angie e Amy, devem ser levadas para a escola. Como eles têm apenas um carro, os membros da família saem de casa todos juntos.

Todas as noites, as gêmeas ajudam a escolher as roupas que usarão no dia seguinte. Como Amy nem sempre fica feliz em tirar sua camisola quente, ela e sua mãe concordaram que Amy poderia dormir com a camiseta que usaria na manhã seguinte. Mamãe ou papai preparam o almoço na noite anterior, às vezes com a ajuda das gêmeas. Quem prepara o almoço também ajuda as gêmeas a colocar todos os casacos e sapatos perto da porta, para não haver pânico de última hora com itens perdidos.

As gêmeas sabem que têm que se vestir antes de tomar o café da manhã. Mamae ou papai estão disponíveis para ajudar com botões difíceis ou amarrar sapatos, mas as meninas já conseguem vestir suas roupas. Mamãe e papai começaram a treinar e incentivar os esforços de suas filhas para se vestirem sozinhas quando as gêmeas eram pequenas. Amy gostava de servir seu leite, e seus pais mantinham uma jarra pequena na geladeira que ela conseguia segurar. Havia uma esponja na pia que as meninas podiam usar quando ocorriam acidentes ocasionais.

Angie e Amy têm tarefas todas os dias para ajudar no café da manhã: arrumar os guardanapos, colocar sal e pimenta em cima da mesa, misturar o suco e assim por diante. Angie e Amy se sentem bem com as contribuições que fazem todos os dias. Enquanto as gêmeas ajudam um dos pais a tirar a mesa do café da manhã, o outro pega o carro e tudo o que precisa ser carregado. Então, relaxados e sorridentes, saem pela porta.

Isso soa como um conto de fadas? Sim e não. É possível estabelecer rotinas cuidadosas e alcançar esse tipo de harmonia matinal, mas isso não acontece da noite para o dia. Primeiro, mamãe e papai tiveram que concordar com suas próprias responsabilidades matinais. Amy e Angie tiveram que fazer alguns testes para ver se seus pais realmente iriam cumprir o que diziam. Uma ou duas vezes, Amy e Angie não tiveram tempo de comer antes de sair de manhã porque tinham demorado para se vestir. (Os pais sabiam que poderiam sobreviver uma ou duas horas até o lanche da manhã.) Os pais de Amy e Angie não maltratam as filhas; eles lhes deram a oportunidade de se tornarem responsáveis de maneira respeitosa, aprendendo com os resultados de suas próprias escolhas. Angie e Amy logo acreditaram que seus pais estavam falando sério.

Geralmente, o resultado era uma rotina matinal sem complicações. Observe a palavra "geralmente". O dia nem sempre começava sem problemas. Às vezes, um dos pais dormia demais e começava a rotina mais tarde ou ficava mal-humorado pela manhã. Outras vezes, nem a frequente rotina ajudava que Amy se vestisse. Eles aprenderam a celebrar pequenas melhorias em vez de procurar a perfeição.

Chegada

Finalmente, chega o momento em que você e seu filho chegam à escola. Aqui estão algumas coisas que ajudarão vocês dois a se sentirem melhor em relação ao dia que começa:

- Chegue cedo o suficiente para criar uma transição suave.
- Reserve um momento para dar uma voltinha na escola com seu filho.
- Descubra o que a professora está planejando para o dia.
- Prepare seu filho se você descobrir que há uma substituta; encontre a substituta e certifique-se de apresentar seu filho a qualquer pessoa nova com quem ele ficará naquele dia.

- Observe quaisquer alterações no ambiente. Se um novo brinquedo ou cavalete estiver disponível, explore-o com seu filho.

Talvez você tenha tempo para ler uma história ou fazer um quebra-cabeça com seu filho antes de sair. Se o tempo não permitir, pergunte a ele com o que ele vai brincar quando você sair. Isso permitirá que você se sinta mais conectado, e você e seu filho poderão visualizar o que ele fará depois que você for embora.

Quando for hora de partir, vá rapidamente (arrastar a despedida deixa você, seu filho e os cuidadores emocionalmente esgotados), mas nunca desapareça. Diga ao seu filho que você está saindo. Ele pode chorar em seguida, mas se você for respeitoso e honesto, seu filho aprenderá que pode confiar em você. Se o seu filho se agarrar a você, entregue-o gentilmente nos braços da cuidadora, para que ele possa ser segurado e confortado quando você sair. Às vezes, há um local para as crianças acenarem para os pais quando eles saem.

Lembre-se de que seu filho aprenderá que pode confiar nos adultos de sua vida – e que pode confiar em si mesmo. Isso é reafirmado todos os dias pelo fato de você, realmente, retornar (e pelo fato de que ele sobrevive a essas separações).

Mesmo quando os pais partem de maneira respeitosa e amorosa, os filhos ainda podem chorar. Chegará um momento em que as lágrimas diminuirão e a rotina da partida matinal para pais e filhos será mais fácil. (Se você sentir a necessidade, ligue para a escola no meio da manhã para se assegurar de que o choro foi breve e tudo está indo bem. Sua paz de espírito valerá a pena.)

Hora da saída da escola

Quando você chegar para buscar seu filho, reserve um tempo para uma saudação amigável e entre na escola por um breve momento. Vocês dois estão prestes a começar uma nova parte do seu dia.

Quando Madelyn chega para buscar sua filha Anna, de 3 anos, ela a encontra brincando com fantasias. Madelyn dá um abraço em Anna e admira a peruca laranja e a bolsa florida que Anna escolheu. Madelyn então diz a Anna que ela pode brincar por mais cinco minutos.

Durante esse período, Madelyn lê as anotações sobre o dia de Anna feitas pela professora da manhã. Ela também se inscreve para levar um prato para a festa da semana que vem. Quando ela volta ao vestiário, Anna ainda está usando a peruca laranja. Madelyn comenta o quanto Anna deve gostar dessa peruca; talvez ela possa usá-la novamente amanhã. Ela então diz a Anna que é hora de ir embora. Anna faz beicinho, mas veste o casaco e pega a mão da mãe. Juntas, elas caçam o sapato que Anna perdeu. Madelyn assina a saída de Anna e mãe e filha saem da escola juntas.

Madelyn se sente confortada por sua filha estar tão feliz na escola que ela não quer ir embora. Ao reservar um tempo para se reconectar com a filha e dar tempo para Anna concluir a brincadeira, Madelyn preparou o terreno para uma partida tranquila. Anna pode se irritar de qualquer maneira – afinal, ela estava se divertindo muito –, mas é provável que se irrite menos do que uma criança que é impedida de concluir sua brincadeira.

Os funcionários da escola contribuíram para uma partida tranquila, investindo meia hora antes da partida para as crianças encontrarem tudo de que precisam para ir para casa (casacos, lancheiras, projetos de arte, avisos para os pais sobre a próxima festa). Apesar de toda essa preparação, algumas crianças podem não ser tão cooperativas quanto Anna quando seus pais chegam para buscá-las. Há uma boa razão para as crianças ficarem irritadas no final do dia. Um elemento importante na escola é que as crianças pequenas devem lidar com um ambiente altamente social e estimulante. Isso significa que tensão e estresse podem se acumular no seu filho. Quando uma criança chora com a chegada dos pais, pode ser sua maneira de dizer que você é a pessoa em quem ela pode confiar para amá-la e aceitá-la, independentemente do lado dela que ela mostra para você. As expectativas sociais podem ser relaxadas no calor da chegada dos pais.

Apoio da família

Qualquer que seja a configuração, recursos ou localização de uma família, todas precisam de apoio de tempos em tempos. Os pais de crianças pequenas precisam de outros pais com quem possam compartilhar preocupações, ideias e histórias. As crianças precisam de outras crianças e adultos em suas vidas para aprender sobre a variedade de pessoas que povoam seu mundo.

Aulas para pais, livros como este e outros recursos oferecem ferramentas valiosas para os pais de hoje. Muitas comunidades possuem grupos de pais, em que os pais podem se reunir para compartilhar ideias e permitir que seus filhos brinquem. Além disso, a Internet abriu um vasto mundo de informações, incluindo sites com fóruns de conversa, conselhos e até oportunidades para fazer perguntas a especialistas reconhecidos em várias áreas. Os cuidadores também têm acesso a uma variedade de recursos. Um dos comentários ouvidos com mais frequência nas aulas de pais é como os pais ficam aliviados ao saber que outras famílias estão tendo problemas semelhantes. Todos os pais precisam ter certeza de que não estão sozinhos em suas lutas.

Babás como cuidadoras

PERGUNTA: *Eu tenho uma babá maravilhosa que é ótima com minha filha de 2 anos e meu filho de 4 anos. Ela tem uma filha de 3 anos e meio e minha única preocupação é que ela não disciplina sua filha. Consequentemente, a filha dela é tirana, e minha filha de 2 anos começa a se comportar como a filha da babá. Essa criança grita, bate na mãe e diz à mãe "não" ou "cale a boca". Minha filha está começando a agir dessa maneira em casa, e leva pelo menos uma hora para se adequar às nossas regras. Não quero que meus filhos se tornem tiranos também. Em todos os outros aspectos, essa babá é maravilhosa. O que eu faço?*

RESPOSTA: A filha da sua babá não desenvolveu esse comportamento no vácuo. Embora você se sinta satisfeita com o tratamento que ela dá aos seus filhos, suspeitamos que ela não seja muito eficaz em estabelecer limites. O comportamento da filha dela é uma grande pista. A filha dela age dessa maneira o tempo todo? Também pode ser verdade que a filha dela esteja com ciúmes por compartilhar a atenção da mãe e, portanto, dedica sua energia a se comportar mal, a fim de manter a mãe ocupada com ela. Fale sobre suas preocupações; pergunte à babá como ela se sente sobre o comportamento da filha e veja se vocês duas podem encontrar uma solução em que todos saem ganhando. Se isso não resolver o problema, pode ser necessário que você tome a decisão de mudar seus arranjos quanto aos cuidados de seus filhos.

A escolha de uma babá requer uma consideração cuidadosa. Sempre verifique as referências, entreviste os candidatos (sem a presença de crianças) e marque uma visita experimental onde você, o cuidador e seu filho possam se familiarizar. Conduza as negociações de maneira comercial; compartilhe com os assistentes contatos de emergência, informações médicas e relacionadas à saúde; e honre os pagamentos em caso de cancelamento de última hora.

As vantagens de empregar uma babá incluem não ter que levar seu filho para fora de casa para que ele seja cuidado. As crianças dormem, comem e brincam em um ambiente familiar e consistente. Geralmente, há mais flexibilidade se os pais precisam trabalhar horários variados ou se os trabalhos incluem viagens. Por outro lado, uma criança em casa com uma babá perde oportunidades de desenvolver habilidades sociais, a menos que brinque regularmente com amigos e parentes próximos ou frequente um programa de meio período na escola. A maioria dos pais se preocupa com o perigo de cuidados abusivos ou negligentes; alguns instalam sistemas de câmeras para observar o que acontece quando eles não estão presentes. Uma triagem cuidadosa e uma verificação completa das credenciais são essenciais, assim como o desenvolvimento de um relacionamento de respeito e confiança mútuos.

Independentemente de quem você escolha para cuidar de seus filhos enquanto estiver fora, certifique-se de que conversou com essa pessoa o suficiente para se sentir confortável – e para ter certeza de que essa pessoa compartilha sua filosofia de criar filhos. Pode ser útil ter uma aula para pais juntos. Se seu filho tiver idade suficiente para se comunicar facilmente com você, verifique as percepções dele ocasionalmente para garantir que tudo esteja indo bem. E sempre ouça seu coração; seus instintos o ajudarão a saber quando mudanças são necessárias.

Avós e outros parentes

Muitas crianças passam o tempo com os avós ou outros parentes enquanto os pais trabalham. Ser cuidada por parentes oferece às crianças oportunidades de criar fortes laços familiares, e muitos de nós temos boas lembranças dos tempos passados com nossas famílias extensas. Também pode haver problemas, desacordos e confrontos entre as gerações.

PERGUNTA: *Como posso criar uma criança bem-educada de 4 anos, se a avó deixa ele aprontar e o mima? Ele fica com ela enquanto eu trabalho meio período em um escritório próximo. Sinto que sempre tenho que ser o malvado, pois ela não o disciplina. Eu até tenho medo de que ele a ame mais do que a mim. Eu preciso de ajuda.*

RESPOSTA: As divergências dos pais com os avós geralmente têm mais a ver com o relacionamento entre os pais de uma criança e os avós do que com a própria criança. Seus próprios pais podem continuar a vê-lo como a adorável queridinha de bochecha gordinha que eles colocavam nos joelhos para brincar de cavalinho – ou como a "criança problemática" que não aprendeu nada nos últimos anos desde a infância. Alguns avós estão convencidos de que sabem mais sobre criar um filho do que os pais desse filho e realmente têm a intenção de ajudar.

Parece um pouco que você e a avó do seu filho o estão usando como uma maneira de provar superioridade um sobre o outro. As crianças amam seus pais. Elas também amam seus avós. É possível amar os dois sem diminuir o amor por ambos. As crianças podem aprender qual comportamento é aceitável em diferentes circunstâncias. Se seu filho reclamar: "Vovó me deixa fazer isso", apenas sorria e lembre-o de que suas regras são diferentes.

Infelizmente, quando filosofias, expectativas e regras de educação dos filhos se chocam, a tolerância pode não ser suficiente. Se os pais fizerem uma tentativa sincera de manter um relacionamento saudável com os avós ou outros membros da família e as diferenças não puderem ser resolvidas, os arranjos para os cuidados dos filhos podem precisar ser alterados.

Se você acredita que seu filho está em risco, não hesite em removê-lo do ambiente. Em seguida, encontre um cuidador em quem possa confiar e se sentir confortável.

E se eu tiver dúvidas?

Sempre que um dos pais se sente realmente desconfortável com um cuidador, parente ou não, a situação deve ser resolvida. Suspeitas de tratamento abusivo, a exposição a condições prejudiciais, filosofias amplamente divergentes em relação à disciplina ou preocupações de que as crianças estejam atrasadas em termos de desenvolvimento merecem atenção imediata.

Se as preocupações não ameaçarem a segurança ou a saúde do seu filho, procure soluções. Comunique suas preocupações e expresse ideias, desejos e solicitações de maneira respeitosa. Ouça respeitosamente as ideias de seu cuidador. Trabalhe na solução de problemas juntos. Como em qualquer ambiente de cuidado, quando os adultos trabalham juntos, as crianças se beneficiam.

Com toda a probabilidade, seu filho passará pelo menos parte desses importantes anos aos cuidados de alguém que não seja seus pais. O tempo e a energia que você investe agora na organização de cuidados infantis que funcionam para todos vocês serão reembolsados muitas vezes em paz de espírito, prazer e desenvolvimento saudável do seu filho.

PERGUNTAS PARA REFLETIR

1. Pense nas tarefas ou decisões necessárias em uma manhã típica antes de sair de casa, como escolhas de roupas e refeições ou suprimentos. Isso pode ser feito na noite anterior? Como você pode tornar isso parte da sua rotina noturna?
2. Releia a seção "Hora da saída da escola" (p. 261). Você está seguindo o maior número possível de sugestões? Caso contrário, escolha mais uma ação que pode facilitar esse tempo de transição.
3. Avalie seus próprios sistemas de apoio. Você está se sentindo sobrecarregado ou isolado? Se sim, procure pelo menos uma maneira de começar a se conectar com outros pais regularmente.

17

REUNIÕES DE CLASSE (E DE FAMÍLIAS) PARA CRIANÇAS DE 3 A 6 ANOS

É hora da reunião de classe na escola de Educação Infantil ABC. Depois que os alunos trocaram elogios, Scott, o professor, consulta a agenda. "Parece que tivemos um problema no parquinho com crianças jogando lascas de madeira umas nas outras. Alguém tem algo a dizer sobre esse problema ou alguém pode oferecer uma sugestão sobre como podemos resolvê-lo?"

Girard, de 5 anos, levanta a mão. "Quem jogar lascas de madeira pode fazer uma pausa positiva!" Natalie, de 4 anos, acena com a mão e, quando solicitada, sugere: "Poderíamos não ter mais lascas de madeira e, em vez disso, ter grama."

O professor olha para Cristina, de 3 anos, com a mãozinha erguida pacientemente, e a chama. "Adivinha o quê?" Cristina diz com um sorriso aberto.

"O que, Cristina?" Sr. Scott pergunta.

"Eu comi bananas com cereais hoje."

"Mmmm, devia estar gostoso." Scott sorri e agradece a Cristina por seu comentário, depois pede mais sugestões sobre o problema das lascas de madeira. Embora Cristina claramente não esteja pensando em lascas de madeira, ela ainda é um membro valioso do grupo.

As reuniões de classe são uma forma maravilhosa de ajudar as crianças a desenvolver um forte senso de capacidade por meio de contribuições e habilidades de resolução de problemas. Essa turma concordou que não mais atiraria lascas de madeira – uma sugestão que nunca funcionava quando os professores imploravam por ela, mas que foi muito eficaz quando sugerida por uma criança, com a anuência de toda a classe.

O que é uma reunião de classe?

As reuniões de classe são muito mais do que sessões de solução de problemas em grupo. Em uma reunião de classe, as crianças se reúnem regularmente para ajudar uma a outra, encorajar uma a outra, aprender habilidades de comunicação, focar em soluções e desenvolver seu discernimento e sabedoria. De longe, o efeito mais poderoso das reuniões de classe, independentemente da idade da criança, é criar um sentimento de pertencimento. Como a necessidade de pertencer está no cerne de todos os comportamentos de objetivos equivocados (ver Capítulos 10, 11 e 12), faz sentido que atender a essa necessidade, além de compreender o desenvolvimento e o crescimento socioemocional, tenha o maior efeito em longo prazo sobre o comportamento das crianças.

As reuniões de classe também ajudam na aquisição de habilidades sociais e promovem o desenvolvimento da linguagem. As reuniões estimulam um senso de responsabilidade grupal e individual e capacitam as crianças com atitudes positivas sobre suas próprias capacidades e significado – atitudes que não apenas ajudam a moldar seu comportamento, mas também constroem sua autoestima.

Com que idade começar?

"Posso enxergar o valor das reuniões de classe para as crianças do ensino fundamental", você pode estar dizendo, "mas as crianças de 3 a 6 anos não são muito pequenas?" A resposta realmente é não – as crianças podem começar a aprender as habilidades básicas das reuniões de classe quando têm por volta de 3 anos de idade e conseguem ficar juntas na roda por um tempo. Mesmo os membros mais jovens do seu grupo de educação infantil podem começar a cultivar as atitudes nutridas pelo processo de reunião de classe. Em uma faixa etária mista, as crianças mais novas podem aprender com seus modelos mais velhos, e as crianças mais velhas podem aprender a considerar e incluir as necessidades dos mais novos. Crianças de 3 anos como Cristina certamente terão contribuições diferentes a dar do que crianças mais velhas. Ainda assim, há um valor real em incluir os pequenos, sendo o maior deles o seu sentimento de pertencer ao grupo.

Mesmo que toda a turma seja composta por crianças de 2 ou 3 anos, você ainda poderá realizar reuniões de classe juntos. O professor se torna o modelo quando não há crianças mais velhas; talvez ele precise dar a maioria das sugestões e ajudar as crianças a aprender a fazer escolhas. Levar em consideração as habilidades sociais e de linguagem das crianças com quem você trabalha o ajudará a saber quanto você pode esperar realizar.[1]

Um dos elementos mais importantes das reuniões de classe da Disciplina Positiva é que a pauta é criada primordialmente pelas crianças. Os professores também podem adicionar itens à pauta, mas as ideias das crianças são incentivadas. Outro ponto importante é que o professor não use as reuniões de classe como momento de dar sermões. Em vez disso, as crianças são incentivadas a expressar suas ideias sobre os problemas e a compartilhar ideias para soluções.

Quando as crianças atingem os 4 anos de idade, aprendem os elementos das reuniões de classe, tomando inciativa e participando. Por exemplo, o conceito de "ajudar os outros" pode ser ensinado sempre que as crianças forem conscientizadas de uma necessidade. Até as crianças pequenas se interessam rapidamente pela ideia de resolver problemas – e são surpreendentemente boas nisso quando lhes ensinam as habilidades e têm a oportunidade de praticar.

Elementos de sucesso para a reunião de classe na Educação Infantil

Existem quatro objetivos principais para reuniões de classe na Educação Infantil. Listar esses elementos em um cartaz colorido pode fornecer uma pauta estável para todas as reuniões e ajudar a concentrar a atenção das crianças no assunto em questão. Depois de estabelecer a rotina, as crianças podem se revezar na condução da reunião. Eles adoram iniciar a reunião, pedir que os colegas se elogiem e se reconheçam mutuamente, convidar as crianças com o nome na pauta (às vezes com um pouco de orientação do professor), pedir sugestões para resolver problemas ou fazer planos divertidos e encerrar a reunião.

OS QUATRO ELEMENTOS PARA REUNIÕES DE CLASSE NA EDUCAÇÃO INFANTIL

- Elogiar e reconhecer
- Empoderar as crianças a ajudarem-se mutuamente
- Resolver problemas que afetam o grupo
- Planejar atividades futuras

Elogios e reconhecimentos

Elogio e reconhecimento são oportunidades para as crianças encontrarem o que é bom nos outros e são claramente influenciados pela idade das crianças que os oferecem. Crianças de 4 e 5 anos podem dizer coisas como "eu gosto da Jane por ser minha amiga" ou "eu gosto do Eddie porque ele brincou de faz de conta comigo". Você pode até ouvir um ocasional "Ela me empurrou para fora do balanço!" (Bem, eles ainda não estão perfeitos.)

Crianças de 2 e 3 anos nem sempre entendem o conceito do elogio. É mais provável que elas digam: "Amo minha mãe", "Gosto dos meus sapatos brilhantes" ou "Quero comer pizza no jantar". Os professores podem sorrir e agradecer por suas contribuições. O sentimento de pertencimento e significado não é menor quando o "elogio" ficou um pouco fora do tema.

Você pode ajudá-los fazendo perguntas que orientam as crianças a aprender como elogiar e reconhecer de forma encorajadora: "O que você gosta na nossa escola?", por exemplo, ou "Existe alguém que o ajudou a se sentir bem hoje?"

Os professores também podem ser um modelo demonstrando como reconhecer. "Quero dar os parabéns a todos vocês pelo delicioso bolo que vocês fizeram ontem. E obrigada por limpar as mesas depois que preparamos a massa." "Leah, quero agradecer por nos deixar ajudá-la com o problema que estava tendo por não ter gostado do lanche que você trouxe. Agradeço as ideias que ouvi porque também posso usar algumas delas." (Um sincero "obrigado" é geralmente o melhor reconhecimento de todos.)

"Eu te amo, mas..."

Você já ouviu isso antes: o elogio que simplesmente leva a críticas. "Você fez um bom trabalho, mas..." "Obrigado por pegar seus brinquedos, mas..." As crianças também farão isso, especialmente quando estão começando a aprender: "Agradeço a Maggie por brincar comigo, em vez de me empurrar como ela fez da última vez." Geralmente, é melhor oferecer um elogio sincero e incondicional. Se o comportamento de uma criança precisar de um pouco de aprimoramento ou uma tarefa ainda não tiver sido feita, considere fazer uma solicitação respeitosa posteriormente, em vez de acrescentá-la à hora do elogio.

Lembre-se de que elogios podem facilmente se tornar elogios vazios quando não estamos prestando atenção. Faça o possível para se concentrar no reconhecimento, especialmente de habilidades e de crescimento, em vez de dar elogios como recompensa pela obediência. Lembre-se de que as crianças pequenas precisarão de tempo e prática para entender como fazer elogios e reconhecimentos significativos – mas praticar essa habilidade cria uma atmosfera de pertencimento e contribuição que vale o esforço.

ALUNO DA SEMANA

Uma variação especial dos reconhecimentos em uma creche é chamada de "Criança da semana".

A cada semana, durante a roda, há um momento especial para a criança da semana, e todas as crianças da turma são selecionadas pelo menos uma vez durante o ano.

O professor traz uma folha de papel grande e canetas coloridas para a roda. No topo da página, ela escreve o nome da criança. Em seguida, as crianças se revezam dizendo o que gostam ou apreciam na criança, enquanto o professor escreve seus comentários na folha de papel. "Gosto dela porque ela é minha amiga." "Ela brinca comigo." "Ela tem um brilho nos olhos." (Uau!) "Ela pula como o Tigrão."*

---

* N. T.: Tigrão é um personagem da turma do Ursinho Puff. Ele é um tigre cheio de energia que adora pular com sua cauda pelo Bosque dos 100 Acres o dia inteiro. Tigrão é muito ativo e costuma ter muitas ideias para se divertir.

Se as crianças parecerem meio travadas sobre o que dizer, o professor pode oferecer alguma orientação fazendo perguntas. "Quem se lembra da brincadeira que vocês e a Maureen fizeram no canto das fantasias esta semana?" O professor também pode adicionar comentários para mostrar reconhecimento pela criança e modelar a habilidade de demonstrar reconhecimento pelos outros. Se algumas das crianças ainda tiverem problemas para pensar em algo a dizer (ou se forem um pouco tímidas), o professor pode perguntar: "Quem gostaria que eu escrevesse no papel que é um dos amigos de Maureen?"

Quando todos os alunos tiverem feito sua contribuição, o professor enrola o papel e amarra-o com uma fita colorida. Outra criança é escolhida para apresentar o pergaminho a Maureen, e a atividade termina com uma música, talvez uma variação de "Porque ele (ou ela) é um bom companheiro(a)". Nada mal para começar o dia de uma criança, não é? Ser o aluno da semana pode ser um momento especial para todas as crianças – mas lembre-se de se concentrar em criar pertencimento. (É fácil ultrapassar a linha do encorajamento para o elogio vazio, que ensina as crianças a depender da avaliação dos outros.)

Uma professora que viu o "Criança da semana" demonstrado durante um estágio em uma escola americana levou o conceito à sua sala de aula na Ásia, renomeando-o como "Estrela da semana". Em sua cultura, as famílias não eram envolvidas nas atividades da escola, exceto nos eventos para angariar fundos, mas responderam com interesse e curiosidade quando ela propôs a ideia da Estrela da semana.

Uma semana, um pai com pouca escolaridade e a quem os professores tendiam a menosprezar participou do evento Estrela da semana de seu filho. Juntos, ele e o filho haviam construído uma elaborada maquete de sua pequena casa, criando o modelo somente com palitos de dentes e canudos de plástico. O produto resultante foi uma verdadeira obra de arte. Observando o óbvio orgulho e amor desse homem por seu filho, os professores se sentiram tocados por seu talento e pela quantidade de tempo e trabalho que ele havia dedicado em nome do filho. Um novo senso de respeito entre os professores e todas as famílias das crianças começou a se desenvolver, e a bela maquete foi mantida em exibição pelo resto do semestre. Às vezes, ideias simples podem resultar em transformações extraordinárias. As reuniões de classe (e família) convidam a essas conexões, convidando crianças e adultos a honrar as contribuições de cada membro do grupo.

Ajudando uns aos outros

A seguir, na reunião de classe, temos o item "ajudando uns aos outros". Esse momento, na reunião de classe, é uma oportunidade para as crianças pedirem ajuda com algo que é um problema para elas.

É terça-feira de manhã no Hill Harbor Childcare Center. A turma de crianças de 3 e 4 anos começou agora a reunião com a Senhora Karina, sua professora. Ela pergunta se alguém precisa da ajuda do grupo hoje.

Matthias levanta a mão e anuncia: "Não consigo acordar de manhã". Muitas das outras crianças concordam que também é difícil para elas. Karina pergunta se alguém tem uma sugestão para Matthias. As crianças oferecem todo tipo de ideias úteis: "Vá para a cama mais cedo"; "Apenas saia da cama de qualquer maneira"; "Venha para a escola de pijama". Karina se vira para Matthias e pergunta: "Você acha que alguma dessas ideias o ajudará, ou o grupo deve pensar um pouco mais?". Matthias faz uma pausa para pensar e depois diz que "vai sair da cama de qualquer maneira".

Em seguida, Julian levanta a mão e diz que precisa de ajuda porque "minha mãe não tem dinheiro suficiente". Depois de simpatizarem com Julian, outras crianças se voluntariam para dizer que também têm esse problema. Os amigos de Julian estão ansiosos por ajudar. Algumas crianças oferecem dinheiro. Bobby sugere que Julian poderia fazer alguns trabalhos para conseguir dinheiro. Katie diz: "Minha mãe vai lhe dar dinheiro".

É improvável que a mãe de Julian terá mais dinheiro como resultado dessa discussão. Mas Julian estava genuinamente preocupado com essa questão e sua preocupação foi tratada com respeito. Ele também aprendeu que seus colegas se importam com suas necessidades e que alguns também têm as mesmas preocupações. "Ajudar uns aos outros" pode se tornar uma parte muito poderosa da reunião de classe.

Os pais podem ser convidados para colocar itens na pauta também e visitar e se juntar a uma reunião de classe. Vendo pessoalmente a experiência que seus filhos estão tendo pode encorajá-los a tentar algo assim em suas próprias casas.

"COLOQUE NA PAUTA!"

Uma pauta é uma lista de tópicos escritos em um caderno de reuniões de classe ou afixados na parede onde todos podem ver. Crianças e adultos podem usar a pauta para listar as coisas que desejam discutir na próxima reunião. Além de fornecer uma lista de itens a serem discutidos, uma pauta também pode servir como um dispositivo para que as crianças se tranquilizem.

Quando Jon chega furioso e diz à professora que "Ben acabou de matar um besouro", a professora pode compartilhar sua preocupação e sugerir que "Como os insetos devem ser tratados" seria um tópico muito bom para a reunião de classe. Ela pergunta a Jon se ele gostaria de colocar esse item na pauta. Ele concorda prontamente e juntos eles escrevem "insetos" na pauta. A professora pronuncia a palavra "insetos" com Jon e ele escreve seu nome ao lado. Se Jon é muito pequeno para escrever, a professora pode escrever o nome e o tópico de Jon para ele. Ou ela pode encorajar Jon a fazer o desenho de um inseto e traçar por cima de seu próprio nome ou deixar sua própria marca. Envolver Jon de alguma forma é respeitoso e cria um senso de responsabilidade e influência.

Quando chegar a hora da solução do problema, o professor examinará a pauta e solicitará a Jon que explique o problema dos insetos para os outros. A professora de Jon observará se o grupo se concentra em como tratar os insetos – não em quem matou o besouro ou em como ele deve ser punido.

Resolver problemas

Pode causar surpresa, mas as crianças pequenas podem ser extraordinariamente criativas quando se trata de resolver problemas. Uma tarde, o seguinte bilhete apareceu perto da folha de saída na escola de Educação Infantil de Mountain View: "Estamos fazendo uma pequena venda de biscoitos nesta quinta-feira à tarde. Estamos aprendendo a ser responsáveis substituindo um livro rasgado da biblioteca. Vamos assar biscoitos na escola e vendê-los por 25 centavos cada. As crianças também gostariam de ganhar 25 centavos em casa fazendo algum trabalho especial. A ideia da venda de biscoitos surgiu na discussão da reunião de classe sobre um livro rasgado. Também discutimos e demonstramos como carregar livros e como virar as páginas com cuidado".

Ao longo da semana seguinte, as crianças prepararam várias fornadas de biscoitos durante o horário das aulas, aprendendo novas habilidades (e se divertindo muito) no processo. Na quinta-feira, aconteceu a venda e teve tanto sucesso que, mesmo depois de subtraírem o custo dos ingredientes dos biscoitos, as crianças haviam levantado o suficiente para substituir o livro danificado e também comprar mais um novo. Elas passaram um tempo na reunião de classe seguinte discutindo que tipo de livro novo queriam para a sala de aula.

Imagine se o professor tivesse repreendido as crianças e proibido a retirada de livros. A oportunidade de aprender e praticar essas habilidades vitais da vida teria sido perdida.

As reuniões de classe também podem oferecer oportunidades valiosas para o aprendizado de habilidades sociais.

Certa manhã, na hora da reunião, Candace, de 4 anos, disse que outra criança havia xingado seu amigo Eric. A professora perguntou a Eric se era um problema que ele gostaria que o grupo discutisse. Era. (É importante que as crianças aprendam a ser responsáveis por suas próprias necessidades.) Depois que Eric contou sua história, a professora perguntou se alguém já havia sido xingado. "Como vocês se sentem?", ela perguntou. Seguiu-se uma animada discussão, e as crianças concordaram que se sentiam magoadas ao serem xingadas. Elas então apresentaram uma lista de possíveis soluções: "Talvez a pessoa que xinga pudesse se controlar"; "Afaste-se"; "Diga: 'Não fale assim comigo!'"; "Peça a um professor para ajudar"; "Diga a eles que você não gosta"; "Peça a eles para se acalmarem"; "Diga: 'Pare!'".

As sugestões podem parecer semelhantes, mas todas foram honradas e escritas. Eric e seus colegas de classe agora podiam conversar sobre os possíveis resultados de cada escolha (com a sensível ajuda de um professor) e decidir como poderiam responder a xingamentos no futuro. Lembre-se, crianças de 3 a 6 anos ainda estão refinando suas habilidades sociais; sugestões como "Use um xingamento pior" ou "Dê um soco nele" dariam oportunidades para aprender sobre respostas mais apropriadas.

Planejar atividades futuras

Quando crianças pequenas são questionadas sobre atividades divertidas que podem fazer em grupo, nem todas as sugestões serão práticas: "Todos nós poderíamos ir à Disneylândia"; "Sugiro que a gente vá à praia" (não importa que esteja nevando lá fora); "Podemos fazer uma viagem de avião. Meu pai pode nos levar com ele". Quando as crianças começam a oferecer sugestões improváveis, elas tendem a persistir nessas ideias, por isso é útil que o professor as oriente, oferecendo algumas ideias práticas e divertidas para atividades e passeios.

Existem dezenas de ideias práticas. Visitas à delegacia, corpo de bombeiros, zoológico e parque podem ser possíveis excursões, dependendo do seu programa. Uma excursão também pode ser uma excelente oportunidade para convidar as crianças a resolver problemas com antecedência. Pergunte-lhes quais os problemas que tiveram na última excursão ou quais seriam boas regras para o grupo. Se as crianças não conseguem pensar em nada, o professor pode perguntar sobre as expectativas ao atravessar ruas, ou se seria aceitável empurra-empurra, correr e não ouvir respeitosamente quando o chefe dos bombeiros fala.

Atividades mais imediatas também podem ser planejadas. As guloseimas em sala de aula, como sorvete ou pipoca, são divertidas e fáceis de oferecer. Se houver gasto de dinheiro, as crianças podem elaborar planos para levantar os fundos necessários. Um grupo de jovens empreendedores decidiu vender batatas assadas no final do dia para pais cansados e famintos. O aroma que os pais sentiam ao entrar na escola era maravilhoso, e, nem é preciso dizer, esse evento de arrecadação de fundos foi um grande sucesso.

O grupo pode estabelecer uma meta, como uma festa da pizza quando todas as prateleiras e brinquedos tiverem sido lavados. O professor pode fornecer baldes e esponjas, e as crianças podem participar. Um programa tem um dia ocasional de lavagem do chão durante o qual os móveis são limpos e existem baldes de água (sem sabão ou produtos de limpeza) e esponjas para todos. As crianças adoram a brincadeira com água, o treinamento de habilidades e o interesse social, todos reunidos em uma única atividade.

O objetivo não é um piso perfeitamente limpo ou prateleiras impecáveis, mas sim um tempo para praticar comportamentos que contribuam para a comunidade da sala de aula.

Lembre-se de que envolver as crianças no planejamento de uma atividade, seja de artes, culinária ou brincadeira, tornará essa atividade mais bem-sucedida. Quando as crianças são convidadas a se sentir capazes, criativas e envolvidas, elas quase sempre respondem com entusiasmo.

Dicas especiais para reuniões de classe eficazes

Manter algumas ideias em mente garantirá o sucesso de suas reuniões de classe

Atenção ao tempo

As reuniões de classe para crianças pequenas exigem que você seja flexível. Dependendo da idade, humor, habilidades e capacidade de atenção dos seus alunos, você pode precisar fazer reuniões curtas ou se concentrar apenas em um elemento de cada vez. Muitas escolas de educação infantil acham que uma reunião por semana é suficiente. Outras gostam de ter uma reunião curta todos os dias para que as crianças possam praticar elogiar e reconhecer, ouvir com empatia e concentrar-se em soluções regularmente. Tentativa e erro ajudarão você a encontrar o ponto de equilíbrio.

Use sinais especiais

As crianças pequenas adoram sinais especiais, como a mesma música sendo cantada todos os dias para sinalizar a hora da limpeza ou uma campainha que significa "congelar e ouvir". Também funciona bem desenvolver um sinal especial para abrir e fechar reuniões de classe. Em uma sala de aula, as crianças sentam-se no chão em círculo e colocam os braços juntos com os cotovelos dobrados. Para começar a reunião eles lentamente afastam os braços, como abrir um livro, e anunciam: "A reunião de classe está aberta!" No final da reunião, eles revertem o processo enquanto dizem: "A reunião de classe está encerrada!"

Inclua votação (quando apropriado)

Na pré-escola, as crianças podem votar quando a escolha envolve a todos. Eles podem aprender que as pessoas pensam e querem coisas diferentes, e podem aprender a dar e a receber e a demonstrar empatia e compaixão. (Não é apropriado permitir que as crianças votem em uma "solução" para outra pessoa. A pessoa com o problema deve poder escolher a solução que ela acha que será mais útil para ela.)

O conceito de apenas um voto por criança pode ser desafiador. Tente dar a cada criança um pedaço de papel ou um pequeno marcador. Para votar, cada criança coloca seu marcador no copo que representa sua escolha. Adicione à experiência esvaziando o copo e contando os votos como um projeto de grupo.

Faça anotações

Acompanhar o que acontece em uma reunião pode ser útil, especialmente quando sua turma precisa lembrar exatamente o que eles decidiram. Como a maioria das crianças na Educação Infantil não sabe escrever, provavelmente um adulto precisará fazer essas anotações. No início de cada reunião, você pode revisar as anotações da reunião anterior e ver se seus planos e decisões estão funcionando. Avalie o que não funcionou na solução que foi tentada. Se um problema persistir, é importante incentivar uma criança a colocá-lo de volta na pauta e discuti-lo novamente.

Use um "bastão para fala"

Um bastão decorado, uma varinha mágica ou um pequeno brinquedo podem ser passados pela roda. Quem segura o objeto tem permissão para falar. (Evite bichos de pelúcia, pois eles são difíceis de lavar e podem espalhar germes.) Um símbolo físico pode ajudar as crianças a aprender a ouvir com respeito e a falar na sua vez, e pode incentivar crianças tímidas a contribuir para a discussão em grupo quando tiverem o objeto nas mãos.

Reuniões de família com crianças entre 3 e 6 anos

Se você tem filhos mais velhos, talvez já tenha descoberto os muitos benefícios de se fazer reuniões de família. Se seus filhos são todos da faixa de 3 a 6 anos, o conceito pode ser novo; você pode até questionar o valor de ter reuniões de família com crianças pequenas.

É simples adaptar o material deste capítulo para as reuniões de família, e os benefícios e bênçãos valem o tempo e a energia. As reuniões de família ensinam às crianças que elas são membros valiosos e capazes da família e demonstram que passar tempo com elas é uma prioridade para você. Você pode se surpreender com a desenvoltura e criatividade do seu filho.

As crianças pequenas podem reconhecer, ajudar a resolver problemas, planejar a diversão em família e aprender a expressar suas necessidades e obter ajuda de maneiras positivas (e surpreendentemente agradáveis). Reuniões de família regulares ajudarão a você e a seus filhos a criar um senso de respeito mútuo, confiança, compreensão e amor – e isso pode estabelecer as bases para os muitos anos que virão pela frente.

ESTRATÉGIAS PARA AS REUNIÕES DE FAMÍLIA

- Seja realista.
- Priorize a hora da reunião.
- Comece (ou termine) com elogios ou reconhecimentos.
- Publique a pauta.
- Divirtam-se.

Aqui estão algumas ideias a serem lembradas ao iniciar reuniões de família com crianças de 3 a 6 anos:

- *Seja realista*. Você pode fazer reuniões de família valiosas e divertidas com crianças a partir dos 3 anos de idade, mas lembre-se de que quanto mais jovem a criança, menor seu tempo de atenção. Mantenha suas reuniões curtas e objetivas. Dessa forma, ninguém se cansará delas.
- *Faça das reunioes de família uma prioridade*. Nossas vidas ocupadas tendem a atrapalhar até nossas melhores intenções. Se você deseja que suas reuniões de família funcionem, marque um horário regular para se reunir e cumpra-o. À medida que as crianças crescem, muitas vezes têm compromissos como esportes ou aulas de música, cujo horário não pode ser controlado. Se um dia e um horário regulares não funcionarem, crie um calendário familiar que mostre as próximas atividades de cada membro e use-o para planejar futuras reuniões. Lembre-se, é mais fácil para todos praticarem as habilidades quando as reuniões acontecem de forma consistente. Não

permita que tarefas ou outras distrações atrapalhem e certifique-se de que todas as telas estejam desligadas.

- *Comece cada reunião com elogios e reconhecimentos.* Isso pode parecer estranho no começo, especialmente se você tem irmãos que ficam mais confortáveis ao provocar do que ao reconhecer um ao outro, mas procurar e comentar algo positivo incentivará a todos e fará com que sua reunião comece de maneira amigável. Uma variação que algumas famílias preferem é encerrar a reunião com reconhecimentos, em vez de começar com eles. Quando questões difíceis são tratadas ou emoções fortes emergem, terminar com reconhecimento pode definir um tom conciliatório.

- *Coloque a pauta em um local acessível e ajude seus filhos a usá-la.* Até as crianças pequenas podem "escrever" seus problemas e preocupações em um caderno ou deixar uma marca para indicar que têm algo sobre o que conversar. Levar essas preocupações a sério (e tomar cuidado para não reprimir imediatamente as ideias às vezes irreais de seu filho) mostrará a seus filhos que você os valoriza. O mero ato de escrever um problema pode ser o primeiro passo para encontrar uma solução pacífica e eficaz.

- *Reserve tempo para diversão.* Certifique-se de que parte de sua reunião seja dedicada apenas à diversão, talvez jogando, assistindo a um vídeo juntos, planejando uma atividade em família, compartilhando uma sobremesa especial ou lendo uma história favorita.

Seja como for que decida fazê-las, as reuniões de família são um dos melhores hábitos que você e seus filhos podem adotar e os ajudarão a ficar em sintonia durante os anos cada vez mais movimentados à frente.[2]

Uma oportunidade de aprendizado

As reuniões de classe e de família são surpreendentemente produtivas, ensinam muitas habilidades para a vida e ajudam as crianças a desenvolver um forte senso de pertencimento. Às vezes, os adultos subestimam a capacidade de as crianças serem criativas e responsáveis, e as reuniões de classe e família permitem essa oportunidade de aprendizado para todos.

PERGUNTAS PARA REFLETIR

1. Decida que dia e horário funcionam melhor para uma reunião de família. Considere as etapas listadas neste capítulo. Quais delas você deseja incluir para sua família e como começará? Por exemplo, você começará ensinando as habilidades ou convidando os membros da família a participar?
2. Considere adicionar uma atividade especial à sua reunião familiar semanal. Enquanto todos estão reunidos, o que seria divertido ou útil fazer em família? (Os exemplos podem incluir fazer uma sobremesa especial juntos, montar quebra-cabeças ou fazer um projeto de arte em família.)
3. Se você deseja iniciar reuniões de classe em sua programação, considere usar as informações deste capítulo para ter uma reunião de equipe ou um dia de desenvolvimento profissional. Compartilhe os elementos das reuniões de classe bem-sucedidas com seus colegas. Em quais salas de aula você começará? Que habilidades devem ser ensinadas? Quando você realizará suas reuniões? Em uma reunião futura, avalie as experiências de todos. Qual foi um benefício? Quais são os desafios?
4. Outra maneira de apresentar as reuniões da classe é demonstrar como fazer elogios e reconhecimentos. Durante a semana, anote as atitudes boas ou úteis que você percebe em cada criança (e professor). Faça o possível para encontrar pelo menos uma ação positiva para cada criança. Então, na hora da roda, ofereça esses elogios a cada aluno da classe.

18

QUANDO SEU FILHO PRECISA DE AJUDA ESPECIAL

Todas as crianças pequenas têm pontos fortes e fracos e, ocasionalmente, precisam de encorajamento ou apoio extra. Mas algumas crianças entre 3 e 6 anos têm necessidades que vão além da educação cotidiana. Nascem com diferenças físicas, emocionais ou cognitivas, e seus pais e professores precisam aprender a oferecer disciplina firme e gentil, conexão, encorajamento *e* ajuda especial para suas necessidades únicas.

Essas crianças podem ter dificuldades na escola, podem ter problemas para fazer amigos ou parecem não aprender habilidades básicas. Outros nunca param de se movimentar, estão constantemente agitados ou lutam para se conectar com adultos e colegas. Essas crianças (e suas famílias) podem precisar mais do que apenas boas habilidades parentais. Transtorno de déficit de atenção (com ou sem hiperatividade), síndrome alcoólica fetal ou devido a drogas, distúrbios do espectro do autismo, distúrbio de integração sensorial, distúrbios metabólicos, dispraxia e outros atrasos no desenvolvimento estão entre as condições que as crianças, suas famílias e seus cuidadores podem encontrar. Como você pode saber quando seu filho precisa de ajuda especial?

Olhando mais de perto

Para algumas famílias, a fase dos 3 aos 6 anos de uma criança é sobrecarregada por estresse e ansiedade.

Karen nunca esquecerá o pânico daquelas idas ao hospital à meia-noite quando o rostinho da bebê Sandy assumia um tom azulado. A asma ameaçou roubar Sandy de Karen durante toda a infância. Agora, enquanto observa a filha de 4 anos correr pelo parque de diversões e cair na areia, Karen precisa aprender a dar espaço para a filha explorar e crescer, enquanto continua a cuidar de sua saúde.

Carol e Brad têm suas próprias preocupações: eles agonizam com a gagueira do filho. Não importa quantas pessoas os aconselhem a ignorar a maneira de falar de Jacob, ambos os pais ficam ferozmente defensivos quando outros adultos e crianças o ouvem lutando para falar. A dor deles só deixa Jacob mais ansioso. O problema dele é de alguma forma culpa deles?

A maioria dos pais rapidamente se culpa quando seus filhos encontram problemas recorrentes. Deficiências* que envolvem comportamento ou desenvolvimento criam ansiedade, culpa e confusão para as famílias, e podem exigir tratamentos demorados e caros. *A culpa não ajudará você ou seu filho. Informações e suporte precisos ajudarão você a deixar de lado a culpa e a substituí-la por uma ação benéfica.* O primeiro passo, é claro, deve ser uma avaliação física ou neurológica de um médico especializado na área de sua preocupação.

Se é o comportamento do seu filho que o incomoda, geralmente é melhor começar do começo. Reserve um momento para pensar nas informações já apresentadas neste livro.

Considere o seguinte:

- A idade do seu filho e o progresso de seu desenvolvimento
- As habilidades socioemocionais do seu filho
- Seu estilo e expectativas parentais
- O temperamento do seu filho
- A possibilidade de comportamento a partir do objetivo equivocado

---

* N. T.: Atualmente, o termo oficial e *correto*, definido pela Convenção das Nações Unidas sobre o Direito das Pessoas com Deficiência, é PcD, que significa "Pessoa com Deficiência", pois ele esclarece que há algum tipo de deficiência sem que isso inferiorize quem a tem. Ver: https://talentoincluir.com.br/candidatos/qual-o-correto-pcd-pne-pessoa-com-necessidade-especial/.

Pode ser sensato anotar suas observações para compartilhar com um profissional. A maioria dos pais encontrará pistas para entender o comportamento de seus filhos em algum ponto dessas informações. Mas se você considerou cuidadosamente essas coisas e descobriu que seu filho ainda parece precisar de mais ajuda do que você pode oferecer, talvez seja hora de olhar mais profundamente.

A realidade das necessidades especiais

Carl foi um bebê difícil desde o início. Ele nunca parava de se mexer, exagerava a todo barulho e tinha dificuldade ao mamar porque tudo o distraía.

Richard, 4 anos, corre pela sala de aula e parece assustado com o som do esquilo se movendo em sua gaiola, mesmo quando está sentado do outro lado da sala colorindo.

Kim simplesmente não consegue se sentar sem se mexer ou prestar atenção por mais de cinco minutos, por mais que ela tente.

Essas crianças podem não estar se comportando mal; elas podem estar lutando com coisas que são genuinamente difíceis para elas. O conjunto de sintomas conhecido como TDAH (transtorno do déficit de atenção sem ou com hiperatividade) é um conjunto crônico de comportamentos vitalícios. Não aparece da noite para o dia, nem é limitado a crianças.

Tenha cuidado ao tentar diagnosticar seu filho. Segundo algumas estimativas, 5 a 10% de todas as pessoas experimentam sintomas como dificuldade em ficar parado e prestar atenção ou agir impulsivamente, e nem todas essas pessoas terão TDAH. Lembre-se também de que essas características podem ser indicadores de diferentes temperamentos e desenvolvimento normal; de fato, muitos profissionais médicos não diagnosticam uma condição como o TDAH até que a criança chegue pelo menos à idade escolar. Hiperatividade, dificuldade no controle dos impulsos e incapacidade de se autorregular também podem indicar trauma na infância ou disfunção sensorial. Esses sintomas levam muitos pais desesperados a consultórios e cursos para pais.

É amplamente reconhecido que o TDAH é excessivamente diagnosticado. Muitas crianças estão sendo medicadas porque não conseguem ficar quietas em uma idade em que não *deveriam* ficar quietas. Às vezes, pais e professores convidam disputas de poder por serem muito exigentes e controladores. *Muitas vezes, as crianças se acalmam quando pais e professores aprendem expectativas e métodos de disciplina adequados à idade delas.*

Existem crianças para quem o TDAH é um problema real. Quaisquer que sejam as necessidades de uma criança com deficiência, saber que essas necessidades são reais e não o resultado de uma educação familiar deficiente, ensino inadequado ou mau comportamento deliberado da criança traz um grande alívio. Determinar se uma criança tem uma deficiência é um processo de peneiração que começa com a análise de todas as variáveis discutidas ao longo deste livro. *Na verdade, mesmo que uma criança receba um diagnóstico formal, todas as ferramentas e habilidades da Disciplina Positiva serão úteis, além de qualquer apoio extra de que uma criança possa precisar.*

Meu filho está bem?

Os pediatras descobriram que os pais geralmente são os melhores analistas sobre o desenvolvimento de uma criança. Como a intervenção precoce é essencial no tratamento de muitos atrasos e distúrbios do desenvolvimento, sempre vale a pena prestar atenção em seus instintos – e preocupações – com seu filho. Os primeiros sinais comportamentais podem aparecer bem cedo, aos 6 meses de idade, mas raramente é possível fazer um diagnóstico claro antes dos 18 meses e pode ocorrer a qualquer momento entre os 3 e os 6 anos, à medida que os sintomas se tornam mais evidentes. A incidência de autismo e distúrbios relacionados ao autismo aumentou dramaticamente nos últimos anos, ocorrendo agora em aproximadamente um em cada 68 nascimentos.[1] Embora apenas um especialista treinado possa diagnosticar o autismo, você pode obter a opinião de um especialista se responder "não" a muitas das seguintes perguntas.

- Seu filho reconhece e responde a rostos familiares?
- Ele usa o dedo para apontar ou mostrar uma coisa?
- Seu filho vira a cabeça para você quando você diz o nome dele?
- Ele imita suas ações, gestos e expressões faciais?
- Ele faz contato visual com você?
- Seu filho está interessado em outras crianças, pessoas ou objetos?
- Ele responde aos seus sorrisos, abraços e gestos?

- Seu filho tenta atrair sua atenção para suas próprias atividades?
- Seu filho está adquirindo linguagem e aprendendo a se comunicar com você?

Outras coisas a serem observadas incluem: balançar, saltar, passar longos períodos de tempo olhando para o espaço e ser incomumente insistente em rotinas, previsibilidade ou com objetos específicos. Obviamente, os sintomas não indicam necessariamente um problema. No entanto, a intervenção precoce é fundamental para muitos distúrbios do desenvolvimento. Se você suspeitar que seu filho não está se desenvolvendo dentro do esperado, não hesite em conversar com seu pediatra ou em pedir uma avaliação.

Todas as crianças, tenham ou não alguma deficiência, precisam de um senso de pertencimento e aceitação incondicional e assim se beneficiarão do ensino, incentivo e compreensão. Os pais de crianças com praticamente qualquer condição crônica experimentam uma sensação de frustração, pesar e tristeza, além de ansiedade. Eles também podem precisar desenvolver habilidades específicas. Saber que você não estão sozinho faz maravilhas, assim como informações sobre como encontrar ajuda e suporte.[2]

MANTENDO O EQUILÍBRIO:

PERGUNTA: *Eu tenho meninos gêmeos. Um deles nasceu com surdez aguda. Por causa das aulas especiais, consultas médicas e tratamentos necessários, o filho que tem boa audição precisa aguentar muita espera. Ele costumava ser prestativo, paciente e "fácil". Desde o terceiro aniversário, porém, as coisas mudaram - ele se tornou desafiador, choraminga o tempo todo quando não consegue o que quer e se fecha. Há apenas alguns meses, isso era o oposto de sua personalidade. Eu quebrei a cabeça tentando descobrir o que está diferente agora em nossas vidas, rotinas diárias ou situação familiar. Você tem alguma sugestão ou é apenas uma fase e também deve passar?*

RESPOSTA: É preciso muita paciência e sensibilidade para criar crianças com deficiência. As crianças são maravilhosas em perceber as coisas, mas não são muito boas em interpretá-las, e seu filho pode acreditar que as terapias especiais, consultas médicas e tratamento que o irmão recebe indicam mais atenção dos pais e, portanto (ele acredita erroneamente), mais amor dos pais.

É sábio lembrar que, embora as crianças se desenvolvam em diferentes ritmos, tanto emocional quanto fisicamente, as crianças de 3 anos geralmente estão experimentando o que chamamos de "iniciativa" – formando seus próprios planos, querendo fazer as coisas do seu jeito e (ocasionalmente) colocando isso em prática tornando-se desafiadoras, choronas e geralmente menos compreensivas.

Você provavelmente está certo de que isso passará, mas lembre-se de incluir um horário especial frequente com cada um de seus filhos. Isso não significa gastar dinheiro ou grandes quantidades de tempo: quinze minutos para dar um passeio, jogar a bola ou ler uma história geralmente é o suficiente. A chave para o comportamento de cada criança está no que ela acredita sobre si mesma e seu lugar na família.

Rótulos: profecias autorrealizáveis?

Rótulos como "inteligente", "desajeitado", "tímido" ou "fofo" definem quem é uma criança aos olhos dos outros, criando uma imagem que pode impedir que essa criança seja apreciada e reconhecida por quem ela realmente é. Por outro lado, alguns rótulos simplesmente descrevem o que é óbvio. Rotular uma criança que usa óculos como "a menininha de óculos" não necessariamente leva as pessoas a prejulgarem seu comportamento. Diagnosticar uma criança como tendo autismo ou distúrbio de integração sensorial pode realmente ser útil quando esse diagnóstico é fornecido por um profissional. A maioria dos pais e professores acha mais fácil incentivar e apoiar uma criança com uma condição diagnosticada do que aquela que foi rotulada como "inconveniente", "esquisita" ou "problemática".

Os adultos geralmente precisam lutar com suas próprias atitudes e expectativas em relação às crianças que são diferentes ou especiais.

Quando Veronica foi informada de que sua filha de 4 anos precisaria usar óculos, ela foi para casa e chorou, lamentando que sua "pobre" garotinha fosse ficar "desfigurada". Ela parou abruptamente e ouviu o que acabara de dizer a si mesma. Ela descrevera a filha como "coitada" e os óculos como "desfigurantes". Veronica se perguntou de quem era esse problema. Sua filha de 4 anos iria querer e precisar do apoio e aceitação de sua mãe. De fato, os óculos a ajudariam a enxergar melhor e permitiriam que ela crescesse e se desenvolvesse normalmente.

Veronica percebeu que o verdadeiro problema era sua própria atitude. Se ela quisesse oferecer à filha a ajuda de que precisava, Veronica teria que reconhecer o valor dessa ajuda. A partir desse momento, ela optou por apoiar a filha e obter os cuidados necessários, incluindo óculos. A "deficiência" da filha existia apenas na mente da mãe.

O diagnóstico de qualquer deficiência ou condição especial não define quem uma criança é. É simplesmente uma maneira de entender as habilidades dessa criança. Se o seu filho for diagnosticado com uma deficiência, você poderá sentir algum desconforto e precisará encontrar maneiras de lidar com os problemas associados. Mas é igualmente importante (se não mais) observar os bens e atributos que seu filho possui. As crianças com dislexia, por exemplo, geralmente são altamente inteligentes e criativas: seus cérebros simplesmente processam as informações de maneira diferente. Compreender essas diferenças pode ser útil, e não um sofrimento.

Quando uma criança não tem uma habilidade, é provável que o crescimento ocorra em outras áreas. Uma pessoa que não enxerga frequentemente desenvolve audição precisa. Quais são os dons especiais do seu filho? Um espírito gentil, um animado senso de humor ou um coração terno geralmente superam as deficiências que acompanham a diferença – se você assim permitir.

Negação e tristeza

Negar as necessidades de uma criança com deficiência, mesmo que seja porque você tem medo de rotular sua criança, não é útil. É necessário um coração corajoso para aceitar e cuidar dos filhos como realmente são, para dar a eles o que realmente precisam.

Aos 4 anos, Raleigh foi diagnosticado com autismo. Seus pais estavam cheios de ansiedade com o futuro de Raleigh, além de desencorajados por seus muitos conflitos diários com ele.

Uma luta contínua envolvia a reação de Raleigh ao toque. Como eles viviam em um ambiente ensolarado e sua mãe tinha um histórico familiar de melanoma, aplicar protetor solar em Raleigh era extremamente importante. Mas o toque e a sensação da loção eram tão desagradáveis para Raleigh que ele fugia sempre que seus pais tentavam aplicá-lo.

Um dia, a mãe do menino decidiu que Raleigh era quem ele era, e seu papel era aceitar isso. Depois de um *brainstorm*, seus pais perguntaram a Raleigh se ele preferia usar um boné e roupas com alto índice de fator de proteção solar quando ele saía em vez de usar protetor solar. Raleigh testou a sensação do novo boné e roupas e decidiu que estava tudo bem. Isso ajudou todos a relaxar. Esse tipo de busca de solução tornou-se parte regular de suas vidas, conforme os pais de Raleigh aprendiam a aceitar suas necessidades únicas e a deixar de insistir em que ele atendesse a expectativas que não conseguia gerenciar.

Os pais de crianças com deficiência também podem sentir um profundo sentimento de tristeza. Afinal, uma criança com diferenças ou deficiências de desenvolvimento raramente é o que sonhavam ao planejar o nascimento do bebê. Lembre-se: você fará um trabalho mais eficaz como pai do seu filho quando conseguir lidar honestamente e gentilmente com suas próprias necessidades e sentimentos. Você pode achar útil frequentar um grupo de apoio ou um terapeuta enquanto aprende a ser pai de seu filho.

Aprendendo a aceitar

Muitas vezes, é mais fácil para os adultos responderem a crianças que têm um distúrbio altamente visível ou que se comportam de maneiras extremas do a que crianças cujo distúrbio seja menos óbvio. Se Sally, cujos membros se contorcem em razão da paralisia cerebral, acidentalmente esbarra em uma colega de classe enquanto luta para manobrar as escadas em suas muletas, uma professora provavelmente não dirá a Sally que ela deve ficar sem recreio por empurrar sua colega de classe. A mãe de Sally tampouco será chamada para uma conversa para ouvir que, se ela apenas melhorar suas habilidades como mãe, Sally poderá se alimentar e andar sem ajuda. Por mais injusto que pareça, pais de crianças com TDAH, síndrome alcoólica fetal, distúrbio de integração sensorial e dispraxia costumam receber essas críticas porque essas condições não são tão óbvias, claramente definidas ou bem compreendidas quanto deficiências físicas.

O aprendizado das habilidades parentais da Disciplina Positiva ajudará você e seu filho, mas a parentalidade não é a causa da necessidade especial de seu filho. Pais e cuidadores são, no entanto, apenas humanos, e às vezes é fácil tratar como bode expiatório a criança cujo comportamento ou aparência é diferente. Adultos e outras crianças precisam aprender e praticar a arte de oferecer respeito, em vez de culpar aqueles que são diferentes. Tolerância, paciência e encorajamento ajudarão todas as pessoas (incluindo crianças) a viverem juntas e em paz.

Mau comportamento ou deficiência?

PERGUNTA: *Minha filha, agora com 4 anos, tem um problema recorrente para se vestir. Ela reclama que suas roupas "doem". Ela leva cerca de quinze minutos para vestir as meias, puxando-as e tirando-as, o que muitas vezes termina em birra porque ela afirma que as meias a machucam. Tentei comprar todos os tipos diferentes de meias, além de permitir que ela as escolhesse na loja e que escolhesse as meias pela manhã. Ela me pede para cortar todas as etiquetas de suas roupas porque elas machucam. Eu tentei ignorá-la enquanto ela faz birra por causa das meias, mas o que mais posso fazer?*

RESPOSTA: Algumas crianças lutam com a maneira como seus corpos processam informações sensoriais. Embora as queixas de sua filha pareçam triviais ou imaginadas para você, elas podem ser bem reais; as meias dela realmente podem estar machucando-a. Existe uma condição conhecida como disfunção de integração sensorial que pode estar afetando sua filha. Consulte um terapeuta ocupacional ou um neurologista pediátrico para obter mais informações. Você também pode encontrar suporte útil na internet.

Mais importante, aceite que sua filha realmente sente dor e resista à tentação de se envolver em disputas de poder com ela. Tratar o comportamento dela como um problema de parentalidade não será útil; validar suas reclamações e procurar ajuda e apoio será mais útil.

"Escapando" das consequências do mau comportamento

Dee tem duas filhas. A filha mais nova, Megan, tem 6 anos e foi diagnosticada com TDAH por seu pediatra. Sheila, sua irmã mais velha, tem 9 anos e não tem TDAH. Antes de irem às compras, Dee tira um tempo para discutir suas expectativas com suas duas filhas. Ela acha isso especialmente útil para Megan, que tem dificuldade com as transições (uma característica comum de crianças com TDAH e crianças com um temperamento lento para se adaptar).

No final de uma sexta-feira à tarde, Dee segue a rotina habitual antes de ir às compras com suas filhas. Megan lembra-se do acordo de que este não é o dia em que tomarão sorvete e, orgulhosamente, lembra a mãe desse fato. Na loja, no entanto, Megan vê uma criança feliz lambendo uma casquinha de sorvete. Na mente de Megan, ver outra criança com uma casquinha de sorvete significa que ela também quer uma, e agora! Logo começa uma birra. O que aconteceu com o combinado com Megan de que não tomaria sorvete hoje?

A impulsividade característica do transtorno de déficit de atenção traduz "desejos" quase imediatamente em "necessidades", mas é importante lembrar que esse também é um comportamento típico de desenvolvimento de crianças entre 3 e 6 anos de idade. Todas as crianças pequenas se comportam impulsivamente às vezes e, ocasionalmente, mostram outras características sintomáticas do TDAH.

Dee pergunta a Megan se ela pode se acalmar. A birra continua, então mãe e filhas saem da loja, com Megan se debatendo e gritando. A birra continua no carro; quando elas chegam em casa, Megan corre para o quarto e bate a porta. A essa altura, Dee está lutando para manter seu próprio controle. Ela está com raiva, desanimada e exausta. Sheila, magoada e decepcionada, está pensando: "Eu não fiz nada para estragar a ida ao supermercado. Por que tive que perder a diversão?" É difícil não se ressentir de uma irmãzinha que se comporta dessa maneira.

É importante observar que Dee não mima nenhuma das filhas. Ela não responde ao comportamento irracional ou exigente abandonando os combinados que fez.

"Bem", alguns pais podem dizer, "se meu filho agisse dessa maneira em um local público, eu certamente o deixaria saber como me sinto sobre isso. Essa mãe deveria ter dado umas palmadas na filha ou deixá-la sem tomar sorvete por um mês!" Mas pense por um momento. Megan "se safou" do mau comportamento? O castigo ou a humilhação a ajudarão a mudar seu comportamento no futuro? Ela pretendia se comportar mal?

Pode ser difícil para a mãe, que está experimentando uma mistura fervilhante (e muito humana) de raiva e culpa, manter isso em mente, mas Megan provavelmente não escolheu desafiar sua mãe conscientemente. Ela estava orgulhosa de lembrar-se de seu acordo com a mãe e sabe que a mãe segue esses acordos. Lidar eficazmente com o comportamento de Megan significa reconhecer as necessidades especiais dela.

O que Dee pode fazer? Quando ela e Megan se acalmarem, poderão discutir o que aconteceu na loja. Elas também podem discutir maneiras pelas quais Megan poderia ajudar sua irmã a se sentir melhor. Talvez Megan pudesse oferecer-se para fazer uma das tarefas de Sheila ou brincar com ela. Sheila também tem necessidades que não devem ser ignoradas.

Seria fácil permitir que Megan sentisse que é "ruim" ou "difícil", e como sua mãe é humana, às vezes ela se engana e diz ou faz coisas que mais tarde se arrepende. Mas, como já vimos, os erros não são fatais. E o comportamento de Megan pode não mudar tão cedo. Enfrentar a realidade, aprender habilidades para lidar com esses desafios e obter apoio ajudará mãe e filha a sobreviver em momentos difíceis.

Desespero ou orgulho

Descobrir que seu filho não se encaixa no ideal que você tinha em mente pode ser um golpe emocional. Mas uma vez que os adultos ultrapassam a negação e o medo dos rótulos, eles podem ver os dons maravilhosos que seu filho tem, não apesar das diferenças de aprendizado ou de comportamento, mas às vezes até por causa delas. Pessoas com asma e diabetes competiram nas Olimpíadas e se tornaram atletas profissionais; Temple Grandin, autista, lançou uma nova luz sobre o autismo e ficou famosa por projetar novos sistemas de gerenciamento de animais; e acredita-se que Thomas Edison (junto com dezenas de outras pessoas famosas) tenha tido TDAH.

E o tratamento?

Robert havia lutado com seu filho Charles, a ponto de se desesperar. Quando Charles tinha 5 anos, seu professor suspeitou de que Charles tivesse algumas características limítrofes de TDAH. Robert ficou horrorizado e nem um pouco ofendido com essa sugestão. Ele se matriculou em um curso para pais, comprou pilhas de livros e fez o possível para ser um pai melhor.

Mas os problemas de Charles continuaram. Aos 7 anos, ele estava tendo problemas com trabalhos escolares e amizades, e suas dificuldades estavam afetando toda a família. Desta vez, o médico de Charles fez um diagnóstico claro de TDAH. Após vários meses de aconselhamento sem melhora, Robert concordou em tentar medicação.

Em uma semana, o comportamento de Charles melhorou muito. Foi difícil para Robert acreditar que aquelas pílulas minúsculas pudessem ter tal influência no comportamento – e igualmente difícil admitir que seu filho poderia precisar desse tipo de ajuda. Mas sempre que Charles deixava de tomar medicação nos meses seguintes, seu comportamento se deteriorava dramaticamente. Robert começou a ver seu filho sob uma luz diferente e começou a apreciar a criança calma e interessante que estava se tornando. Charles também estava mudando; finalmente ele poderia ser ele mesmo.

Os medicamentos podem fazer parte de uma abordagem abrangente e amorosa para ajudar uma criança com TDAH ou outras deficiências. No entanto, as pesquisas e a prática nem sempre são conclusivas sobre a necessidade de medicação. É importante fazer sua própria pesquisa e decidir por si mesmo o que funciona melhor para você e seu filho.

Escute sua sabedoria interior; confie no seu conhecimento e amor pelo seu filho. Certifique-se de que ele entenda sua deficiência tão bem quando sua idade e desenvolvimento permitirem. Pesquisas mostram que quanto mais uma criança entender sobre as condições que a afetam, melhor ela irá lidar com elas. Atitudes positivas e discussões abertas são encorajadoras. O segredo promove vergonha, confusão e mal-entendidos.

Esteja disposto a mudar o que não funciona para sua família. Crie uma rede de apoio de familiares, amigos e profissionais que possam oferecer a você e a seu filho a ajuda de que precisam. E aprenda tudo o que puder sobre encorajamento, disciplina gentil e firme e outras ferramentas da Disciplina Positiva. A confiança em suas habilidades parentais ajudará você e seu filho imensamente.

Ensinando as crianças a cuidarem de si mesmas

Chegará o momento em que a maioria das crianças com deficiência sairá de casa e participará da vida como adultos independentes. Assim como ensina seu filho a pôr a mesa e a realizar outras tarefas apropriadas à idade, você pode permitir que ele entenda e aprenda a cuidar do seu próprio corpo.

Algumas semanas antes de seu quinto aniversário, Marshall foi diagnosticado com doença celíaca (um distúrbio que impede seu corpo de digerir qualquer coisa que contenha glúten, como trigo, centeio ou cevada), e sua vida mudou dramaticamente. Seus pais, desesperados para protegê-lo, começaram a examinar tudo o que ele comia. Eles embalavam alimentos especiais para o almoço, traziam caixas de biscoitos que deveriam ser servidos na hora do lanche e recusavam convites de aniversário para evitar que ele fosse exposto a bolos ou biscoitos na casa de seus amigos.

Não demorou muito para Marshall se rebelar. Ele trocava pedaços de laranja por biscoitos dos colegas. Ele pegava *pretzels* da mesa de lanches quando seus professores não estavam olhando. E quando sabia que não poderia ir à festa de um amigo, ele fazia birra e chorava por horas.

O médico sugeriu a seus pais perturbados que eles precisavam educar Marshall e envolvê-lo em seu autocuidado. Embora tivessem medo de assustá-lo, explicaram a Marshall o que é glúten e o ajudaram a entender que o glúten deixava seu corpo doente. Marshall ouviu todas as palavras. Logo eles perceberam que não educá-lo tinha mais a ver com o medo deles mesmos do que com os sentimentos de Marshall. De fato, uma vez que ele entendeu sua doença, ele queria se sentir melhor. Ele passou a cooperar no monitoramento de suas escolhas alimentares e parou de comer coisas que o deixavam doente.

Marshall e seus pais também fizeram um plano sobre como lidar com as festas de amigos para que ele não ficasse de fora. Marshall ajudava a preparar bolos e biscoitos especiais e gostava de levá-los para compartilhar com seus colegas de classe. Ele explicou que tinha doença celíaca e que esses lanches eram saudáveis para ele. Foi com alegria que seus pais o ouviram dizer enquanto brincava: "Você tem alguma coisa sem glúten, por favor?" Marshall se tornara seu melhor defensor.

Nunca se deve permitir que crianças entre 3 e 6 anos utilizem medicamentos sem supervisão. Mas eles podem aprender a reconhecer os sinais que seus corpos e emoções lhes enviam. Mesmo crianças pequenas com asma ou outras condições podem estar cientes das necessidades de seu corpo, aceitar o tratamento especial de que necessitam e ajudar a manter sua própria saúde. Quando os pais permitem que os filhos se envolvam e sejam responsáveis (de maneira apropriada à idade, é claro), eles não apenas ajudam a garantir a saúde e o bem-estar futuro de seus filhos, mas também criam autoconfiança e um senso de capacidade.

Procure pelo positivo

Quaisquer que sejam os desafios físicos, comportamentais ou emocionais que você e seu filho enfrentem, o foco em suas inadequações como pais ou cuidadores não ajudará. Encontre apoio para si mesmo, cuide de suas próprias necessidades e aceite e aprenda com seus erros. Eduque-se, seu filho e seus cuidadores sobre a condição que o afeta, pratique usar humor e esperança às lutas de cada dia e obtenha ajuda para cada criança que precise. Acima de tudo, faça todos os esforços para descobrir e celebrar as qualidades que tornam cada criança especial, única e maravilhosa. Essas qualidades estão sempre lá – você só precisa vê-las.

PERGUNTAS PARA REFLETIR

1. Pense em uma ocasião em que você fez algo de que mais tarde se arrependeu, como perder a paciência ou comer muita sobremesa. Como você se sentiu depois? Que conversa interna você ouviu dentro de sua cabeça? Agora imagine que você é uma criança com capacidade limitada de controlar seu comportamento. Como pode ser o diálogo interno dessa criança depois de enfurecer um colega de classe; gritar com um pai ou professor; ou quebrar os lápis de cera quando lhe disseram para guardá-los? Ela pode começar a acreditar que é uma "pessoa má"?

2. Como uma criança desencorajada e mal comportada pode receber encorajamento enquanto ainda aprende comportamentos diferentes? De que

maneiras ela pode ser ajudada a reparar o seu comportamento (e se sentir melhor consigo mesma), de maneiras que contribuam para seu bem-estar (em vez de serem punitivas)?

Dica: O comportamento fora de controle não traz boas sensações para ninguém, incluindo a criança.

3. Rótulos em produtos enlatados e sinais de alerta nos fornecem informações. Quando os rótulos são aplicados às crianças, eles fornecem informações ou estabelecem expectativas limitantes? Como exemplo, considere três rótulos: "desajeitado", "canhoto" e "deficiente auditivo". Um desses rótulos cria expectativas limitadas, enquanto os outros dois oferecem informações que podem ajudar a moldar nosso comportamento de maneira apropriada e positiva. Você consegue identificar cada um deles? Agora considere como os rótulos afetam a maneira como pais, professores e outras pessoas veem as crianças com deficiência. Esses rótulos são limitantes ou benéficos? O mesmo rótulo poderia ser ambos?

19

TECNOLOGIA HOJE E AMANHÃ

A tecnologia está mudando o mundo em que vivemos, e sentimos isso dentro e fora de nossas casas. Os pais (e crianças entre 3 e 6 anos) entram em casa, olham para uma coluna de plástico fina e dizem: "Alexa®,* ligue a música" – e a Alexa® faz isso. As crianças adoram sentar-se em seus troninhos com suporte para iPad®, e nem aprenderam a usar o banheiro. Os pais que não conhecem os perigos do uso precoce de tela colocam seus bebês em cadeiras para criança com suporte para dispositivos de tela para facilitar a visualização. Tantas crianças assistem a vídeos do YouTube® de crianças tirando brinquedos das caixas que os fabricantes de brinquedos reduziram a publicidade na televisão, apesar de o YouTube® dizer claramente que ninguém com menos de 13 anos deveria visitar o site. E todas essas mudanças aconteceram em apenas uma década ou duas.

Nada em nossas vidas cresceu tão rapidamente. Novos medicamentos e vacinas passam por anos de testes intensivos e escrutínio antes de serem distribuídos para uso geral. O iPad® da Apple®, no entanto, estava nas mãos de dezenas de milhões de pessoas apenas dois meses após seu lançamento. Infelizmente, a exposição de crianças à tecnologia não tem nenhum período de

---

* N. T.: Amazon Alexa® é uma assistente virtual que possui a capacidade de interagir por voz: tocar músicas, fazer listas de tarefas, configurar alarmes, prover informações sobre trânsito, temperatura, entre outras, além de controlar sistemas e aparelhos inteligentes e conectados.

teste. Testes e pesquisas estão acontecendo após o fato. Não é de surpreender que entre as perguntas mais prementes que os pais de crianças entre 3 e 6 anos fazem estejam estas:

- Como lidamos com a tecnologia em casa?
- Devemos definir limites para o tempo de tela de nossos filhos?
- Que impacto essa tecnologia terá no aprendizado e desenvolvimento de nossos filhos?

Há poucas dúvidas de que, quando você estiver lendo este capítulo, ele já estará pelo menos parcialmente desatualizado. Também há pouca dúvida de que a tecnologia está se tornando uma parte cada vez mais essencial de nossas vidas. É importante considerar cuidadosamente o impacto real que essas ferramentas poderosas terão em sua família.

ESTRATÉGIA PARA USO DA TECNOLOGIA

- O cérebro consegue acompanhar?
- O uso da tecnologia é ativo ou passivo?
- O que a tecnologia substitui?
- O que a tecnologia aprimora?

"Primeiro, não faça mal": o cérebro consegue acompanhar?

O dr. Dimitri Christakis, diretor do Center for Child Health, Behavior and Development do Seattle Children's Research Institute, oferece o preceito médico de "primeiro, não faça mal" como um princípio orientador para o uso da tecnologia na primeira infância.[1] Ele explica que o cérebro de uma criança se desenvolve em tempo real. Quando experiências ou informações aceleram, o cérebro não consegue acompanhar. A onda de conteúdo sobrecarrega o cérebro – já ocupado com desenvolvimento e aprendizado –, e a concentração sofre.

Assistir ou participar de conteúdo de tela em ritmo acelerado e excessivamente estimulante diminui a capacidade de se concentrar na próxima tarefa.

O uso da tecnologia é ativo ou passivo?

As crianças entre 3 a 6 anos se envolvem com a tecnologia de muitas maneiras diferentes – assim como os adultos. O impacto difere dependendo se o uso é ativo ou passivo.

- *O uso passivo não requer interação.* O visualizador simplesmente consome conteúdo. Sentar na frente de uma tela para se divertir ou distrair é essencialmente passivo.
- *O uso ativo envolve a criança na aprendizagem e no processamento cognitivo profundo.* Usar uma tela para criar uma história, gravar um evento através de fotos, participar de um jogo interativo com outras pessoas ou participar de uma rotina de dança ou ioga com os pais são exemplos de uso ativo.

A National Association for the Education of Young Children (NAEYC) e o Fred Rogers Center emitiram uma declaração conjunta desencorajando o uso passivo da mídia para crianças de 3 a 6 anos.[2] Uma maneira de transformar a visão passiva em engajamento ativo é os adultos interagirem e assistirem com as crianças, ajudando ativamente a conectar o que é visto às experiências da vida real:

> Foi legal que o filhote guaxinim da história tenha guardado um pedaço do bolo de aniversário para seu irmão mais novo. O que você poderia compartilhar com seu irmãozinho Sam?

O que a tecnologia substitui?

Cada hora gasta por uma criança usando uma tela é uma hora a menos fazendo outra coisa que pode ser muito mais importante para o crescimento e desenvolvimento dessa criança.

As crianças precisam de:

- Relacionamentos saudáveis
- Atividade física
- Brincadeiras não estruturadas

Nenhuma dessas coisas pode ser encontrada em telas.

Esses primeiros anos são o campo de treinamento para o desenvolvimento de relacionamentos e o aprendizado sobre como se relacionar com os outros. É necessário um tempo presencial com adultos e colegas para aprimorar essas habilidades e criar conexão e apego.

E a atividade física? Pesquisas mostram algumas tendências preocupantes. Uma criança que usa um dispositivo de tela não está movendo muitos músculos. De fato, menos destreza e força das mãos (necessárias para o desenvolvimento das habilidades de escrita) foram observadas em crianças que usavam telas extensivamente antes de ingressar no ensino fundamental. A visualização passiva também pode aumentar o índice de massa corporal (IMC) de uma criança; as crianças costumam fazer um lanche enquanto assistem algo e estão simplesmente fazendo menos exercício físico.

Finalmente, o trabalho da infância é brincar. Como você já aprendeu, o brincar ativo é a base do desenvolvimento saudável. Uma pergunta importante é: "O uso dessa tecnologia substitui o tempo de brincadeiras ativas?". Infelizmente, as telas são frequentemente usadas como babás, roubando das crianças o tempo e as oportunidades para brincadeiras que as envolvam e usem o corpo todo, necessárias para que elas se desenvolvam e aprendam.

> Uma mãe disse: "Bem, aqueles que falam sobre menos tempo na tela claramente não são mães que ficam em casa. A hora dos desenhos animados é o único momento que tenho uma folga."

A recomendação inicial da American Association of Pediatrics é que não se utilizem telas antes dos 2 anos de idade. (Sim, você leu certo: nenhuma.) Desde então, a AAP suavizou sua recomendação para incentivar que se limite o tempo de tela para crianças pequenas. "Tempo sem tela" pode ser uma expectativa irracional, mas mesmo pais cansados podem descansar sem depender do uso da tela. As crianças podem e devem aprender a se divertir e a se acalmar. Um pouco de tédio nem sempre é uma coisa ruim: muitas vezes convida a criatividade e a imaginação. Ao disponibilizar blocos, lápis de cor e livros, as crianças podem encontrar maneiras de brincar e criar ao mesmo tempo, sem se engajar em mais horas de tela.

Como e quando usamos a tecnologia também é significativo. Uma mãe escreveu:

Gradualmente, percebi que a tela se tornara a maneira de minha filha se acalmar. Se eu não lhe oferecia, ela não sabia como se acalmar. Então tentei abraçá-la e respirar fundo com ela. Isso realmente transformou nossa experiência. Ela ficou calma, feliz e pronta para a próxima atividade.

As crianças aprendem autorregulação e habilidades emocionais por meio do relacionamento paciente, conectado e presencial com os adultos. As telas podem parecer uma maneira fácil de evitar que uma criança chore, mas os resultados em longo prazo não são animadores. Desejamos poder convencer os pais a seguir as diretrizes da NAEYC e da AAP e evitar a exposição à telas para crianças pequenas até pelo menos 2 anos, além de limitar seriamente o tempo gasto nas telas durante a infância. Muitos pais, no entanto, não querem seguir essas recomendações porque o uso da tela facilita muito a vida deles nesse momento.

Muitos especialistas acreditam que o impacto das telas é ainda maior em bebês e crianças de 3 a 6 anos do que em crianças mais velhas e adolescentes. Nem todo mundo concorda que crianças pequenas podem se tornar fisicamente viciadas em telas, mas não há dúvida de que esses dispositivos poderosos podem ter um impacto sério e duradouro no desenvolvimento e aprendizado socioemocional da criança, e que a dependência de telas para entretenimento pode levar a disputas diárias pelo poder.[3]

Sabemos que as telas estão aqui para ficar e que seu filho as usará. Esperamos que você escolha programas e aplicativos de qualidade, especialmente aqueles que oferecem interação. E a televisão pública continua sendo um recurso valioso para crianças entre 3 e 6 anos, porque não há publicidade na programação infantil. Eduque-se sobre essas questões e decida o que fará.

O que a tecnologia aprimora?

Existem boas razões para ter cuidado com o uso da tecnologia com crianças pequenas. Mas também existem maneiras de usar telas para fortalecer relacionamentos. Crianças pequenas que moram longe de outros membros da família ou que têm um pai ausente por causa do trabalho, de uma missão militar ou de um divórcio podem se conectar por meio de bate-papos por vídeo. Ver as últimas realizações de uma criança ou ouvir uma música favorita já alegrou o dia de muitos pais e avós.

A tecnologia também pode fornecer acesso a outras culturas ou estilos de vida. Expandir a visão de mundo de uma criança incentiva tolerância e empatia. Um programa que leva tecnologia aos países em desenvolvimento, Technology and Information for All (TINFA), oferece oportunidades para professores e alunos interagirem entre continentes. As crianças da Guatemala cantam uma música em espanhol para os colegas em uma sala de aula dos Estados Unidos. As crianças nos Estados Unidos desenham figuras para mostrar e compartilhar com seus amigos na Guatemala durante bate-papos *on-line*. Os professores também podem compartilhar recursos uns com os outros.[4]

Alguns programas de tecnologia aprimoram o movimento e a diversão. Programas de dança interativos, apresentações musicais nas quais as crianças podem participar usando pandeiros ou chocalhos e jogos nos quais pais e filhos se envolvem juntos são divertidos e enriquecedores. Os dispositivos com tecnologia assistiva são úteis para pessoas com deficiência, permitindo interação, comunicação e expressão que, de outra forma, não seriam possíveis.

PERGUNTA: *Meus gêmeos de 4 anos assistem televisão quase todas as tardes. Eles também gostam de jogar* videogame *com seus primos mais velhos. Tentamos garantir que eles não sejam expostos a coisas realmente violentas, mas parece mais difícil do que nunca evitar imagens assustadoras ou que modelam comportamentos agressivos. Ontem, um dos gêmeos pulou nas costas de seu irmão e acertou um golpe de caratê em seu pescoço. Fiquei horrorizada. Sinto que perdi o controle sobre as influências nocivas às quais meus filhos estão sendo expostos, mas não posso simplesmente afastá-los do mundo. O que eu posso fazer?*

RESPOSTA: A violência na televisão e nos *videogames* pode ter um efeito mais forte nas crianças do que se pensava anteriormente. Um estudo longitudinal de quarenta anos, financiado pelo National Institute of Mental Health e conduzido pelo Institute for Social Research da Universidade de Michigan, encontrou evidências convincentes que vinculam a exposição de uma criança à violência na mídia a uma tendência a comportamento agressivo e violento posteriormente em suas vidas.

As crianças aprendem muito sobre comportamento e atitudes imitando os outros. Lembre-se de que crianças pequenas não conseguem distinguir a diferença entre realidade e fantasia da mesma maneira que crianças mais velhas e os adultos. Também é mais provável que imitem comportamentos agressivos, especialmente agressões que não são punidas ou que são realizadas a serviço do "bem" (como em desenhos animados ou filmes de super-heróis). As crianças que veem violência na tela têm menos probabilidade de desenvolver empatia pelos outros; afinal, se as pessoas na tela são baleadas, chutadas e perfuradas e ainda estão bem (e geralmente estão), qual é o problema? Como uma criança pequena explicou ao pai: "Eu só o estava matando."

As melhores maneiras de lidar com o efeito da violência em vídeo e pela televisão em seu filho é limitar a exposição e educar. Assista a programas ou jogos com ele e certifique-se de ensinar a ele os valores que deseja que ele adote. A exibição de televisão incentiva a passividade. O pensamento crítico e a aprendizagem ocorrem apenas quando o diálogo ocorre. Informe com gentileza, mas com firmeza, que chutar, dar um soco ou bater não é aceitável em sua família e que pessoas reais sofrem dor e danos quando são chutadas ou perfuradas. Acima de tudo, coloque um limite no tempo que eles passam na frente da tela – qualquer tela – e substitua por brincadeira e por conversa ativas.

DIRETRIZES ATUAIS

Aqui está um resumo das diretrizes para o uso da tela com base nas recomendações da American Academy of Pediatrics,[5] do United States Department of Education,[6] e da National Association for the Education of Young Children.[7]

- Limite a utilização: para crianças de 2 a 5 anos, não permita mais de uma hora por dia.
- Determine locais e momentos sem mídia.
- Assista ou use a tecnologia juntos. Ajude seu filho a interpretar o conteúdo da mídia.
- Seja objetivo. Nunca use a tecnologia simplesmente por usar.
- Reforce os relacionamentos.

Limite a utilização: quantidade e qualidade

Embora a recomendação para limitar o tempo de tela seja importante, é igualmente importante garantir que o uso da tela seja adequado ao desenvolvimento e tenha conteúdo de qualidade. Certifique-se sobre o conteúdo ao qual seu filho está exposto. Verifique aplicativos e jogue jogos antes de permitir que seu filho faça isso. Organizações como a Common Sense e a Common Sense Media selecionam vários aplicativos e programas, incluindo análises, para crianças de diferentes idades.[8] Ao calcular o tempo durante o qual seu filho usa telas, inclua o uso em casa e na escola e certifique-se de que outros cuidadores estejam cientes de seus limites.

Locais e momentos sem mídia

Todo mundo precisa de um descanso para afastar as demandas e distrações do mundo lá fora. Uma das melhores maneiras de evitar problemas sérios é agendar bastante tempo sem tela e fazer o possível para garantir que materiais de arte, livros e brinquedos ativos estejam disponíveis com facilidade. Também é útil criar horários e locais sem mídia em sua casa.

- Transforme os quartos em locais livres de tecnologia. Disponibilize em áreas comuns televisores, computadores e outras tecnologias que seu filho usará, para que você saiba o que está sendo visualizado.
- Tenha um "estacionamento" onde os celulares e *tablets* possam ser guardados durante os períodos sem tela – e principalmente à noite.
- Façam as refeições juntos e olhando uns para os outros. Nenhuma tela é convidada, incluindo telas de adultos.
- Faça um plano pessoal sobre onde e quando as telas são permitidas – ou não. Considere usar um guia como o fornecido pela American Academy of Pediatrics.[9]

Assistam ou utilizem a tecnologia juntos

Pesquisas mostram repetidamente que os melhores resultados ocorrem quando os adultos assistem e usam a programação com crianças. Não há melhor maneira de monitorar o conteúdo de programas ou vídeos (e observar o efeito deles sobre seu filho) do que assistir ou brincar com ele. Convide o seu pequenino para lhe ensinar seu *videogame* favorito ou sente-se ao lado dele para assistir a um desenho que seja especial para ele. Você pode fazer perguntas curiosas para aprender mais e envolver seu filho no exercício de habilidades de pensamento. A curiosidade é uma ótima ferramenta para pais e pode ajudar você a entender o fascínio de seu filho pelo que ele vê.

Você pode perguntar ao seu filho o que ele acha que vai acontecer hoje, ou como ele se sente sobre o que viu. Você também pode planejar atividades (como jardinagem ou culinária) vinculadas a algo que viram juntos. E às vezes ajuda simplesmente desligar a tela e sair para correr e brincar.

E-books permeiam dois mundos. Um *e-book* pode ser uma simples reprodução digital de um livro impresso, ou pode incluir recursos aprimorados, como sons, movimentos e possibilidades interativas. Esses aprimoramentos tendem a distrair as crianças pequenas e podem tirar o foco delas do conteúdo da história, desenvolvimento de vocabulário e oportunidades de conexão adulto-criança. Recomendamos usar *e-books*, assim como livros impressos, tanto quanto possível, lendo-os com seu filho, em vez de usá-los como distrações ou babás.

Seja objetivo: faça um plano

A tecnologia é uma ferramenta, não um fim em si mesma. Esteja ciente de por que e quando você estiver usando telas ou outras tecnologias. Uma mãe de uma criança de 4 anos compartilhou o seguinte:

> Tentamos ensinar maneiras e educação a nosso filho. Ele está aprendendo a pausar o programa para cumprimentar as pessoas, responder quando falam com ele (para não parecer um zumbi), sentar-se com boa postura, tomar decisões com os outros sobre o que assistir e respeitar nossas decisões quando o conteúdo é inadequado.

Você pode usar uma reunião de família para desenvolver um plano de mídia com seu filho. Também ajuda a conhecer o seu próprio uso da mídia. Com que frequência você usa seu smartphone e *tablet*? É difícil proibir uma criança de usar telas quando vê os pais constantemente usando as deles. Isso vale para os cuidadores também. Crianças sob cuidados devem sempre ser o foco. As telas pessoais não pertencem ao local de trabalho de um professor da educação infantil.

Reforce os relacionamentos

Seu filho anseia por uma conexão real com você; quando ele a tem, é menos provável que procure estímulo e companhia em outro lugar. (E é menos provável que ele se comporte mal.) À medida que seu filho cresce, seus colegas e a cultura se tornam cada vez mais importantes, e habilidades de relacionamento só podem ser aprendidas através da prática com pessoas reais. Reserve um tempo para estar presente e proporcionar ao seu filho oportunidades de praticar habilidades socioemocionais no mundo real.

SEJA UM MENTOR DE MÍDIA: SEGURANÇA EM PRIMEIRO LUGAR

As crianças devem ser protegidas quando usam mídia. Certifique-se de saber:

- As políticas de privacidade exigem amplo acesso? (Defenda aplicativos que tenham cláusulas de "aceitação" que permitam escolher o acesso, em vez de "exclusão", que colocam a responsabilidade pela vigilância sobre o consumidor.)
- O aplicativo expõe seu filho à publicidade? (Muitos aplicativos gratuitos o fazem.) Os anúncios são seguros para uma criança visualizar?
- As opções de compra são promovidas? (Nunca use aplicativos que permitam compras dentro do aplicativo para maior acesso ao conteúdo ou outras promoções.)

Por fim, proteja as informações pessoais:

- Use senhas ou proteja seus próprios registros e arquivos importantes.
- Ative configurações que limitem o acesso da criança ao conteúdo.

Considerações especiais: crianças como consumidores

Os personagens de mídia infantil saltam da tela e entram em lancheiras, animais fofinhos e camisetas. As crianças clamam por produtos (geralmente alimentos não saudáveis, doces ou bebidas açucaradas) com a imagem de seus personagens favoritos. Onde está a linha de demarcação entre marketing para crianças e entretenimento? Infelizmente, o próprio programa geralmente se torna a propaganda.

A programação infantil geralmente cria o desejo de imitar comportamentos e querer o que a criança vê na tela. Pode ser que você tenha que lidar com um ataque de birra no shopping por causa de uma boneca princesa ou separar duas crianças no parquinho porque estão encenando uma batalha de desenho animado: as mensagens da mídia têm efeitos poderosos.

Não é por acaso que os anunciantes segmentam crianças para seus produtos. As crianças pequenas podem não ter muito dinheiro para gastar, mas certamente conhecem pessoas que têm – e as crianças costumam lamentar, implorar e manipular os adultos para que comprem o produto do momento. Além de outras salvaguardas, considere tornar-se proativo, informando os anunciantes quando você se opõe ao marketing deles. Sua voz e suas decisões de compra contam.

Equilíbrio

Nos próximos anos, haverá muito tempo para que seu filho domine a tecnologia. Por enquanto, lute pelo equilíbrio. Na melhor das hipóteses, a tecnologia fornece ferramentas que nos ajudam a aprender, conectar-nos com o mundo exterior e aprimorar a criatividade. Na pior das hipóteses – bem, a lista é longa, incluindo preocupações crescentes com o vício em telas. Faça suas escolhas com cuidado e sempre tenha cuidado para não deixar seu filho se tornar um experimento científico para tecnologias não testadas.

DICAS RÁPIDAS

- **Sono.** As crianças não devem ser expostas às telas pelo menos uma hora antes de dormir. Tanto a estimulação como a luz azul podem interromper o sono saudável.
- **Silêncio.** Desligue a TV e outras telas quando não estiverem em uso ativo.
- **Diversão.** Os pais não participam de atividades de mídia de que não gostam. (A Vila Sésamo intencionalmente adiciona humor adulto em seus programas para incentivar os adultos a assistirem com seus filhos.) Em vez de dar a uma criança um jogo para brincar, brinquem juntos. E se você e seu filho não estão gostando ativamente de algo, desligue-o.
- **Prepare-se.** Sempre visualize um aplicativo ou aprenda sobre programação (incluindo anúncios em potencial) antes de permitir o uso de crianças.

PERGUNTAS PARA REFLETIR

1. Quais tipos de tecnologia ou tela o seu filho utiliza? Você estabeleceu limites para esse uso? Pense em criar um plano de mídia para sua família e envolva seu filho no processo.

2. Assista a um programa, jogue ou use um aplicativo com seu filho. Cite duas maneiras pelas quais você ajudou (ou poderia ter ajudado) seu filho a relacionar o conteúdo dessa atividade com algo em seu mundo.

3. Determine locais livres de tecnologia em sua casa. Não deixe de convidar seu filho para ajudar nesse processo.

20

A MÃE NATUREZA ENCONTRA A NATUREZA HUMANA

Muitos adultos podem se lembrar de longos e maravilhosos dias passados ao ar livre, andando de bicicleta, coletando insetos ou apenas observando as nuvens passarem. Hoje em dia, porém, sair de casa parece ser mais um problema do que algo que valha a pena, especialmente para pais ansiosos e preocupados com o que pode acontecer.

Certo verão, Jane e o marido levaram os filhos para acampar por uma semana no Parque Nacional das Sequoias. Durante o primeiro dia e meio, as crianças sentaram-se no trailer e reclamaram sobre como aquilo era chato. Sentiam saudades de seus brinquedos de sempre, de seus amigos e da TV. Jane e o marido se perguntaram se haviam cometido um grande erro. No entanto, depois daquele dia e meio de reclamações, as crianças puseram a cabeça fora da porta e decidiram explorar um pouco. Não demorou muito para eles subirem em árvores, construírem fortes com troncos e paus, nadarem, jogarem pedras no lago e recolherem lenha para cozinhar na fogueira. Quando chegou a hora de partir, as queixas começaram novamente. Eles haviam sido apresentados à natureza e agora não queriam voltar para casa.

Aproximadamente 80% de todas as pessoas nos Estados Unidos hoje vivem em áreas urbanas, muitas com pouco ou nenhum acesso a ambientes naturais.

Em muitas partes do mundo, há crianças cujos pés nunca tocaram nada além de pavimento. Por que isso importa em um livro sobre criar ou cuidar de crianças? Os seres humanos precisam de ar limpo, água e luz do sol, além de alimentos que crescem no solo da Mãe Terra, mas o mundo natural nos oferece muito mais do que apenas sobrevivência. As crianças – e os adultos – podem se tornar mais estimulantes e mais conectados um ao outro e à própria Terra quando passam o tempo ao ar livre.

Em seu livro *Unseen city*, Nathanael Johnson escreve: "Passar por uma árvore e simplesmente registrá-la como 'árvore' é nunca realmente vê-la [...] Quando nos conectamos à natureza, ampliamos o significado de conexão."[1]

Conexão emocional e apego

O tempo passado juntos em ambientes naturais simplifica a conexão, principalmente quando desligamos nossos dispositivos e permitimos uma verdadeira união. Pesquisas mostram que mesmo alguns minutos na natureza podem reduzir os níveis de estresse, diminuir os batimentos cardíacos, fortalecer nosso sistema imunológico e restaurar nossa capacidade de concentração – uma situação em que todos saem ganhando para crianças e adultos.

No Capítulo 4, você aprendeu sobre a importância do apego nos primeiros anos. Você pode saber que a conexão é importante, mas há muitas distrações. Para a maioria de nós, a vida cotidiana é movimentada, complexa e frequentemente estressante.

Uma mãe conta que estava trabalhando em seu computador enquanto sua filha de 3 anos cantava uma música que havia aprendido na escola naquela manhã. No meio da música, a criança se esticou e colocou as mãos nas bochechas da mãe e virou o rosto da mãe para ela. Então ela voltou a cantar.

Esta pequena queria não apenas cantar sua música, mas fazer uma conexão emocional com sua mãe enquanto ela a cantava. Felizmente, a mãe recebeu a mensagem, desligou a tela e logo estava cantando o refrão junto com sua filha.

CONECTE-SE COM A MÃE NATUREZA

O tempo gasto na natureza abre três caminhos maravilhosos para a conexão e o apego:

- Você pode se tornar mais presente e conectado emocionalmente.
- Você pode compartilhar experiências sensoriais que o conectam ao seu filho e ao mundo ao seu redor.
- Você pode aceitar a condução de seu filho e se conectar aos interesses dele.

Infelizmente, essas experiências raramente acontecem sem planejamento. Você precisará reservar tempo intencionalmente para passar ao ar livre na natureza.

Aceite a condução de seu filho

A vovó pode ter tempo para chás de boneca ou para construir uma casinha de fadas no quintal, mas a maioria dos pais está tão ocupada e preocupada com coisas como se o filho já comeu o suficiente ou em fazê-lo ir para a cama na hora que não sobra muita energia para participar de suas brincadeiras.

Mais uma vez, a natureza facilita a conexão. Quando você está passeando na praia, é muito mais simples participar da construção de um forte de seixos. Quando vocês exploram uma trilha pela floresta, maravilhar-se com um caracol que seu filho encontrou, examinar um cogumelo que ele vê sob folhas em decomposição ou se surpreender com o esplendor de um sapo saltador pode permitir que você participe da exploração do mundo por ele. Esse sentimento de admiração compartilhado ajudará seu filho a se conectar com o mundo ao seu redor e com aqueles que o compartilham com ele.

É muito mais fácil passar um tempo na natureza quando você mora em um lugar onde o acesso ao ar livre é fácil. Para muitas famílias, a "natureza" requer uma longa viagem, uma viagem de trem ou viagens caras. Pode ser útil saber que uma caminhada juntos pelo quarteirão, tendo tempo para examinar as flores dos vizinhos ou as formigas na calçada, também conta como tempo gasto na natureza. O mesmo vale para uma visita ao parque do bairro. O que importa é o ar fresco, a luz do sol e a oportunidade de explorar e se movimentar – junto com seu filho.

Experiências sensoriais compartilhadas

A natureza pode ser malcheirosa ou perfumada, barulhenta ou silenciosa, com cores brilhantes ou impenetravelmente escura. Todas essas experiências entram pelos sentidos, criando conexões que realmente ajudam a criar novas conexões no cérebro do seu filho.

Quando você mostra uma árvore a seu filho, reserve um tempo para realmente explorá-la. Você pode:

- Tocar sua casca
- Amassar uma folha e cheirá-la
- Observar atentamente as diferentes cores em uma única flor em seus galhos
- Ouvir o vento passar por ela ou o som da chuva pingando de folha em folha

As crianças que crescem experimentando as maravilhas do mundo natural terão mais chances de se importar com o que acontece com esse mundo – e o mundo precisará de sua criatividade e paixão.

Benefícios restaurativos

Sempre que você ou seu filho se sentem estressados ou desgastados, a natureza oferece recuperação instantânea. Mesmo olhar para uma vegetação pela janela pode trazer benefícios. O tempo gasto ao ar livre – mesmo que sejam apenas cinco ou dez minutos – pode aliviar um número surpreendente de problemas de comportamentos de que os pais se queixam. Crianças com TDAH geralmente ficam mais calmas e mais focadas após passarem tempo na natureza. Todos as crianças entre 3 e 6 anos têm enormes quantidades de energia física e muitos passam a maior parte de seus dias presos em ambientes fechados. Levar seu filho para fora para correr, pular e escalar melhorará o foco mental e a autorregulação dele, e pode realmente impedir o mau comportamento que resulta de ter que ficar parado com muita frequência.

Estar em ambientes naturais permite que nossos sentidos se abram sem serem sobrecarregados. A atenção suaviza. A água borbulhando entre as rochas, o vento soprando através das folhas e os pássaros cantando no céu são sons suaves que nos aterram no momento presente. Essa calma se torna internalizada, fornecendo um recurso que crianças (e adultos) podem usar em outras configurações. Há um crescente corpo de pesquisa mostrando que técnicas simples de atenção plena ajudam na integração cerebral e na saúde mental, e pode não haver maneira mais fácil de introduzir a atenção do que se movimentar pelo mundo natural.

A natureza realmente está em toda parte, se você aprender a olhar com atenção. Pássaros, insetos e borboletas podem estar do lado de fora da sua porta. Aprender a "ver" é frequentemente o problema. Nathanael Johnson fala sobre cansar-se de dizer "árvore" toda vez que sua filha pequena apontava para uma. Ele se desafiou a dizer algo diferente a cada vez: "casca", "folha" e assim por diante. Ao fazer isso, ele começou a ver mais do que uma árvore também. (Quando Kevin Matteson, um ecologista da Universidade Fordham, no Bronx, simplesmente parou para observar cada flor enquanto caminhava pela cidade de Nova York, identificou 227 espécies diferentes de abelhas.)[2]

Sempre há algo novo para ver, ouvir e sentir ao ar livre. Você pode ouvir o canto de um pássaro e identificar que tipo de pássaro é. O barulho estridente dos corvos convida a atenção, e se você e seu filho olharem para cima quando ouvirem esse som, poderão notar um falcão sendo afugentado por esses pássaros inteligentes. Ao aprender a observar o mundo ao seu redor, você desenvolverá uma apreciação de como a vida humana está entrelaçada com o mundo natural.

Dica: Aprimore suas observações sobre os seres vivos ao seu redor, onde quer que você more. Observar conexões leva a sentir-se conectado – ao mundo natural e a outras criaturas vivas.

Lições aprendidas

O termo "consequências naturais" está enraizado na própria natureza. O tempo gasto ao ar livre oferece uma oportunidade maravilhosa para o seu filho aprender a se autorregular e desenvolver estratégias saudáveis de enfrentamento. Como explica Claire Warden, consultora da International Association of Nature Pedagogy, a natureza fornece "*feedback* ou consequências". Pais sábios podem usar esses momentos como oportunidades para ensinar. Por exemplo, quando está frio lá fora, as mãos ficam frias. Pergunte ao seu filho: "O que você pode fazer para manter os dedos quentes?" Quando uma criança descobre por si mesma o valor das luvas, ela entende naturalmente por que tem que vestir luvas para brincar lá fora no inverno.

A natureza fornece as experiências e as crianças aprendem a responder com escolhas saudáveis. A própria paisagem pode ensinar lições valiosas.

- Uma superfície irregular ou rochosa nos ensina a desacelerar e planejar etapas com cuidado.
- Ondas fortes nos lembram de ficar alertas e prestar atenção.
- Um campo aberto nos convida a correr e nos ensina que o mundo é muito maior do que nós.

Essas lições são aprendidas sem esforço, mas são extremamente importantes na maneira como seu filho abordará a vida.

Segurança e risco

Se você ouvir atentamente as conversas em um parquinho infantil típico, provavelmente ouvirá muitos comandos e orientações: "Não suba tão alto; pode cair!" "Olhe para onde você está indo!" "Não toque nisso, está sujo."

As crianças precisam aprender a avaliar riscos e tomar decisões saudáveis, mas serem constantemente dirigidas sobre o que fazer e como fazê-lo não as ajuda a aprender. O tempo na natureza oferece muitas oportunidades para tomar decisões seguras e ainda desfrutar de uma variedade de experiências.

Estar ao ar livre dá às crianças a oportunidade de usar ferramentas – muitas ferramentas: pás para cavar em um jardim ou areia da praia, pequenos martelos para fincar estacas no chão, ou tesouras de jardim para colher flores e vegetais. "Espere", você pode estar pensando. "As ferramentas são afiadas e perigosas. Meu filho pode se machucar." Sim, o uso de ferramentas pode ter riscos. Claire Warden oferece três perguntas simples do tipo "o quê" e "como" para ajudar as crianças a avaliar riscos e desenvolver planos de segurança enquanto aprendem a apreciar o valor (e a diversão) de cada ferramenta.

1. Comece com pontos positivos:
   O que é genial sobre esta ferramenta?
   Que grandes coisas ela pode fazer?

2. Em seguida, determine os riscos:
O que é ou pode ser perigoso sobre o uso desta ferramenta?
Quais são os possíveis perigos?
3. Finalmente, planeje a segurança:
Como você pode se manter seguro?

Este é um processo simples que pode ser repetido em muitos ambientes, desde o planejamento de uma excursão na floresta até como tratar patos ou outros pássaros encontrados em um lago próximo.

Convide seu filho a desfrutar de novas experiências, a reconhecer perigos e a planejar precauções e respostas seguras.

Saindo para passear

Aqui estão algumas maneiras de sair ao ar livre com seu filho com mais frequência:

- Faça lá fora. Da hora da história à dança e ao desenho, leve a atividade para o exterior.
- Visite os parques locais e percorra os caminhos em vez de ir apenas aos brinquedos do parquinho.
- Caminhe por um zoológico, tornando a área circundante parte do passeio tanto quanto os animais.
- Plante uma horta (em seu quintal, parquinho ou em vasos pequenos) e cuide dele com seu filho.
- Faça uma caminhada depois do anoitecer (ou apague as luzes) e observe as estrelas.
- Acompanhe a mudança das fases da lua todas as noites antes de dormir.
- Encontre um bom lugar para ver o nascer ou o pôr do sol.
- Faça uma caminhada em silêncio e ouça o som dos pássaros, o vento nas árvores, a chuva caindo ou o ruído da neve.
- Saia correndo para pegar folhas em um dia de outono ventoso.
- Identifique pequenas coisas: a grama crescendo em fendas da calçada; pequenas flores nas plantas que costumamos chamar de "ervas daninhas"; as diferentes cores da areia da praia de um local para outro.

- Vá para o mesmo local a cada semana, mês ou estação e observe o que é diferente.
- Encontre um lugar para sentar em silêncio e não faça nada. Descanse sua mente.
- Faça uma coleção de folhas, pinhas ou conchas; observe suas diferenças ou aprenda seus nomes.
- Convide animais silvestres para a sua escola ou quintal distribuindo alimentadores de pássaros, construindo uma casa de morcegos ou plantando flores amigas das abelhas.

Cada uma dessas atividades oferece tempo para estar juntos, compartilhar experiências e fazer conexões entre si e com o mundo natural.

DICAS PARA EXPLORAR O MUNDO NATURAL

Aqui estão algumas coisas úteis a serem trazidas quando você explora:
- Uma lupa
- Binóculos
- Mudas de roupa
- Lanches e água
- Roupas em camadas (as camadas podem ser adicionadas ou removidas dependendo do clima e do conforto)
- Sacos pequenos para guardar itens coletados
- Uma câmera (para gravar o que é visto e deixar o ambiente intocado)

Trazendo a natureza para dentro de casa

A natureza fornece os materiais para maravilhosas experiências de aprendizado, esteja você em casa ou na sala de aula. Como você pode trazer a natureza para dentro?

- Use objetos naturais, como conchas, pinhas e círculos cortados de galhos de árvores caídos, em vez de brinquedos de plástico. (Eles também fazem ótimos objetos para treinar contagem.)

- Substitua os blocos de plástico pelos de madeira.
- Coloque as folhas coloridas em uma tigela e forneça tintas, canetinhas ou lápis de cor que correspondam às cores das folhas.
- Defina um local para exibir tesouros encontrados, como pedras, penas ou pétalas de flores.
- Faça refeições com produtos colhidos em uma horta.
- Ao experimentar uma nova fruta ou vegetal, observe-os antes da preparação. Use seus sentidos para explorar uma cenoura com cabo, uma cebola com casca ou bananas ainda unidas em um cacho.
- Preencha os espaços de recreação internos e externos com plantas; elas fornecem oxigênio e também beleza.
- Use velas de cera de abelha para uma festa de aniversário e desfrute de sua fragrância especial.

Seu filho vai gostar de encontrar e explorar esses tesouros naturais – e eles custam muito menos (e são muito mais benéficos) do que muitos dos brinquedos de plástico e telas em sua caixa de brinquedos.

Pertencimento: sétima geração

O termo "sétima geração" vem de tribos nativas americanas e descreve a crença de que todas as decisões precisam ser medidas por seus efeitos no mundo e em seu povo sete gerações no futuro. Lembre-se da lista de habilidades de vida e características que você criou no Capítulo 2. Todos os seres humanos precisam sentir um senso de pertencimento e significado, e todos precisam da oportunidade de fazer contribuições significativas. Como pai ou mae que cria uma criança pequena, você quer que ela faça escolhas saudáveis e se torne um adulto feliz e contribuinte. O princípio da "sétima geração" nos ajuda a entender que o que fazemos é importante.

À medida que as crianças crescem e expandem sua compreensão do mundo à sua volta, elas começam a se relacionar com o mundo natural e a fazer perguntas sobre o que veem e experimentam. Por exemplo, de onde vem a comida? A experiência de cultivar algo que pode ser consumido é emocionante para uma criança pequena. Algo tão simples como brotar sementes de alfafa em um pote pode dar às crianças essa oportunidade. Em muitas cidades, fazendas próximas ou feiras locais permitem que as crianças colham cenouras, cortem folhas de hortelã ou assistam a vacas sendo ordenhadas. Experiências como essas dão às crianças a compreensão de que fazem parte de um sistema maior de conexões, que fornece a comida que comem todos os dias.

E a água? Uma viagem a um rio, córrego ou oceano (ou mesmo assistir a gotas de chuva caírem ou poças se encherem) convida a conversa sobre a água em nosso planeta – de onde ela vem e como mantê-la limpa. E observar pedaços de cinzas subirem sobre uma fogueira facilita que as crianças entendam que quando algo queima, a sujeira pode entrar no ar e prejudicar a respiração. As crianças têm a oportunidade de aprender como suas próprias ações podem impactar o sistema maior e que podem ser administradores eficazes da Terra.

Natureza que nos nutre

A natureza é complexa, mas pode ser aprendida de maneiras pequenas e simples. Olhar para uma planta em um pote possibilita um momento agradável. Mas tocar a terra, colocar uma semente no solo e regar a planta à medida que cresce oferece muito mais. A experiência de nutrir o crescimento de uma planta apoia o desenvolvimento da empatia e fornece um novo entendimento da conexão.

Como diz Kathy Wolf, do Center for Urban Horticulture da Universidade de Washington, também fornece uma experiência autêntica da natureza: "Nosso sistema ecológico é dinâmico e em camadas, com solo, meio e cobertura. Existem muitas relações simbióticas, e elas nos dão uma visão de nossa própria conexão e necessidade mútua entre nós e todas as formas de vida. Desenvolvemos um senso de gratidão à natureza quando começamos a cuidar da natureza, como ela cuida de nós."

Empoderamento

As crianças estão sempre tomando decisões sobre seu mundo. Quanto mais elas experimentam a natureza, mais perguntas surgirão: "Por que essa árvore parece toda marrom?" "Por que esse córrego tem um cheiro estranho?" "Se as abelhas picam, por que não as matamos?"

O mundo natural está atualmente enfrentando muitos desafios. As crianças entre 3 e 6 anos gostam de ser úteis; portanto, sempre que possível, ajude-as a descobrir ferramentas para ações positivas:

- Talvez os pontos marrons ou pretos da árvore sejam causados pela poluição do ar. Explique que andar de bicicleta ou caminhar em vez de pegar um carro pode ajudar as árvores.
- O cheiro estranho no córrego pode ser por causa de produtos químicos utilizados no gramado próximo ao córrego. Discuta maneiras de parar de usar produtos químicos.
- As abelhas são importantes porque polinizam as plantas que comemos e produzem mel delicioso. Faça planos para cultivar flores que atraiam as abelhas ou prepare placas de madeira perfurada para que se tornem casas de abelhas.

Fazer da natureza uma parte do mundo de uma criança traz benefícios vitalícios. Da saúde à conexão emocional, à ação significativa e às habilidades da vida, as crianças precisam da natureza e a natureza precisa delas. *A Mãe Natureza é uma parceira extraordinária dos pais.*

PERGUNTAS PARA REFLETIR

1. Dê um passeio pelo seu bairro com seu filho. Encontre uma planta, inseto ou tipo de animal que você nunca tenha notado antes. Use seus sentidos para conhecê-lo. O que você percebe? Se é de um tipo que você já viu antes, de que modo este é diferente?
2. Comprometa-se a sair com o seu filho, com todos os dispositivos eletrônicos desligados, duas ou mais vezes por semana. Se o tempo estiver frio, úmido ou muito quente, use-o como um momento de aprendizado. Que tipo de roupa você precisará? O que mais você precisa levar com você?
3. Identifique uma hora do dia em que você ou seu filho parecem ficar mais estressados. Existe uma maneira de se conectar com a natureza naquele momento que possa ajudar vocês dois? Experimente.

21

CRESCER EM FAMÍLIA: ENCONTRAR APOIO, RECURSOS E SANIDADE

Por mais encantador que seja seu filho e por mais encantada(o) que você esteja por ser mãe ou pai, esses primeiros anos podem ser solitários, cansativos e desafiadores. Os pais que ficam em casa com uma criança pequena costumam achar que o trabalho é mais difícil do que eles esperavam. Não é incomum que os pais que ficam em casa anseiem por conversas e entretenimento para adultos, enquanto os pais que trabalham fora rapidamente se cansam do incômodo diário de sair de casa com todos os membros da família rumo à escola e trabalhos. Pode ser difícil encontrar tempo para dormir, e as batalhas iniciadas por pequenos enérgicos que estão exercendo sua iniciativa podem testar até mesmo a mãe ou o pai mais dedicado. Seu(ua) parceiro(a) pode adorar as descrições detalhadas das novas realizações e momentos adoráveis de seu filho, mas muitas pessoas não. Muitos pais têm momentos ocasionais em que se lembram melancolicamente de seus dias anteriores ao nascimento do filho e desejam um momento de silêncio e solidão.

Durante um curso para pais, um pai admitiu que há momentos em que ele pensa em como seria maravilhoso pular o jantar, tomar uma taça de vinho e assistir a um filme em paz – algo que ele gostava de fazer antes de ser pai.

Os pais de crianças pequenas precisam de apoio, incentivo e carinho durante esses importantes primeiros anos de criação dos filhos.

Aprendendo com a sabedoria dos outros

Embora as pessoas raramente concordem em todos os detalhes sobre a criação dos filhos, criar uma rede de apoio, um círculo de amigos que já passaram por isso, fornece uma fonte inestimável de informações sobre como criar e conviver com crianças. Faça um esforço para estabelecer relacionamentos com pessoas que têm filhos da mesma idade que os seus – ou que sobreviveram recentemente ao estágio pelo qual você está passando.

As opções para redes de apoio incluem grupos de pais com base na igreja ou na comunidade, cursos para pais e filhos em faculdades comunitárias, cursos para pais sobre disciplina positiva, amizades com mães ou pais do bairro ou grupos de bate-papo *on-line*. Talvez seu curso de pais, com um jantar fora antes, possa fazer parte de uma noite com seu(ua) parceiro(a). Outros pais se encontram no parque e discutem os desafios e sucessos da parentalidade, mantendo um olhar atento enquanto os filhos brincam. E alguns pais começaram grupos de estudo em que se reúnem (pessoalmente ou *on-line*) para discutir livros sobre Disciplina Positiva e aprendem juntos a usar as ferramentas da Disciplina Positiva. Algumas mães chegaram a participar do curso de certificação de dois dias, "Ensinando habilidades para criar filhos com a Disciplina Positiva", para que pudessem aprender a atuar como facilitadoras nos cursos para pais, sabendo que ensinar (e ter a coragem de ser imperfeito) é uma das melhores maneiras de aprender.[1]

Como uma mãe disse, "Os 'colapsos' ainda acontecem (tanto da minha filha quanto os meus), mas agora eu tenho todas as ferramentas da Disciplina Positiva para me ajudar a lidar com esses momentos".

PROGRAMA DE APOIO AOS PAIS DE PRIMEIRA VIAGEM E PROGRAMA PARA MÃES DE CRIANÇAS DE 3 A 6 ANOS

Um modelo bem-sucedido de um grupo de apoio aos pais é o PEPS (Programa de Apoio aos Pais de Primeira Viagem), um programa comunitário no noroeste dos Estados Unidos. Os grupos de PEPS se formam logo

> após o nascimento de um bebê e consistem em pessoas cujos filhos nascem em datas próximas. Essas famílias se reúnem regularmente em suas casas ou em centros para famílias. O objetivo é reduzir o isolamento e criar uma rede de recursos e incentivo. O PEPS pode ser acessado pelo *site* www.pepsgroup.org.
>
> Outro grupo popular é o Mães de Crianças de 3 a 6 Anos (www.mops.org), que oferece encontros e apoio parental. Procure programas semelhantes em sua região ou considere iniciar seu próprio programa.

Não importa se você mora em uma área isolada ou em uma metrópole movimentada, a mágica da internet oferece muita informação. Se você não tiver acesso à internet em casa, você pode pedir que um amigo ou bibliotecário pesquise recursos sobre educação parental e parentalidade. Você ficará surpreso com o que vai descobrir.

Não importa onde você encontre apoio, lembre-se de que, no final, você deve decidir o que é certo para você e seu filho. Reúna toda a sabedoria e conselhos que puder, depois ouça seu coração e escolha o que funcionará melhor para você.

Relacionamentos: solteiro ou com um parceiro

Muitos pais de crianças entre 3 e 6 anos são pais solteiros que enfrentam os desafios e as bênçãos (sim, existem muitas) de criar um filho sozinho. Reservar um tempo para passar com outros adultos sem o seu filho recarregará suas energias, tornando o tempo que você passa com o seu filho mais gratificante para os dois.

Se você é pai ou mãe e tem um parceiro(a), seu relacionamento é a base da sua família e define a atmosfera da sua casa. Existem vários estudos que mostram quanto as crianças aprendem observando o relacionamento que seus pais têm entre si. Vale a pena garantir que seu(ua) parceiro(a) não se perca no caos de criar uma criança ativa e que seu relacionamento continue sendo vital e agradável.

Mães e pais às vezes acreditam que, uma vez que se tem um filho, esse filho deve se tornar o centro do universo familiar. Mas, como você aprendeu, mimar uma criança não é saudável e nem eficaz.

Você e seu(ua) parceiro(a) devem ter tempo para passar juntos regularmente, seja para jantar e dançar, passear juntos ou simplesmente se aconchegar para assistir a um bom filme. Vocês também precisarão de um "tempo em casal" para explorar e resolver juntos os muitos problemas que envolvem a criação de um filho.

DÊ ESPAÇO PARA O PAPAI

PERGUNTA: *Meu marido e eu temos um filho de 4 anos que é a alegria de nossas vidas. Sou mãe que fica em casa, mas quero que meu marido se envolva ativamente na criação de nosso filho. No começo, ele se levantava comigo para alimentá-lo à noite, trocava as fraldas e dava o banho. Ultimamente, no entanto, ele tem estado "muito ocupado" para me ajudar. Quando perguntei a ele sobre isso, ele me disse que tenta, mas nunca faz as coisas "certas". Ele diz que eu insisto que ele faça as coisas do meu jeito. Sinto-me mal (porque acho que ele provavelmente está certo), mas acredito que a maneira como disciplino e cuido do nosso filho é a melhor. O que devo fazer?*

RESPOSTA: Muitos maridos e pais se sentem desafiados pelo estreito vínculo entre mãe e filho, especialmente nos primeiros anos. Pode ser útil dar espaço para seu marido saber que os filhos se beneficiam do envolvimento ativo de ambos os pais em suas vidas, mesmo quando esses pais não fazem as coisas da mesma maneira. Estudos mostraram que pais e mães têm estilos diferentes de brincar e interagir com os filhos — e que os filhos são espertos e aprendem a mudar de comportamento para se adequar ao que funciona com cada um.

Seu filho precisa de uma conexão íntima e amorosa com os pais dele. Reserve algum tempo para sentar-se com seu marido e discutir (não ditar) maneiras de lidar com a disciplina, as rotinas diárias, a comida e outras questões. Pode ser útil fazer um curso para pais ou ler este livro juntos e discutir o que aprenderam. Então relaxe e permita que ele faça as coisas do jeito dele. Você pode usar o tempo em que ele está no comando para cuidar de si mesma ou passar um tempo com seus amigos. Seja sua família com um parceiro(a) do mesmo sexo ou uma família tradicional de mãe e pai, as crianças precisam de um tempo amoroso com os dois adultos.

E o bebê faz... 4 anos!

Se você tem um filho entre 3 e 6 anos e planeja ter outro filho, deve saber que a chegada de uma criança pode levar até a criança mais delicada e confiante a um colapso nervoso. A maioria das crianças nessa idade afirma com desarmante honestidade que ama seu(ua) irmãozinho(a); eles se oferecem para pegar as fraldas e "pepetas", querem abraçar seu(ua) irmãozinho(a) e olham com total fascínio para o berço. Então, por que essa mesma criança recorre a birras, insiste na chupeta para si mesma, parece esquecer que já sabe usar o banheiro e choraminga por atenção?

Bem, dê uma olhada no mundo através dos olhos do seu filho destronado. Digamos que você tem quase 4 anos quando seus pais chegam do hospital com um embrulho barulhento e que se remexe em um cobertor. De repente, nada mais é igual a antes. Seus pais lhe dizem que você não deve chorar ou lamentar porque você é uma "menina grande agora". As visitas vêm em casa e passam por você para brincar com o bebê recém-nascido; eles trazem presentes e brinquedos interessantes (os quais você não se lembra de ter ganhado) para o bebê. O pior de tudo é que seus pais ficam completamente encantados com essa pessoinha barulhenta e bagunceira. Eles dizem para você brincar em silêncio porque "o bebê está dormindo" e constantemente o carregam. Eles estão sempre "muito cansados" e não têm tempo para as brincadeiras em família de que você gosta. Não é de admirar que, depois de uma semana ou duas, até a irmã mais velha mais paciente esteja pronta para devolver o invasor de volta ao hospital.

Existem maneiras de facilitar o processo da chegada de um bebê à sua família. Aqui estão algumas sugestões:

- Comece a preparar seu filho para a chegada de um bebê com antecedência. Você pode explicar em termos simples o processo de gravidez e informar seu filho quando o bebê chegará. Um calendário de parede pode ser usado para marcar os dias até o nascimento do bebê. Fale honestamente sobre como é a vida com um bebê recém-nascido; pode ser útil (e divertido) mostrar fotos de seu filho quando bebê e conversar sobre como eram esses dias.
- Se uma criança for se unir à família por meio da adoção, peça ao bibliotecário local para ajudá-lo a encontrar livros para ler com essa criança que abrirão discussões e ajudarão todos a se preparar para as mudanças que estão por vir.

- Convide seu filho para ajudar a preparar sua casa para o bebê. Você pode permitir que ele faça sugestões sobre cores e desenhos para o quarto do bebê; ele pode ir com você para comprar itens para o enxoval do bebê. Ele pode até colocar alguns de seus próprios brinquedos no quarto do bebê como um presente de boas-vindas.
- Mostre-lhe o que você fez para se preparar para o nascimento dele, como arrumar o quarto e comprar roupinhas de bebê. Diga que muitas pessoas lhe trouxeram presentes e se preocuparam com ele, como farão com o novo bebê. Pergunte se ele gostaria de ser responsável por receber e desembrulhar os presentes para o novo bebê e depois agradecer (já que o bebê não sabe falar). Quanto mais ele for incluído, menos se sentirá excluído.
- Quando o bebê chegar em casa, certifique-se de que seu filho mais velho seja incluído nas boas-vindas ao bebê. Estabeleça regras de segurança e supervisione com cuidado; depois, deixe seu filho trazer fraldas e lenços umedecidos, cantar músicas ou "ler" histórias para o bebê e trazer coisas para você enquanto amamenta. Lembre-se, a autoestima vem de ter habilidades e fazer uma contribuição; seu filho de 3 a 6 anos pode ser um grande trunfo neste momento agitado da vida de sua família
- Reconheça que a percepção da criança entre 3 e 6 anos sobre como ela pertence à família terá que mudar – e seu comportamento também pode mudar. Pode ser útil revisar as informações sobre a ordem de nascimento no Capítulo 3.

Apesar de tudo o que você fizer, seu filho entre 3 e 6 anos ainda pode se sentir destronado pelo novo bebê. Ele terá muitos sentimentos que não consegue identificar e que não entende. Não é incomum uma criança mais velha imitar o comportamento do bebê, em um esforço equivocado de obter o mesmo tipo de atenção que o bebê recebe. Não se assuste; concentre-se em restaurar o senso de conexão e pertencimento de seu filho. Passar um tempo especial com ele ajudará.

Grant e Margo esperaram o momento certo para dizer aos gêmeos de 4 anos, Jason e Joshua, que haveria um acréscimo à família. Ainda assim, os gêmeos não ficaram emocionados com a notícia. "Você vai ter um bebê?", Jason disse. "Por quê? Joshua e eu não somos o suficiente?"

"Não precisamos de bebês por aqui", Joshua falou. Margo respirou fundo e sorriu para os filhos. "Venham aqui, meninos", disse ela. "Quero contar uma história sobre a nossa família."

Joshua e Jason relutantemente sentaram-se ao lado de sua mãe no sofá e observaram enquanto ela acendia uma vela azul alta. "Esta vela sou eu", disse ela, "e essa chama representa meu amor." Então, Margo pegou uma vela verde alta. "Esta vela é seu pai", disse Margo, com um sorriso caloroso para Grant. "Quando me casei com ele, dei todo o meu amor, mas eu ainda tinha todo o meu amor", disse ela, usando a vela azul para acender a verde.

"Então, cinco anos atrás, eu recebi essa mesma notícia – só que era a notícia sobre a chegada de vocês dois, que viriam morar conosco." Margo acendeu duas velas menores, uma roxa e outra vermelha, com a vela azul. "Quando vocês nasceram, eu dei a vocês dois todo o meu amor, mas seu pai ainda tinha todo o meu amor e eu ainda tinha todo o meu amor", disse ela, gesticulando para todas as velas acesas. Joshua e Jason olhavam fascinados as chamas tremeluzentes das velas.

Então Margo enfiou a mão no bolso e tirou uma velinha de aniversário. "Adivinha o que é essa vela?", ela perguntou aos meninos. "O bebê?", eles responderam.

"Acertou! E quando este bebê nascer, eu lhe darei todo o meu amor. Seu pai terá todo o meu amor e Jason terá todo o meu amor..." "E eu terei todo o seu amor!", Joshua gritou com um sorriso.

"Isso mesmo", Margo riu ao olhar para a pequena vela recém-acesa. "E todos ainda teremos todo o nosso amor, porque é assim que o amor é – quanto mais o compartilhamos, mais temos. Viu como teremos ainda mais amor e luz nessa família?"

Eles ficaram em silêncio por um momento. Então Jason puxou o cotovelo de sua mãe. "Mãe, posso acender a vela do bebê com a minha vela? Eu quero compartilhar meu amor."

Margo assentiu e soprou a vela de aniversário, e Jason cuidadosamente pegou sua vela e acendeu a pequena. Joshua acendeu a vela, assim como Grant.

Margo olhou para os dois filhos e abraçou o marido. "Este será o nosso bebê", ela disse, "e seu pai e eu precisaremos de sua ajuda para cuidar dele ou dela. Vocês podem nos ajudar, meninos?"

Os meses seguintes passaram rapidamente. Joshua e Jason gostaram de comprar coisas de bebê, ajudando os pais a preparar o quarto do bebê e pensando em nomes para meninos e meninas. Eles ficaram emocionados ao ouvir o batimento cardíaco do bebê no consultório médico. Jason deu o toque final quando colocou a pequena vela de aniversário na nova penteadeira do bebê.

"Somos uma família", disse ele com orgulho, "e há muito amor aqui."

Ter um novo bebê em casa é tanto uma alegria como um desafio. Lembre-se, porém, que as crianças podem ser destronadas em qualquer idade. Não é preciso ser primogênito para conhecer o desânimo de se sentir substituído por um recém-nascido. Essa experiência também ocorre quando as famílias se misturam e outros irmãos são acrescentados à família, ou mesmo quando uma sobrinha ou sobrinho chega, e o ex-bebê da família se depara com um desafiante ao seu *status* de mais lindinho. *Lembrar-se de entrar no mundo do seu filho para experimentar a vida da perspectiva dele ajudará todos vocês a se ajustarem e crescerem juntos.*

Reabastecendo a jarra

PERGUNTA: *Sou uma jovem mãe com três filhos com menos de 5 anos de idade. Eles são minha maior alegria e eu amo ser mãe. Ultimamente, porém, estou realmente sobrecarregada. Meu marido trabalha longas horas e frequenta a escola noturna. Eu faço as tarefas domésticas, trabalho meio período, pago as contas, cuido dos negócios e educo os filhos. Eles são crianças inteligentes, legais e talentosas, mas também são crianças com seus próprios desejos. Sinto que sou puxada em muitas direções, e não importa o que eu faça, nunca é suficiente. Desde o momento em que acordo até tarde da noite, nunca consigo mais do que um minuto para mim. O ponto principal é que tenho perdido bastante a paciência ultimamente. E entao fico ainda mais chateada porque me sinto muito culpada.*

RESPOSTA: Aqui está o que há de errado com a imagem que você descreve: você não trabalha meio período ou período integral, mas sim faz horas extras! Ninguém voa por aí usando uma capa de supermãe, mas parece que é isso que você está tentando fazer. A pessoa de quem você não está cuidando é de você mesma – e todo mundo sofre por causa disso. É fácil ficar tão ocupada com todas as áreas da vida que suas próprias necessidades são não apenas deixadas em segundo plano, mas completamente postas de lado. A melhor coisa que você pode dar à sua família é uma versão mais calma e descansada de você.

Considere contratar um(a) cuidador(a) diarista para ajudar nas tarefas domésticas. Seja criativa se o dinheiro for curto; talvez você possa fazer permutas. Troque horas como babá com outra pessoa para que você possa dar um passeio, fazer uma aula de ioga ou nadar e fazer sauna no clube local uma ou duas vezes por semana. Sua família notará a diferença e, claro, você também.

Criar filhos é muito parecido com servir água de uma jarra: você consegue encher apenas alguns copos até precisar reabastecer a jarra. Com demasiada frequência, os pais e outros profissionais e cuidadores percebem subitamente que se esgotaram por conta dos filhos – a jarra está vazia. Parentalidade eficaz e amorosa demanda muito tempo e energia. Você não pode fazer o seu melhor quando está cansada, irritadiça, estressada e sobrecarregada.

Como você reabastece sua jarra? Cuidar de si mesma – encher sua jarra antes que ela seque – pode ser feito de maneiras diferentes. Se você se pegar sonhando acordada em um momento de silêncio sobre todas as coisas que gostaria de fazer, essa pode ser uma pista de algumas maneiras para cuidar de si mesma, e você deve considerá-las.

Cuidando de si mesma(o)

É importante cuidar de si mesma(o) e cuidar do seu filho. Considere as seguintes práticas e tente integrá-las em sua vida diária.

Divida seu tempo com sabedoria

Muitos pais acham que precisam ajustar suas prioridades à medida que o filho cresce. Pode ser extremamente útil – e uma grande revelação – monitorar por alguns dias exatamente como você gasta seu tempo. Algumas atividades, como trabalho, escola ou tarefas diretamente relacionadas à criação de seus filhos, não podem ser muito alteradas. Mas a maioria dos pais gasta muito do seu tempo em atividades que não estão realmente entre suas principais prioridades.

Por exemplo, se você costuma acordar durante a noite por causa de seu filho, esforce-se para tirar uma soneca enquanto ele estiver cochilando. É tentador voar pela casa fazendo tudo o que "deveria" ser feito, mas limpar o banheiro e espanar os móveis podem esperar; você será mais feliz e mais eficaz se dormir o suficiente.

Rula não tinha o luxo de ter tempo livre. Entre suas aulas noturnas na faculdade local e seu trabalho diurno em um quiosque de café expresso, ela conseguia passar apenas algumas horas todas as noites compartilhando o jantar com Abdu, de 3 anos, e preparando-o para dormir antes que sua avó chegasse para ficar com ele. Seus curtos períodos juntos muitas vezes eram desperdiçados por aborrecimentos, o que fazia Rula se sentir impaciente e irritadiça. Ela reconheceu que precisava de uma maneira de cuidar de si mesma para conseguir ter sucesso nos tantos papéis que estava tentando desempenhar.

Rula pensou nos 45 minutos que passava no trânsito lento na hora do *rush*, depois de deixar Abdu todos os dias na escola. Ela decidiu tentar ir de ônibus em vez de dirigir e usar esse tempo para si mesma. Ela lia um romance, ouvia música ou um *podcast* ou até fechava os olhos para praticar meditação e respiração lenta. Essa pequena mudança fez uma grande diferença para Rula. Ela se sentiu revigorada, e o efeito calmante dessas mudanças durava o dia todo. Ela até descobriu que aproveitava melhor seu tempo com Abdu, pois estava menos sobrecarregada e podia aguardar contente o tempo que passariam juntos com energia adicional.

O tempo é precioso e muito curto quando você compartilha sua vida com crianças pequenas; certifique-se de estar gastando o tempo que você tem da maneira mais sábia possível.

Faça listas

Em um momento de tranquilidade, liste todas as coisas que você gostaria de fazer (ou gostaria de encaminhar). Então, quando seu filho estiver cochilando ou com um cuidador, passe essas horas preciosas trabalhando na lista. Mas não liste tarefas e deveres; em vez disso, inclua na lista atividades que a/o nutrem, como se ocupar com um bom livro, ficar na banheira ou ter uma conversa gostosa com uma amiga. Reservar um tempo para anotar suas necessidades pode torná-la mais propensa a honrá-las.

Reserve tempo para relacionamentos importantes

É incrível como uma simples xícara de chá com uma boa amiga pode ser terapêutica e, às vezes, um jogo vigoroso de tênis pode restaurar uma perspectiva positiva da vida. Você e seu parceiro podem se revezar para cuidar das crianças, para que cada um de vocês tenha tempo para amigos, ou podem optar por passar um tempo especial junto com outros casais de cuja companhia vocês gostam. Uma noite fora juntos também deve estar na sua lista. Encontrar amigos no parque pode dar tempo para pais e filhos descansarem e relaxarem juntos (especialmente se você desligar os dispositivos eletrônicos e se concentrar na experiência). Criar espaço amplo o suficiente no seu mundo para incluir pessoas de fora de sua família pode ajudá-lo a manter sua saúde e equilíbrio.

Faça as coisas de que você gosta - regularmente

É importante que você encontre tempo para as coisas que fazem você se sentir viva(o) e feliz, seja andar de bicicleta, jogar *softball*, cantar em um coral, consertar aparelhos, trabalhar no jardim ou fazer uma colcha. *Hobbies* e exercícios são importantes para sua saúde mental e emocional – e você será uma mãe ou pai muito mais paciente e eficaz se estiver investindo tempo e energia em seu próprio bem-estar. Participe de um clube do livro, de *hobby* ou de esportes com reuniões regulares para dedicar tempo às coisas que energizam você e lhe trazem satisfação pessoal. Até vinte minutos por dia para fazer algo de que você gosta já é um bom começo.

Grupos e mais grupos: evite lotar a agenda

A maioria dos pais faz o possível para proporcionar um ambiente rico e estimulante para os filhos pequenos. Afinal, eles estão aprendendo e desenvolvendo habilidades importantes durante esses primeiros anos. Muitas crianças pequenas se matriculam em um número surpreendente de cursos e grupos, muitas vezes antes dos 5 anos de idade. Há ginástica, balé, ligas de futebol e aulas de natação. Há escolas de educação infantil e grupos de brincadeira. Há aulas de música e outras atividades. Os pais frequentemente descobrem que estão morando em seus carros, levando seus filhos de uma atividade para outra.

Embora essas atividades possam ser divertidas e estimulantes para uma criança pequena, é aconselhável limitar o número de atividades em que você as matricula. Os pesquisadores observaram que o tempo para as famílias relaxarem e simplesmente "ficarem juntas" se tornou escasso. Os pais estão irritados e cansados; as crianças têm pouco ou nenhum tempo para exercitar sua criatividade, aprender a se divertir ou simplesmente brincar.

Lembre-se de que seu filho precisa de conexão e tempo com você muito mais do que do estímulo dessas atividades externas. Tempo para abraçar, brincar no chão ou passear ao ar livre é muito mais valioso do que o mais popular dos grupos.

Aprendendo a reconhecer – e a gerenciar – o estresse

Dentes e punhos cerrados, músculos tensos, dores de cabeça, um desejo repentino de cair no choro ou se trancar no banheiro – esses são os sintomas de estresse e sobrecarga dos pais, e é importante prestar atenção neles. Muitos pais – especialmente os pais de primeira viagem – ocasionalmente se sentem sobrecarregados e exaustos e até irritados ou ressentidos. Como os pais querem muito ser bons pais, eles podem achar difícil discutir esses pensamentos e sentimentos preocupantes com outras pessoas.

Mariam adorava ser mãe, embora às vezes fosse difícil conciliar a maternidade com seu trabalho como corretora de imóveis. Lexey, de 5 anos, era brilhante, amorosa e curiosa, e Mariam sempre ansiava por pegar Lexey na casa da cuidadora e ir para casa. Normalmente, a rotina da noite transcorria sem problemas, e mãe e filha gostavam de estar juntas. Essa noite, no entanto, Mariam estava irritada e sobrecarregada; sua maior venda do ano parecia poder dar errado a qualquer momento, e ela realmente precisava passar algum tempo revisando a papelada.

Infelizmente, Lexey estava se recuperando de uma gripe e ainda estava irritadiça e cansada. Mariam tentou pegar atalhos durante a rotina noturna: ela serviu uma refeição congelada, lavou a a louça e apressou Lexey durante o banho e as brincadeiras à noite. Lexey ficou mais quieta com o passar da noite, sentindo a distração e a irritação de sua mãe. Finalmente, quando Mariam leu apenas uma história em vez das duas habituais na hora de dormir, Lexey cansou-se.

Com os braços cruzados no peito e o queixo levantado, Lexey bateu o pé. "Você é mal-educada, mamãe", disse ela com raiva. "Você só quer ficar no seu computador velho."

Impressionada com a precisão das palavras da filha, Mariam perdeu a paciência: "Estou cansada, Lexey. Tive um dia difícil e trabalho muito para sustentar você. Vá para a cama e me deixe trabalhar, ok?"

O rosto de Lexey "enrugou-se", e lágrimas de raiva surgiram em seus olhos. "Eu odeio você!", ela gritou.

Mariam sentiu o sangue subir pelo rosto e afastou a mão. Houve um momento de completo silêncio enquanto mãe e filha se entreolharam. De repente, Mariam percebeu quão perto estivera de dar um tapa no rosto da filha e deu um passo para trás, em choque.

"Oh, Lexey", disse ela. "Oh, querida, me desculpe. Não é sua culpa, estou mal-humorada e cansada." Mariam se ajoelhou e estendeu os braços. "Você pode me perdoar?"

Lexey podia. Mãe e filha deram um longo abraço na poltrona, e Mariam leu uma segunda história. Quando apagou as luzes, a paz e a conexão haviam sido restauradas e tudo estava bem. Mariam demorou um pouco mais, no entanto, para lidar com os sentimentos inesperadamente fortes que o encontro criara nela.

Há uma diferença entre um sentimento e uma ação. Não é incomum que os pais de crianças pequenas fiquem frustrados, sobrecarregados e exaustos, e a maioria dos pais se sente terrivelmente culpada quando sente raiva ou ressentimento por seus filhos. Os sentimentos são normais – mas você precisa ter cuidado com o que faz com eles.

Se você se sentir querendo brigar com seus filhos, aceite esses sentimentos como uma deixa para fazer algo para cuidar de si mesma/o. Certifique-se de que seus filhos estejam ocupados e em segurança e, em seguida, dedique alguns minutos para uma pausa positiva (elas também fazem maravilhas para os pais). Melhor ainda, arranje algum tempo para fazer algo para recarregar suas energias.

Exaustão e frustração podem levar até os melhores pais a dizer e a fazer coisas de que depois se arrependem; é muito melhor investir o tempo necessário para se sentir melhor.

ALÍVIO DE EMERGÊNCIA

No caso de se sentir totalmente incapaz de lidar com o estresse, não hesite em pedir ajuda. Muitas comunidades oferecem um atendimento telefônico para crises. Alguns hospitais proporcionam serviços similares, e alguns momentos conversando com um adulto compreensivo e reconfortante pode fazer uma enorme diferença.

Se você achar que seu filho pode estar em perigo, veja se há uma assistência social na sua comunidade. Pedir ajuda não é errado ou motivo de vergonha, e você mostra sabedoria verdadeira ao fazê-lo.

Estenda a mão e alcance alguém

Beth olhou para a janela da frente da casa de sua amiga Caroline, onde ela, seu filho de 3 anos, Gregory, e seus companheiros de brincadeira estavam acenando. Quando ela deslizou atrás do volante da minivan, Beth olhou para suas duas amigas que dividiam o banco de trás.

"Meninas, estou pronta para isso", disse ela.

Anne e Joleen riram. "Nós também!", Joleen disse. "E é melhor você se divertir: na próxima semana, as crianças estarão todas na sua casa."

Beth, Anne, Joleen e Caroline vinham compartilhando o "dia das mães" por cerca de seis meses, e nenhuma delas conseguia imaginar como elas haviam sobrevivido sem ele. Todo sábado de manhã, elas se revezavam, com uma das quatro cuidando dos seis filhos do grupo. Os almoços eram preparados, as atividades eram planejadas – e as tres maes que estavam de folga tinham quatro horas felizes para fazer compras, jogar tênis, passear ou simplesmente compartilhar conversas e tomar um café. Todas se sentiram um pouco culpadas no início, mas rapidamente aprenderam a se despedir e a se afastar, sabendo que seus filhos estariam bem cuidados – e ficariam felizes ao serem buscados por uma mãe calma e alegre. Como as mulheres sempre tinham o cuidado de retornar no horário designado, ninguém se sentia explorada.

Apoio é oferecido de diferentes maneiras. O que quer que funcione para você e onde quer que você o encontre, aceite-o com gratidão. Ser mãe ou pai é um trabalho muito grande para fazer sozinho. As crianças e suas famílias precisam de uma rede de apoio. O apoio da comunidade pode ser o de um parente, um curso para pais, bons amigos ou até conversas em grupo pela internet. O importante é que esteja lá. Use-o para o bem de todos.

PERGUNTAS PARA REFLETIR

1. Quem ou o que constitui seu sistema de apoio? Como você pode expandir seu sistema de apoio atual?
2. Se você está em um relacionamento, como pode reservar um tempo para cultivá-lo? Se você não está em um relacionamento, como pode reservar um tempo para se conectar com outros adultos ou manter amizades? Experimente uma de suas ideias esta semana.
3. O que você faz para abastecer sua jarra? Faça uma lista de coisas que ajudam você a se sentir energizada e revigorada. Olhe para a sua lista e escolha uma das coisas que mais gostaria de fazer. Que preparativos você precisa fazer para que isso aconteça? Como você vai encontrar tempo? Comprometa-se a fazer uma coisa esta semana para se nutrir.
4. Procurando mais apoio? Um curso ou workshop de Disciplina Positiva pode ajudar. Acesse www.positivediscipline.com e/ou www.positivediscipline.org.*

---

* N. T.: No Brasil temos a PDA Brasil, associação sem fins lucrativos de Disciplina Positiva. Ver: www.pdabrasil.org.br.

CONCLUSÃO

Os primeiros anos na escola são muitas vezes assoberbantes para os pais. As crianças pequenas têm uma incrível capacidade de ocupar o centro do palco na vida de uma família, muitas vezes deixando os adultos ao seu redor sem fôlego de tanto rir – ou de exaustão. Cada dia parece trazer uma nova descoberta e, às vezes, uma nova crise. Pode parecer que o balcão da cozinha nunca ficará limpo, que a roupa nunca será lavada, e que esses anos nunca passarão.

Mas eles passam. Seu trabalho como pai ou professor é tornar-se desnecessário. Desde os primeiros momentos de vida de uma criança, você a guiará constantemente rumo à independência – amando-a e apoiando-a quando ela vacilar, mantendo fé constante de que ela crescerá e florescerá. Você fica perto o mais discretamente possível, prendendo a respiração quando ela tropeça, regozijando-se quando ela continua seu caminho.

Sim, os primeiros anos na escola são movimentados para pais e professores. Esses anos de testes e explorações podem testar bastante sua paciência, e você pode se sentir ansioso pelo dia em que seu filho será mais velho e precisará menos de você. Mas se você for sábio, terá tempo para desfrutar e saborear esses anos.

Muito antes do que você pensa, você vai olhar para o outro lado da sala e vai ver espantado um estranho diante de seus olhos. Foi-se o garotinho com o nariz escorrendo o tempo todo e, em seu lugar, haverá uma criança crescida, pronta para a escola e para novas amizades, pronta para se afastar cada vez mais dos seus braços.

Seu filho enfrentará a vida com todo o amor, a sabedoria e a confiança que você teve a coragem de dar a ele. Certamente haverá lutas, batidas, contusões e lágrimas. No entanto, se você fez bem o seu trabalho, seu filho saberá que erros são oportunidades para aprender e que a vida é uma aventura a ser desfrutada.

Há uma bela fábula sobre duas menininhas que descobriram o valor da luta e da perseverança. Elas encontraram duas crisálidas penduradas em um galho e, enquanto observavam com admiração, duas pequenas borboletas emergiram. As pequenas criaturas eram tão úmidas e frágeis que parecia impossível que pudessem sobreviver, quanto mais voar. As meninas observaram as borboletas se esforçando para abrir suas asas. Uma garota, temendo que as borboletas não sobrevivessem, pegou uma delas e gentilmente abriu suas delicadas asas. A segunda garota ofereceu um galho à outra borboleta; então ela a levou até a borda da janela, onde o sol poderia aquecê-la. Ambas as borboletas continuaram a trabalhar bravamente. Aquela na borda da janela finalmente abriu as asas, parou por um momento no calor suave do sol e depois voou para longe. Mas a borboleta cujas asas foram abertas nunca encontrou forças para batê-las e pereceu sem nunca ter voado.

Pode ser doloroso assistir a seus pequenos lutando, saber que você nem sempre poderá salvá-los de problemas e dores, por mais vigilante que seja. Mas os pais sábios sabem que, como a borboleta, os filhos ganham força e sabedoria em suas lutas. É preciso muita coragem – e muito amor – para deixar de dar sermões e resgatar e permitir que seu filho, com seu encorajamento, ensino e amor, experimente a vida por si mesmo e aprenda suas próprias lições.

Você não pode lutar as batalhas de seu filho. E mesmo o pai mais amoroso não pode garantir que seu filho nunca sentirá dor. Mas há muita coisa que você *pode* fazer.

Você pode oferecer confiança, dignidade e respeito ao seu filho. Você pode acreditar nele e em sua capacidade de aprender e crescer. Você pode reservar um tempo para ensinar: sobre ideias, sobre pessoas, sobre as habilidades de que ele precisará para prosperar em um mundo desafiador. Você pode nutrir seus talentos e interesses e encorajar cada pequeno passo que ele der. Você pode ajudá-lo a descobrir os dons da capacidade, da competência e da responsabilidade.

O melhor de tudo é que você pode amá-lo e apreciá-lo, rir e brincar com ele. Você pode criar memórias de que ele – e você – se lembrará por toda a vida. Você pode invadir o quarto dele à noite e sentir repetidamente essa ternura avassaladora ao olhar para o rosto adormecido do seu filho. Você pode usar esse amor e ternura para ter a sabedoria e a coragem necessárias para fazer o que você precisa como pai ou mãe.

Este livro é sobre aprender com os erros e celebrar sucessos. Como autoras e como mães, esperamos que você tenha achado o livro útil. Mas as respostas finais sempre serão encontradas em sua própria sabedoria e espírito; você será melhor pai (e professor) quando usar seu coração. Reserve um momento de vez em quando para saborear esse momento especial da infância, apesar dos inevitáveis aborrecimentos e frustrações; aproveite seu filho o máximo que puder. Estes são anos preciosos e importantes, e você só pode vivê-los uma vez.

NOTAS

Capítulo 2

1. Jane Nelsen, Cheryl Erwin e Carol Delzer, *Positive Discipline for Single Parents*, 2.ed. rev. e atualizada (Nova York: Three Rivers Press, 1999).
2. Jane Nelsen e Cheryl Erwin, *Positive Discipline for Your Stepfamily*, disponível como *e-book* em www.positivediscipline.com.
3. Jane Nelsen, Riki Intner e Lynn Lott, *Positive Discipline for Parenting in Recovery*, disponível como *e-book* em www.positivediscipline.com.

Capítulo 3

1. E. H. Erikson, *Childhood and Society*, 2.ed. (Nova York: WW Norton, 1963).
2. Jane Nelsen, Cheryl Erwin e Roslyn Duffy, *Positive Discipline: The First Three Years*, 3.ed. (Nova York: Harmony Books, 2015) [publicado no Brasil com o título *Disciplina Positiva para crianças de 0 a 3 anos*. Barueri: Manole, 2018].

Capítulo 4

1. Peter Gray, "Early Academic Training Produces Long-Term Harm", *Psychology Today*, 5 maio 2015, www.psychologytoday.com/blog/freedom-learn/201505/early-academic-training-produces-long-term-harm.

2. Jane Healy, *Endangered Minds: Why Children Don't Think and What We Can Do About It* (Nova York: Simon and Schuster, 1999).
3. Daniel J. Siegel e Tina Payne Bryson, *The Whole-Brain Child* (Nova York: Delacorte Press, 2011), p. 10.
4. American Academy of Pediatrics Policy Statement, *Pediatrics* 131, n. 1 (jan. 2013).

Capítulo 5

1. Para mais informações sobre como ajudar as crianças a lidar com a morte ou o divórcio, consulte Jane Nelsen, Cheryl Erwin e Carol Delzer, *Positive Discipline for Single Parents*, 2.ed. rev. e atualizada (Nova York: Three Rivers Press, 1999); Jane Nelsen e Lynn Lott, *Positive Discipline A-Z* (Nova York: Three Rivers Press, 2006) [publicado no Brasil com o título *Disciplina Positiva de A a Z*. 3.ed. Barueri: Manole, 2020]; e Roslyn Ann Duffy, "A Time to Cry: The Grieving Process", em *Top Ten Preschool Parenting Problems* (Redmond, WA: Exchange Press, 2008).
2. "Experiments with Altruism in Children and Chimps, YouTube, postado por johnnyk427, 14 nov. 2010, https://www.youtube.com/watch?v=Z-eU5xZW7cU.

Capítulo 6

1. Jane Nelsen e Bill Schorr, *Jared's Cool Out Space* (Lehi, UT: Positive Discipline, 2013) [publicado no Brasil com o título *O espaço mágico que acalma*. Barueri: Manole, 2020].
2. Para obter mais informações sobre pausa positiva, consulte Jane Nelsen, *Positive Time Out and 50 Ways to Avoid Power Struggles in Homes and Classrooms* (Nova York: Three Rivers Press, 1999); e Roslyn Ann Duffy, "Time Out Do's and Don'ts", em *Top Ten Preschool Parenting Problems*, (Redmond, WA: Exchange Press, 2007).
3. Os cartazes de expressões faciais de sentimentos estão disponíveis em www.positivediscipline.com.
4. De Jane Nelsen e Adrian Garsia, *Positive Discipline Parenting Tool Cards*, ilustrados por Paula Gray, disponíveis em www.positivediscipline.com [publicado no Brasil com o título *Disciplina Positiva para educar os filhos*. Barueri: Manole, 2018].

Capítulo 8

1. Erik H. Erikson, *Childhood and Society* (Nova York: Norton, 1963).
2. Jane Nelsen, *Positive Discipline* (Nova York: Ballantine Books, 2006) [publicado no Brasil com o título *Disciplina Positiva*. 3.ed. Barueri: Manole, 2015].

Capítulo 9

1. Stella Chess e Alexander Thomas, *Goodness of Fit* (Nova York: Brunner/ Mazel, 1999).
2. Para mais informações sobre divórcio e pais solteiros, consulte Jane Nelsen, Cheryl Erwin e Carol Delzer, *Positive Discipline for Single Parents*, 2.ed. rev. e atualizada (Nova York: Harmony Books, 1999); e Roslyn Ann Duffy, "Separation and Divorce: Different Houses – One Child", em *Top Ten Preschool Parenting Problems* (Redmond, WA: Exchange Press, 2008).
3. Carol Stock Kranowitz, *The Out-of-Sync Child*, ed. rev. (Nova York: Perigee, 2006).

Capítulo 10

1. Rudolf Dreikurs, *Children, the Challenge* (Nova York: Plume Books, 1991).
2. Kristin Anderson Moore, Rosemary Chalk, Juliet Scarpa e Sharon Vandiver, "Family Strengths: Often Overlooked, but Real", *Child Trends Research Brief*, ago. 2002.

Capítulo 11

1. Lynn Lott e Riki Intner, *Chores Without Wars* (Lanham, MD: Taylor Trade Publishing, 2005).

Capítulo 12

1. Para mais informações, consulte Jane Nelsen e Cheryl Erwin, *Positive Discipline for Childcare Providers* (Nova York: Harmony Books, 2010); e Jane Nelsen, Cheryl Erwin e Steven Foster, *Positive Discipline for Early Childhood*

Educators: Positive Discipline Skills and Concepts for Those Who Love and Work with Young Children (2018), disponível em www.positivediscipline.com.

Capítulo 13

1. Kristin Anderson Moore, Rosemary Chalk, Juliet Scarpa e Sharon Vandiver, "Family Strengths: Often Overlooked, but Real", *Child Trends Research Brief*, ago. 2002.

Capítulo 14

1. Instituto de Medicina, *Food Marketing to Children and Youth: Threat or Opportunity?* (Washington, DC: National Academies Press, 2006).
2. "Program Proves More Recess Improves Academic Performance and Behavior", *SHAPE America*, 2017, https://50million.shapeamerica.org/2017/11/program--proves-more-recess-improves-academic-performance-and-behavior.

Capítulo 16

1. Jane Nelsen e Cheryl Erwin, *Positive Discipline for Childcare Providers: A Practical and Effective Plan for Every Preschool and Daycare Program* (Nova York: Harmony Books, 2010); Jane Nelsen, Cheryl Erwin e Roslyn Ann Duffy, *Positive Discipline: The First Three Years*, 3.ed. (Nova York: Harmony Books, 2015) [publicado no Brasil com o título *Disciplina Positiva para crianças de 0 a 3 anos*. Barueri: Manole, 2018]; Jane Nelsen, Cheryl Erwin e Steven Foster, *Positive Discipline for Early Childhood Educators: Positive Discipline Skills and Concepts for Those Who Love and Work with Young Children* (2018), disponível em www.positivediscipline.com.
2. Para mais informações sobre o processo de separação/conexão veja Roslyn Ann Duffy, "Love, Longing, L'Inserimento," em *Top Ten Preschool Parenting Problems* (Redmond, WA: Exchange Press, 2008).

Capítulo 17

1. Para mais informações sobre o ensino de habilidades de reunião de classe para crianças pequenas, consulte Jane Nelsen, Cheryl Erwin e Steven Foster,

Positive Discipline for Early Childhood Educators: Positive Discipline Skills and Concepts for Those Who Love and Work with Young Children (2018), disponível em www.positivediscipline.com.

2. Para mais informações sobre reuniões de família, consulte Jane Nelsen, *Positive Discipline*, ed. rev. (Nova York: Ballantine Books, 2011) [publicado no Brasil com o título *Disciplina Positiva*. 3.ed. Barueri: Manole, 2015]; e Roslyn Ann Duffy, em *Top Ten Preschool Parenting Problems* (Redmond, WA: Exchange Press, 2007).

Capítulo 18

1. Autism Speaks, www.autismspeaks.org.
2. Para mais informações sobre como criar filhos com necessidades especiais, consulte Jane Nelsen, Steven Foster e Arlene Raphael, *Positive Discipline for Children with Special Needs: Raising and Teaching All Children to Become Resilient, Responsible, and Respectful* (Nova York: Harmony Books, 2011) [publicado no Brasil com o título *Disciplina Positiva para crianças com deficiência*. Barueri: Manole, 2019].

Capítulo 19

1. Eric Westervelt, "Q&A: Blocks, Play, Screen Time and the Infant Mind", *NPR*, 12 fev. 2015. Disponível em: www.npr.org/sections/ed/2015/02/12/385264747/q-a-blocks-play-screen-time-and-the-infant-mind.
2. National Association for the Education of Young Children and the Fred Rogers Center for Early Learning and Children's Media at Saint Vincent College, "Technology and Interactive Media as Tools in Early Childhood Programs Serving Children from Birth Through Age 8", jan. 2012. Disponível em: www.naeyc.org/sites/default/files/globally-shared/downloads/PDFs/resources/topics/PS_technology_WEB.pdf.
3. Victoria L. Dunckley, "Gray Matters: Too Much Screen Time Damages the Brain", *Psychology Today*, 27 fev. 2014. Disponível em: www.psychologytoday.com/us/blog/mental-wealth/201402/gray-matters-too-much-screen-time-damages-the-brain.
4. Technology and Information for All, www.tinfa.org.

Notas

5. American Academy of Pediatrics, "Policy Statement: Media and Young Minds", *Pediatrics*, 138, n. 5 (nov. 2016).
6. U.S. Department of Education, "Early Learning and Educational Technology Policy Brief", out. 2016.
7. National Association for the Education of Young Children, www.naeyc.org.
8. Common Sense, www.commonsense.org; Common Sense Media, www.commonsensemedia.org.
9. American Academy of Pediatrics, "How to Make a Family Media Use Plan", última atualização 21 out. 2016. Disponível em: www.healthychildren.org/English/family-life/Media/Pages/How-to-Make-a-Family-Media-Use-Plan.aspx.

Capítulo 20

1. Nathanael Johnson, *Unseen City: The Majesty of Pigeons, the Discreet Charm of Snails and Other Wonders of the Urban Wilderness* (Nova York: Rodale Books, 2016), p. xii.
2. Ibid.

Capítulo 21

1. Para mais informações sobre aulas, treinamentos e workshops, visite www.positivediscipline.org.

ÍNDICE ALFABÉTICO-REMISSIVO

A

Ação ineficaz 165
Aceitação 58, 138
Acompanhamento 26
Adaptabilidade 23, 143
Adoção 48
Agressividade 112
Alergias 229
Alfabetização emocional 91
Alfred Adler 4
Altruísmo 77
Ambientes naturais 309, 312
Amizades 99
Anti-preconceito 41
Apego 55, 310
Aprendizado 12, 280
Aprendizagem 51, 60, 62, 299
Aprendizagem socioemocional 70
Atenção adequada 174
Atenção especial 193
Atenção indevida 171, 172, 174, 191
Atividade física 299
Atividades futuras 275
Autoaceitação 71
Autoconfiança 23

Autoconsciência 72
Autodisciplina 22
Autoestima 62, 132, 186, 239
Automotivação 22
Autonomia 10, 237

B

Brincadeiras não estruturadas 299
Bullying 101, 102, 116

C

Caçula 46
Capacidade 9
Castigo 5, 30, 183
Colaboração 22
Compaixão 75, 79
Compartilhar 109
Comportamentos agressivos 302
Comunicação efetiva 6
Comunicação não verbal 83
Conexão 7, 9, 94, 229
Conexão emocional 310
Constipação 242
Contribuição 9, 189
Conversação 58

Cooperação 13, 122, 224, 239
Cooperação/colaboração 22
Correção 94
Creche 248
Criação dos filhos 4
Criatividade 22, 152
Cuidados infantis 266
Culpa 36
Cultura 41
Curiosidade 60

D

Dan Kindlon 91
Deficiência 290
Demonstração de afeto 58
Desapego 235, 240
Desenvolvimento cognitivo 4
Desenvolvimento emocional 4
Desenvolvimento físico 4
Desespero 292
Desfralde 233, 235
Destronamento 44
Determinação 23
Dietas especiais 229
Dignidade 26
Disciplina gentil 11
Disputas por poder 235
Distração 147

E

E-book 305
Educação Infantil 54, 63, 100, 102, 253, 269
Elogios 132, 270
Elogio vazio 272
Empatia 23, 71, 75, 77, 242
Empoderamento 80, 318
Empoderar 29
Encorajamento 6, 130, 132, 186, 272, 290
Ensinar 29
Ensino Fundamental 30

Escola 248
Escolhas limitadas 114, 178, 195, 196
Escuta ativa 174
Estereótipos 37
Estresse 331
Exercícios 231
Expectativas parentais 283
Experiências sensoriais 312
Experimentação 224
Exploração 60
Expressões faciais 285

F

Fantasia 32
Fast food 224
Fazer as pazes 183
Ferramenta parental 91
Filho do meio 45
"Filho perfeito" 137
Filhos únicos 46
Firmeza 23

G

Gênero 38, 39
Gentileza 23, 24

H

Habilidades de pensamento 305
Habilidades de raciocínio 218, 226
Habilidades sociais 9, 23, 106, 112, 123
Habilidades socioemocionais 20, 51, 283
Honestidade 23, 34
Honestidade emocional 74
Hora da brincadeira 99
Hora de dormir 211
Humilhação 40

I

Inadequação 184, 202, 203
Independência 19

Individualidade 152
Iniciativa 120, 123, 237
Integração 53
Integração sensorial 145
Interesse 58
Interesse social 23, 78

L

Liderança 23, 43

M

Mágoa 181
Manipulação 120, 123
Marketing 230
Mau comportamento 156, 166, 169, 175, 183, 191, 290
Mensagem de amor 17
Mentiras 33, 36
Métodos não punitivos 11
Michael Thompson 91
Mídia 304
Momento especial 167
Moral 36

N

Natureza 316, 318
Natureza humana 309
Necessidades especiais 284
Negação 288
Neurônios-espelho 55

O

Obesidade 221
Objetivos equivocados 160, 165, 169, 191, 200, 283
Opções limitadas 15
Ordem de nascimento 42, 43, 44
Orgulho 292

P

Pais de primeira viagem 321

Parentalidade 3, 10, 21, 24, 28, 328
Pausa positiva 89, 179, 199, 201
Perguntas curiosas 114, 129, 151, 225, 305
Persistência 148
Pertencimento 9, 20, 24, 55, 107, 138, 158, 272, 317
Poder mal direcionado 176, 195
Poder pessoal 10
Poder útil 178
Potencial 133
Preocupação 75
Primeira infância 254
Primogênito 45
Processamento cognitivo 299
Processo de aprendizado 20
Programação infantil 307
Prontidão 240
Propaganda 230, 307
Proximidade 229
Prudência 23
Punição 8, 91

Q

Quadro de rotinas 208
Qualidade de ajuste 138

R

Raça 39
Raiva 88
Realidade 32
Rebelde 44
Reconhecimentos 270
Relacionamentos saudáveis 299
Remédios 229
Resiliência 23, 57
Resistência 23, 122
Resolução de problemas 226
Respeito mútuo 6
Responsabilidade 23
Responsividade sensorial 140
Respostas proativas 160

Índice alfabético-remissivo

Reunião de classe 268
Reunião de família 110, 179
Reuniões de classe 277
Reuniões de família 109, 278, 279
Roda de escolhas 110
Rotinas 207, 211
Rótulos 287
Rudolf Dreikurs 4, 26, 108, 130, 158, 204

S

Sala de aula 115
Sanidade 320
Satisfação 169
Segundo filho 45
Senso de humor 16, 23
Separação 258
Sermões 229
Sigmund Freud 4
Significado 20, 55
Sinais não verbais 193
Smartphone 305
Sobrepeso 221
Socialização 99
Sociedade 41
Soluções "ganha-ganha" 195, 197
Sonecas 206, 212, 216

T

Tablet 305
Tecnologia 297, 298, 301
Tela 304
Televisão 230
Temperamento 149, 283
Tempo da tela 61
Tempo especial 166
Tempo para relaxar 227
Tipos de famílias 20
Tipos de mães e pais 20
Tolerância 23, 290
Tomada de decisão 22
Trabalho em equipe 44
Trauma 56
Tristeza 75, 288

V

Valores 22
Videogame 231, 302, 304
Vingança 180, 198
"Vocabulário emocional" 91

W

William Pollock 91